윤우혁 행정법총론
빨간노트
[빨리, 간단히 정리하는 핵심노트]

빨리, 간단히 정리하는 핵심노트

2024 윤우혁 행정법총론 빨간노트

CONTENTS

DAY 01 행정법통론 004

DAY 02 행정작용법 023

DAY 03 행정절차 054

DAY 04 정보공개 073

DAY 05 실효성 확보수단 097

DAY 06 행정구제 1 113

DAY 07 행정구제 2 140

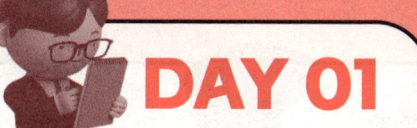

DAY 01 행정법통론

행정법의 체계

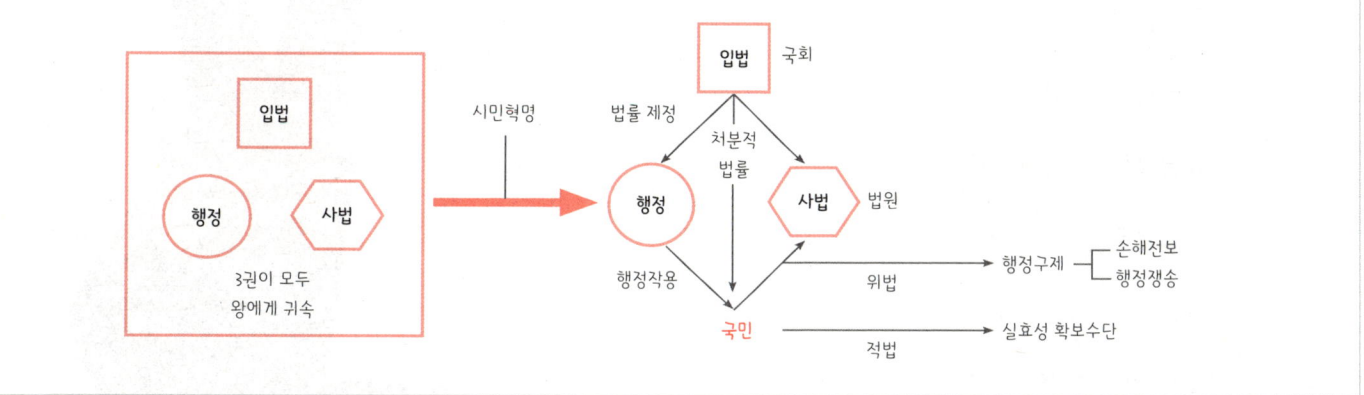

● 민법은 개인 간에 적용되는 법률이고, 행정법은 국가와 개인 간에 적용되는 법률임.

처분의 개념

개념요소	비고
행정청이 행하는	행정청이 아닌 사립학교의 징계는 처분이 아님.
구체적 사실에 관한	추상적 사실에 관한 내용은 처분이 아님.
법집행으로서	사실행위는 처분이 아님. 다만, 권력적 사실행위는 처분임.
공권력의 행사 또는 거부	부대등관계의 작용임.
그 밖에 이에 준하는 행정작용 및 행정심판에 대한 재결	형식적 행정행위의 개념을 인정할 필요가 없음.

01 처분성이 인정되어야 항고소송(취소소송, 무효등확인소송, 부작위위법확인소송)이 가능함.

02 항고소송이 가능하려면 국민의 권리 제한 또는 의무 부과가 있어야 함.

03 행정소송은 투 트랙임. 예컨대 식당영업취소처분이 있으면 그 처분에 대한 취소소송을 제기할 수 있고, 이와 별도로 손해배상소송도 제기할 수 있음. 즉, 취소소송과 손해배상소송은 같이 해도 되고 따로 해도 됨. 실무상 손해배상소송은 민사소송으로 함.

권력적 사실행위

강학상 행정행위는 아니지만, 처분성이 인정됨.

기출지문 OX Quiz

권력적 사실행위가 행정처분의 준비단계로서 행하여지거나 행정처분과 결합된 경우에는 행정처분에 흡수·통합되어 불가분의 관계에 있다 할 것이므로 행정처분이 취소소송의 대상이 되지만, 처분과 분리하여 따로 권력적 사실행위를 다툴 실익이 있다.

[23 소방]　　　　　　　(O / X)

정답 X

행정의 의의

01 행정의 개념은 시민혁명 이후 권력분립이 이루어지면서 성립됨.

02 형식적 의미의 입법, 행정, 사법은 그 내용과 관계없이 기관을 중심으로 파악함.
  ① 국회가 하는 모든 일 ➡ 입법
  ② 행정부가 하는 모든 일 ➡ 행정
  ③ 사법부가 하는 모든 일 ➡ 사법

03 실질적 의미의 입법, 행정, 사법은 기관이 아니라, 업무의 내용을 기준으로 파악함.

🔖 **형식적·실질적 의미의 행정·입법·사법의 예**

구분	형식적 의미의 입법	형식적 의미의 사법	형식적 의미의 행정
실질적 의미의 입법	• 법률 제정 • 국회규칙 제정	대법원규칙 제정	• 대통령령, 총리령, 부령 등 법규명령의 제정 및 개정 • 행정규칙, 조례 등의 제정 • 대통령의 긴급명령 등의 발동 • 대통령의 조약체결 비준
실질적 의미의 사법	국회의원의 자격심사, 징계, 제명 (헌법 제64조)	법원의 재판	• 행정심판위원회의 재결 등 각종 재결 • 징계위원회의 징계의결 • 소청심사위원회의 결정 • 경찰서장의 통고처분 • 대통령의 사면, 복권, 감형 등
실질적 의미의 행정	• 국회사무총장의 소속 공무원 임명행위 • 국회예산의 집행, 국회도서관 운영 등 • 처분적 법률의 제정	• 대법원장의 일반법관 임명 및 연임발령 • 대법원장 및 법원행정처장의 일반직원 임명	• 각종 인허가, 특허, 운전면허의 허용 등 • 징계처분, 조세 부과처분, 조세 체납처분 등 각종 처분 • 대법원장, 대법관, 헌법재판소장, 헌법재판소 재판관 등의 임명(임명권자가 대통령이기 때문)

04 처분적 법률과 행정의 구별
처분적 법률이란 집행행위의 매개 없이 직접 적용되는 법률을 말함(다수설). 즉, 처분적 법률의 형식은 입법이지만, 그 내용은 행정(처분)의 성격을 가짐.

📑 **관련판례**
1. 조례 자체가 직접 권리·의무에 영향을 미치는 경우 항고소송의 대상이 된다. (대판 1996.9.20. 95누8003) <두밀분교사건>
2. 학교폐지 조례 공포 후 교육감이 한 분교장의 폐쇄, 직원의 인사이동, 급식학교의 변경 등 행위는 항고소송의 대상이 되는 행정처분이 아니다. (대판 1996.9.20. 95누7994)
3. 항정신병 치료제의 요양급여 인정기준에 관한 보건복지부 고시가 다른 집행행위의 매개 없이 그 자체로서 제약회사, 요양기관, 환자 및 국민건강보험공단 사이의 법률관계를 직접 규율하는 경우에는 항고소송의 대상이 되는 행정처분에 해당한다. (대결 2003.10.9. 2003무23)

 MEMO

4. 보건복지부 고시인 약제급여·비급여목록 및 급여상한금액표는 항고소송의 대상인 처분이다. 이때 제약회사의 원고적격이 인정된다. (대판 2006.9.22. 2005두2506)

5. 청소년유해매체물 결정 및 고시처분은 고시함으로써 그 명시된 시점에 효력이 발생하였다고 봄이 상당하고, 정보통신윤리위원회와 청소년보호위원회가 위 처분이 있었음을 웹사이트 운영자에게 제대로 통지하지 아니하였다고 하여 그 효력 자체가 발생하지 아니한 것으로 볼 수는 없다. (대판 2007.6.14. 2004두619)

행정의 개념적 특징

구분	특징	비고
주체	행정주체의 작용	행정주체로는 국가, 공공단체, 공무수탁사인이 있음.
내용	사회형성적·공익적 활동	행정은 포괄적인 지도·감독을 받지만, 광범위한 활동의 자유를 가짐.
형식	다양한 형식의 법집행작용	행정의 형식에는 행정행위, 행정입법, 행정계획 등이 있음.
절차	일반적·추상적 법령을 집행하기 위하여 개별적·구체적 조치를 취함(개별적·구체적 작용).	입법은 일반적·추상적 규율을 제정하는 것임.
재판과의 차이	적극적(능동적)·미래지향적인 형성활동	사법(司法)은 소극적·과거지향적이고, 법을 판단하는 작용임.

> 일반적이란 불특정 다수를 대상으로 하고, 개별적이란 특정인을 대상으로 함.

통치행위

01 통치행위는 프랑스에서 발전한 개념임(공법상 계약도 프랑스에서 발전한 개념).

02 개괄주의는 통치행위 부정설의 논거가 됨. 다만, 개괄주의를 취한다고 해서 통치행위를 부정하는 것은 아님.

03 대법원

계엄선포의 요건 구비 여부나 선포의 당·부당을 판단할 권한이 사법부에는 없다고 할 것이나, 비상계엄선포나 확대가 국헌문란의 목적을 달성하기 위하여 행해진 경우(내란죄)에 법원은 그 자체가 범죄행위에 해당하는지의 여부에 관하여 심사할 수 있음.

➡ 남북정상회담의 개최는 사법심사의 대상이 아니지만, 대북송금행위는 사법심사의 대상임.

04 헌법재판소

대통령의 긴급재정·경제명령은 통치행위에 해당하지만, 사법심사의 대상이 됨. 비록 고도의 정치적 결단에 의하여 행해지는 국가작용이라고 할지라도, 그것이 국민의 기본권 침해와 직접 관련되는 경우에는 당연히 헌법재판소의 심판대상이 됨.

> **통치행위**
> 고도의 정치적 판단을 요하는 국가작용으로 사법심사가 부적당한 행위를 말함.

행정법의 성립과 발달

01 대륙법계
① 행정법은 대륙법계를 중심으로 발달함(공·사법의 이원체계).
② 대륙법계 행정법의 발달은 법치주의의 확립과 행정제도의 발달에 근거함.

02 영미법계
① 영미법계는 보통법의 전통 때문에 행정법의 발달이 늦음(공·사법의 일원체계).
② 영미법계 행정법의 발달은 행정위원회의 발전에 근거함.
③ 영미법은 절차중심으로 발전함.

지방자치단체의 사무

01 자치사무(건축허가)
지방자치단체의 고유사무로 주민의 복리에 관한 사무를 말함. 원칙적으로 지방자치단체가 독자적으로 처리함.

02 단체위임사무
국가 또는 상급 지방자치단체가 하급 지방자치단체에 위임한 사무를 말함.
예) 국가가 서울특별시 또는 동작구에 위임한 사무, 서울특별시가 동작구에 위임한 사무

03 기관위임사무
① 국가 또는 상급 지방자치단체가 하급 지방자치단체의 장에게 위임한 사무를 말함.
예) 국가가 서울특별시장 또는 동작구청장에게 위임한 사무, 서울특별시가 동작구청장에게 위임한 사무
② 기관위임사무를 두는 이유: 우리나라는 중앙행정조직에 대응하는 보통지방행정조직이 없기 때문에 국가사무를 지방자치단체장에게 맡기는 형식을 취함. 이때 지방자치단체장은 국가기관(국가공무원)의 지위에서 일함.

04 조례 제정의 가능성
① 자치사무나 단체위임사무는 법률의 위임이 없어도 조례 제정이 가능함.
② 기관위임사무는 원칙적으로 조례 제정이 안 되지만, 개별법의 위임이 있으면 조례 제정이 가능함.
③ 주민의 권리 제한, 의무 부과, 벌칙에 관한 조례는 법률의 위임이 있어야 함.
④ 조례와 정관에 대해서는 포괄위임이 가능함.

행정의 분류

MEMO

행정주체에 따른 분류	국가행정	국가가 직접 자신의 기관(공무원)에 의하여 행하는 행정을 말함.
	자치행정	지방자치단체, 그 밖의 공공단체가 주체가 되어 행하는 행정을 말함.
	위임행정	• 국가 또는 공공단체가 자신의 사무를 다른 공공단체나 그 기관(일반적으로 단체장을 말함) 또는 사인에게 위임하여 행하는 행정을 말함. • 사인은 보통행정의 객체이지만, 위임행정을 수행하는 범위에서는 행정주체가 되기도 함.
목적에 따른 분류	질서행정	• 사회의 안녕질서와 위해방지를 목적으로 하는 행정으로, 경찰행정이 대표적임. • 질서행정은 면허취소, 영업정지와 같은 침해적인 수단이 이용됨.
	급부행정	• 행정주체가 적극적으로 사회구성원에게 재화와 서비스를 제공하여 사회공공의 복리증진을 위하여 행하는 행정을 말함. • 물건의 급부와 서비스의 제공이 있으며, 보충성의 원칙이 적용됨.
	계획행정	일정 목표를 달성하기 위한 수단을 종합계획하는 행정으로 현대행정의 중요한 부분임.
	공과행정	조세나 부담금 등 공과금을 부과·징수하는 행정을 말함(권력적 작용, 침익적 성질).
	조달행정	행정목적 수행에 필요한 인적·물적 수단을 취득·유지·관리하는 작용을 말함.
	유도행정	행정주체가 사회경제활동을 일정한 방향으로 유도하기 위하여 행하는 행정을 말함(예 보조금의 지급, 쓰레기봉투).
법효과에 따른 분류	침익적 행정 (부담적 행정)	• 국민의 자유 또는 권익을 침해하거나 의무를 부과하는 행정을 말함. • 질서행정이나 공과행정은 전형적인 침익적 행정임.
	수익적 행정	• 국민에게 권리나 이익을 부여하거나 이미 부과된 의무 등을 해제하여 주는 행정을 말함. • 급부행정이나 유도행정은 대부분 수익적 행정임.
	복효적 행정	• 침익적 성질과 수익적 성질을 동시에 가지는 것을 말함. • 그중에서 동일인에게 두 가지의 효과가 동시에 나타나면 혼효적 행정행위(= 혼합적 행정행위)라고 하고, 일방에게는 이익이 되지만 제3자에게 침익이 되면 제3자효 행정행위라고 함(예 연탄공장허가).
법형식에 따른 분류	공법적 행정	• 공법에 근거하여 또는 공법의 규율을 받으면서 행해지는 행정을 말함. • 그중에서 권력적 행정은 행정주체가 우월적 지위에서 행하는 행정을 말하고, 권력성이 약한 행정을 관리행정(예 공물이용관계)이라고 함.
	사법적 행정	• 사법에 근거하여 또는 사법의 규율을 받으면서 행해지는 행정을 말함. • 협의의 국고행정과 행정사법으로 구분됨.
법기속에 따른 분류	기속행정	• 일정한 요건이 갖추어지는 경우에 행정청이 반드시 일정한 행정을 하여야 하는 것을 말함. • 기속행정의 경우에 행정청이 주어진 일을 하지 않을 때 상대방에게는 이를 요구할 수 있는 공권이 발생함.
	재량행정	• 어떤 행정을 함에 있어 행정청에게 선택권이 인정되는 것을 말함. • 그중 어떤 일을 할지 말지를 결정할 수 있는 경우를 결정재량이라고 하고, 어떻게 할지에 대한 수단을 선택할 수 있는 것을 선택재량이라고 함.

행정법의 법원

법원(法源)이란 법의 인식근거 또는 존재형태를 말함.

성문법원	헌법	법원성 인정
	법률	법원성 인정
	조약과 일반적으로 승인된 국제법규	법원성 인정(일반적으로 승인된 국제법규는 우리나라가 승인할 필요 없음)
	법규명령	법원성 인정
	자치법규	조례와 규칙에 대하여 법원성 인정
	행정규칙	• 원칙적으로 법원성 부정 • 재량준칙과 법령보충적 행정규칙에 대하여는 법원성 인정
불문법원	관습법	행정선례법과 민중적 관습법에 대하여 법원성 인정
	판례	• 대륙법계에서는 법원성 부정 • 영미법계에서는 법원성 인정
	조리	법원성 인정

관련조문

행정기본법 제2조(정의)
이 법에서 사용하는 용어의 뜻은 다음과 같다.
1. '법령 등'이란 다음 각 목의 것을 말한다.
   가. 법령: 다음의 어느 하나에 해당하는 것
      1) 법률 및 대통령령·총리령·부령
      2) 국회규칙·대법원규칙·헌법재판소규칙·중앙선거관리위원회규칙 및 감사원규칙
      3) 1) 또는 2)의 위임을 받아 중앙행정기관(정부조직법 및 그 밖의 법률에 따라 설치된 중앙행정기관을 말한다. 이하 같다)의 장이 정한 훈령·예규 및 고시 등 행정규칙
   나. 자치법규: 지방자치단체의 조례 및 규칙

제5조(다른 법률과의 관계)
① 행정에 관하여 다른 법률에 특별한 규정이 있는 경우를 제외하고는 이 법에서 정하는 바에 따른다.
② 행정에 관한 다른 법률을 제정하거나 개정하는 경우에는 이 법의 목적과 원칙, 기준 및 취지에 부합되도록 노력하여야 한다.

판례의 법원성

01 대법원 판례는 다른 사건에서 하급심 법원을 직접 구속하지 못함.

> **관련판례**
>
> 대법원의 판례가 법률해석의 일반적인 기준을 제시한 경우에 유사한 사건을 재판하는 하급심 법원의 법관은 판례의 견해를 존중하여 재판하여야 하는 것이나, 판례가 사안이 서로 다른 사건을 재판하는 하급심 법원을 직접 기속하는 효력이 있는 것은 아니다. (대판 1996.10.25. 96다31307)

02 대법원으로부터 사건을 환송받은 하급심 법원은 해당 사건에 한하여 기속됨.

> **관련판례**
>
> 상고 법원으로부터 사건을 환송받은 하급심 법원은 그 사건을 다시 재판함에 있어서 상고법원이 파기이유로 한 사실상과 법률상 판단에 기속을 받는 것이나, 파기의 이유로 된 잘못된 견해만 피하면 다른 가능한 견해에 의하여 환송 전의 판결과 동일한 결론을 가져온다고 하여도 환송판결의 기속을 받지 아니한 위법을 범한 것이라고는 할 수 없다. (대판 2001.6.15. 99두5566)

법치행정의 원리

01 법치행정은 법률의 법규창조력, 법률우위의 원칙, 법률유보의 원칙으로 이루어짐.

02 법률의 법규창조력

국민의 권리·의무와 관계되는 내용(법규)에 대해서는 왕이 아닌 국민의 대표인 국회가 만든 법률에 의하여야 한다는 원칙임. 현대행정에서는 행정입법에 의한 경우가 많기 때문에 법률의 법규창조력은 줄어드는 추세임.

03 법률우위의 원칙과 법률유보의 원칙

법률우위의 원칙	법률유보의 원칙
• 소극적 원칙(법을 위반하지만 않으면 됨) • 단계구조의 문제 • 모든 국가작용에 적용됨.	• 적극적 원칙(법률에 근거가 있어야 함) • 권한 배분의 문제 • 적용대상(적용범위)에 대하여 학설이 대립함.

법률유보원칙의 적용범위

구분	내용
침해유보설	• 개념: 행정이 개인의 자유와 권리를 침해 또는 제한하거나 의무를 부과하는 등의 침해적 행정작용의 경우에만 법적 근거를 요함. • 내용: 자유주의적 법치국가의 법률유보이론으로서 행정으로부터의 자유를 강조함.
전부유보설	• 개념: 행정의 모든 영역에 법률의 근거를 요함. • 내용: 의회민주주의와 의회의 우월성을 강조함(국민주권 존중).
급부행정유보설 (사회유보설)	• 개념: 침해행정 외에 급부행정의 영역에도 법률의 유보를 필요로 함. • 내용: 침해유보와 달리 행정을 통한(향한) 자유를 강조함.
권력행정유보설	권력적 수단을 통해 이루어지는 행정작용에는 법률의 근거를 요함. 예 보조금 지원의 교부에는 법률의 근거를 요하지만, 행정지도의 경우에는 비권력적 수단으로서 법률의 근거를 요하지 않음.
본질성설 (중요사항유보설, 의회유보설)	• 개념: 법률유보의 적용영역을 침해작용인가 급부작용인가 하는 행정작용의 성질에 따라 판단하는 것이 아니라 개인에게 중요한 작용은 법률의 근거가 필요하며, 비중요사항에 대해서는 법률의 근거가 없어도 됨. 즉, 개인의 기본권과 공익에 있어 가장 근본적이고 중요한 사항은 법률의 근거를 요한다는 견해로서 독일 연방헌법재판소의 판례(칼카르 결정)를 계기로 형성되었으며 의회유보와 관련있음. • 평가: 법률유보의 범위를 기본권 관련 측면에서 파악한 점, 법률유보의 범위뿐만 아니라 규율의 밀도(정도)에 대해서도 원칙을 제시하고 있다는 점에서 높이 평가받고 있으며, 우리 헌법재판소도 받아들이고 있음. • 비판: '본질적 사항'이란 개념이 모호함.

🔴 법률유보에서 말하는 법적 근거는 조직법적 근거가 아니라, 작용법적(수권법적) 근거를 말함.

📋 **관련조문**

행정기본법 제8조(법치행정의 원칙)

행정작용은 법률에 위반되어서는 아니 되며, 국민의 권리를 제한하거나 의무를 부과하는 경우와 그 밖에 국민생활에 중요한 영향을 미치는 경우에는 법률에 근거하여야 한다.

제16조(결격사유)

① 자격이나 신분 등을 취득 또는 부여할 수 없거나 인가, 허가, 지정, 승인, 영업등록, 신고 수리 등(이하 '인허가'라 한다)을 필요로 하는 영업 또는 사업 등을 할 수 없는 사유(이하 이 조에서 '결격사유'라 한다)는 법률로 정한다.

② 결격사유를 규정할 때에는 다음 각 호의 기준에 따른다.
1. 규정의 필요성이 분명할 것
2. 필요한 항목만 최소한으로 규정할 것
3. 대상이 되는 자격, 신분, 영업 또는 사업 등과 실질적인 관련이 있을 것
4. 유사한 다른 제도와 균형을 이룰 것

행정법의 일반원칙

01 비례의 원칙(과잉금지원칙)

침익적 작용과 수익적 작용(과잉급부금지원칙) 모두에 적용됨. 다만, 사법적 행위에는 적용되지 않음.

> **관련조문**
>
> **행정기본법 제10조(비례의 원칙)**
> 행정작용은 다음 각 호의 원칙에 따라야 한다.
> 1. 행정목적을 달성하는 데 유효하고 적절할 것 - 적합성의 원칙(선택한 수단이 효과가 있는가 없는 가의 문제)
> 2. 행정목적을 달성하는 데 필요한 최소한도에 그칠 것 - 필요성의 원칙(여러 수단 중 침해의 정도가 지나치면 안 된다는 원칙)
> 3. 행정작용으로 인한 국민의 이익 침해가 그 행정작용이 의도하는 공익보다 크지 아니할 것

🍪 행정계획에서 형량명령원리는 비례원칙의 한 내용임.

02 신뢰보호의 원칙

① 신뢰보호의 선행조치: 위법한 행위여도 무방함.
② 공적 견해표명의 판단: 행정청의 형식적 권한분장에 따를 것이 아니라 실질적으로 판단하여야 함.
③ 상대방의 고의·과실: 고의·과실(귀책사유)이 있으면, 신뢰보호는 인정되지 않음.
④ 인과관계
⑤ 선행조치에 반하는 후행조치
⑥ 신뢰보호와 법률적합성 충돌시: 양자동위설(이익형량설)

> **관련조문**
>
> **행정기본법 제12조(신뢰보호의 원칙)**
> ① 행정청은 공익 또는 제3자의 이익을 현저히 해칠 우려가 있는 경우를 제외하고는 행정에 대한 국민의 정당하고 합리적인 신뢰를 보호하여야 한다.
> ② 행정청은 권한 행사의 기회가 있음에도 불구하고 장기간 권한을 행사하지 아니하여 국민이 그 권한이 행사되지 아니할 것으로 믿을 만한 정당한 사유가 있는 경우에는 그 권한을 행사해서는 아니 된다. 다만, 공익 또는 제3자의 이익을 현저히 해칠 우려가 있는 경우는 예외로 한다. - 제2항은 실권의 법리에 관한 조문임.

> **관련판례**
>
> [1] 임용 당시 구 군인사법에 따른 임용결격사유가 있는데도 장교, 준사관 또는 하사관으로 임용된 경우, 임용행위는 당연무효이다.
> [2] 과거 소년이었을 때 죄를 범하여 형의 집행유예를 선고받은 사람이 장교·준사관 또는 하사관으로 임용된 경우, 그 임용은 유효하다. (대판 2019.2.14. 2017두62587)

사실상 공무원

법적으로 공무원이 아닌 자의 행위라고 하더라도 국민이 공무원이라고 믿을 만한 외관을 갖추고 있는 경우에는 상대방의 신뢰를 보호하기 위하여 유효한 행위로 봄.

➡ 공무원 결격사유인 자가 공무원으로 임용된 경우
- 임용: 무효
- 사실상 공무원이 한 일: 유효

무효와 취소의 차이

- 무효: 중대·명백한 하자가 있는 경우
- 취소: 위법하지만, 중대·명백한 하자는 아닌 경우

🔖 진정소급입법과 부진정소급입법

구분	진정소급입법	부진정소급입법
개념	과거에 이미 완성된 사실이나 법률관계를 대상으로 하는 입법	과거에 시작되었으나 현재 진행 중인 사실이나 법률관계를 대상으로 하는 입법
허용 여부	• 원칙적 금지 • 예외적 적용 　└ 국민이 소급입법을 예상할 수 있는 경우 　└ 법적 상태가 불확실하고 혼란스러워 보호할 만한 신뢰이익이 적은 경우 　└ 소급입법에 의한 당사자의 손실이 없거나 아주 경미한 경우 　└ 신뢰보호의 요청에 우선하는 심히 중대한 공익상 사유가 소급입법을 정당화하는 경우	• 원칙적 적용 • 예외적 금지: 소급효를 요구하는 공익상 사유와 신뢰보호의 요청 사이의 교량과정에서 신뢰보호의 관점이 입법자의 형성권에 제한을 가하게 됨.

03 평등원칙과 자기구속의 원칙

① 행정규칙 위반은 원래 부당의 문제만 있고 위법의 문제는 없음. 하지만 평등원칙을 매개로 할 때 위법의 문제가 생김. 즉, 행정규칙 위반은 원래 항고소송의 대상이 아니지만, 평등원칙 위반이 있으면 항고소송이 가능해짐(전환규범).

② 자기구속의 원리는 재량준칙과 관련하여 발생함.

04 부당결부금지의 원칙

✒️ 관련조문

행정기본법 제13조(부당결부금지의 원칙)

행정청은 행정작용을 할 때 상대방에게 해당 행정작용과 실질적인 관련이 없는 의무를 부과해서는 아니 된다.

운전면허		운전할 수 있는 차량
종별	구분	
제1종	대형면허	승용자동차, 승합자동차, 화물자동차, 건설기계, 특수자동차(트레일러 및 레커 제외), 원동기장치자전거
	보통면허	승용자동차, 승차정원 15명 이하의 승합자동차
	특수면허	트레일러, 레커, 제2종 보통면허로 운전할 수 있는 차량
제2종	보통면허	승용자동차, 승차정원 10명 이하의 승합자동차, 원동기장치자전거
	소형면허	이륜자동차(운반차 포함), 원동기장치자전거
	원동기장치자전거면허	원동기장치자전거

관련 면허

🔴 제1종 특수·대형·보통면허를 가진 자가 제1종 특수면허만으로 운전할 수 있는 차량을 운전하다 운전면허취소사유가 발생한 경우, 제1종 대형·보통면허는 취소할 수 없음.

🔴 이륜자동차를 음주운전한 사유만으로 제1종 대형·보통면허를 취소하거나 정지할 수 없음.

✒️ 관련조문

행정기본법 제9조(평등의 원칙)

행정청은 합리적 이유 없이 국민을 차별하여서는 아니 된다.

제14조(법 적용의 기준)

① 새로운 법령 등은 법령 등에 특별한 규정이 있는 경우를 제외하고는 그 법령 등의 효력발생 전에 완성되거나 종결된 사실관계 또는 법률관계에 대해서는 적용되지 아니한다.

② 당사자의 신청에 따른 처분은 법령 등에 특별한 규정이 있거나 처분 당시의 법령 등을 적용하기 곤란한 특별한 사정이 있는 경우를 제외하고는 처분 당시의 법령 등에 따른다.

③ 법령 등을 위반한 행위의 성립과 이에 대한 제재처분은 법령 등에 특별한 규정이 있는 경우를 제외하고는 법령 등을 위반한 행위 당시의 법령 등에 따른다. 다만, 법령 등을 위반한 행위 후 법령 등의 변경에 의하여 그 행위가 법령 등을 위반한 행위에 해당하지 아니하거나 제재처분기준이 가벼워진 경우로서 해당 법령 등에 특별한 규정이 없는 경우에는 변경된 법령 등을 적용한다.

전환규범

• 행정규칙 위반 ➡ 부당 ➡ 소송 불가

• 행정규칙 위반 ──평등원칙──➡ 부당이 위법으로 전환

➡ 소송 가능 - 간접적 위법

관련판례

[1] 운전면허를 받은 사람이 음주운전을 한 경우에 운전면허의 취소 여부는 행정청의 재량행위이나, 음주운전으로 인한 교통사고의 증가와 그 결과의 참혹성 등에 비추어 보면 음주운전으로 인한 교통사고를 방지할 공익상 필요는 더욱 중시되어야 하고, 운전면허의 취소에서는 일반의 수익적 행정행위의 취소와는 달리 취소로 인하여 입게 될 당사자의 불이익보다는 이를 방지하여야 하는 일반예방적 측면이 더욱 강조되어야 한다.

[2] 甲이 혈중알코올농도 0.140%의 주취상태로 배기량 125cc 이륜자동차를 운전하였다는 이유로 관할 지방경찰청장이 甲의 자동차운전면허[제1종 대형, 제1종 보통, 제1종 특수(대형견인·구난), 제2종 소형]를 취소하는 처분을 한 경우, 위 처분 중 제1종 대형, 제1종 보통, 제1종 특수(대형견인·구난) 운전면허를 취소한 부분은 재량권을 일탈·남용한 위법이 있다고 본 원심판결은 위법하다. (대판 2018.2.28. 2017두67476)

05 신의성실의 원칙

① 민법 제2조 제1항은 "권리의 행사와 의무의 이행은 신의에 좇아 성실히 하여야 한다."라고 하여 신의성실의 원칙을 규정하고 있음. 그러나 신의성실의 원칙은 민법뿐만 아니라 모든 법의 일반원칙이라고 할 수 있음.
② 행정절차법 제4조도 신의성실의 원칙을 신뢰보호의 원칙과 함께 규정하고 있음.
③ 대법원은 신의성실의 원칙과 신뢰보호의 원칙을 정확히 구분하지 않고 혼용하여 사용하는 경향임.
④ 실효(실권)의 법리는 신의성실의 원칙에서 파생된 원칙으로서 권력관계에도 적용됨.

> **관련조문**
>
> **행정기본법 제11조(성실의무 및 권한남용금지의 원칙)**
> ① 행정청은 법령 등에 따른 의무를 성실히 수행하여야 한다.
> ② 행정청은 행정권한을 남용하거나 그 권한의 범위를 넘어서는 아니 된다.
> ● 민법이나 국세기본법은 행정청과 상대방 모두에 대해서 신의성실의 원칙을 규정하고 있지만, 행정기본법과 행정절차법은 행정청에 대해서만 신의성실의 원칙을 규정하고 있음.

행정상 법률관계

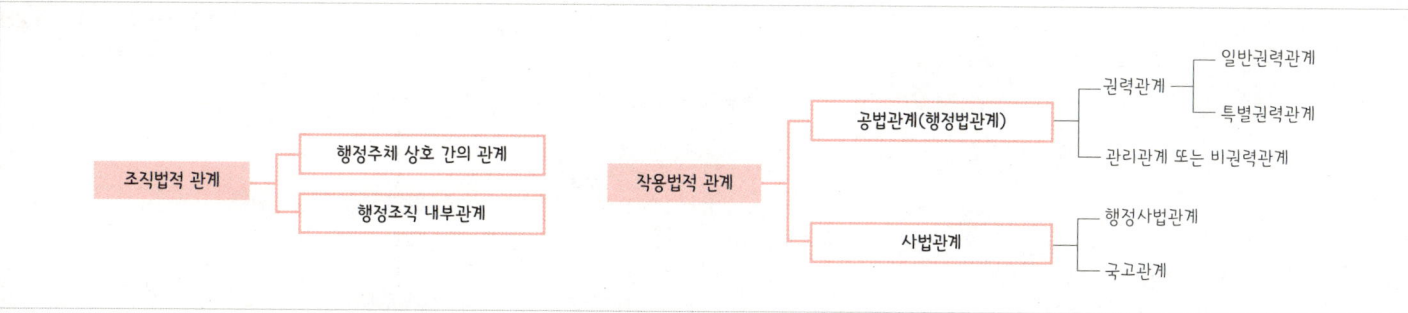

● 관리관계에는 원칙적으로 사법이 적용되고, 성질에 따라 공법이 적용되는 경우가 있음.

행정법관계의 당사자

01 행정작용관계(부대등관계)

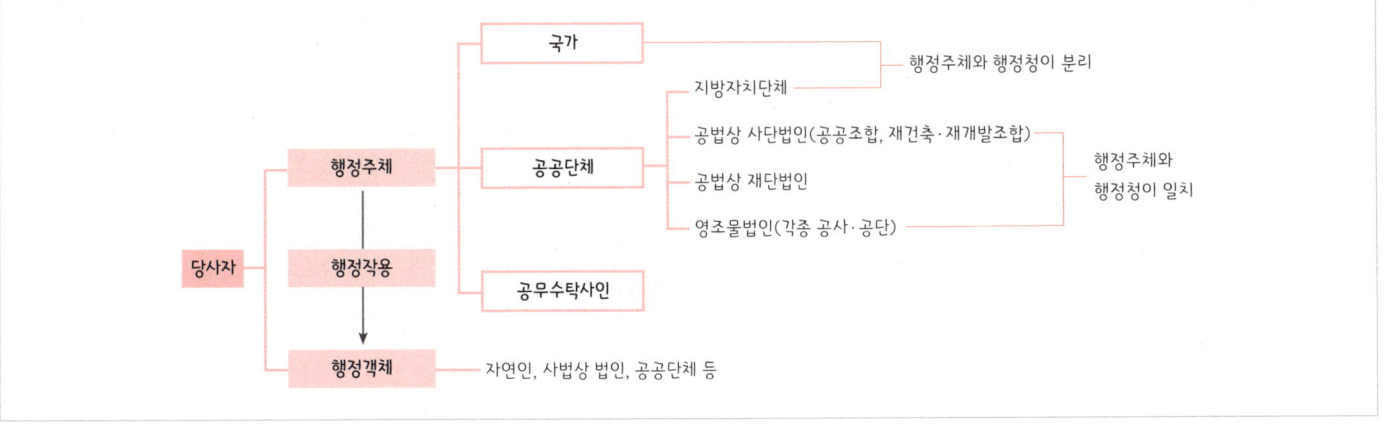

02 법률관계(대등관계)

행정주체 ──── 공법상 계약(당사자소송) ──── 행정객체
                사법상 계약(민사소송)

- 항고소송의 피고는 행정청이고, 손해배상과 당사자소송의 피고는 행정주체임.

공무수탁사인

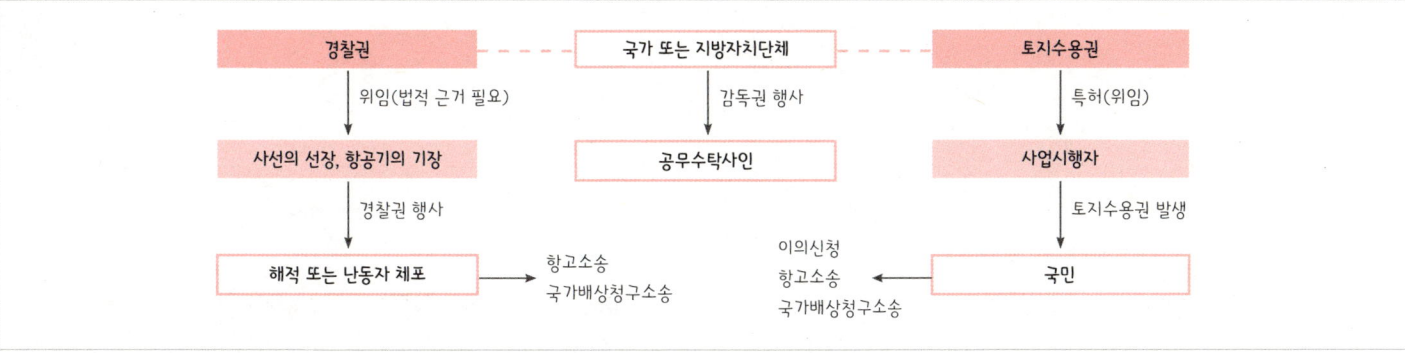

공무수탁사인으로 인정되는 경우	공무수탁사인으로 인정되지 않는 경우
• 토지수용을 하는 사업시행자 • 별정우체국장 • 학위수여를 하는 사립대학 총학장 • 사선의 선장과 항공기의 기장 • 민영교도소 • 공증사무를 수행하는 공증인 • 변호사협회, 의사협회가 회원에 대해 징계하는 경우	• 행정보조자: 자동차 견인업무만을 하는 견인회사, 아르바이트로 공무를 도와주는 사인 • 행정대행인(단순히 경영위탁을 받은 사인): 쓰레기수거인, 대집행을 실행하는 제3자 • 등록금을 징수하는 경우의 사립대학 총학장

공법관계와 사법관계의 구별기준

구분	내용	비판
구 주체설	• 행정관계의 일방 또는 쌍방당사자가 국가 등인 경우는 공법관계 • 당사자가 모두 사인인 경우는 사법관계	국가가 하는 사법적 형식에 의한 공행정작용을 설명하기 어려움.
신 주체설(귀속설)	• 국가 등의 행정주체에 대해서만 권리·의무를 귀속시키는 법률관계는 공법관계 • 모든 권리주체에게 권리·의무를 귀속시키는 법률관계는 사법관계	구체적 법률관계에서 국가 등의 행정주체가 공권력주체로서의 지위를 가지는지의 여부는 관계 법규가 공법인지 여부에 의하여 비로소 결정된다는 문제가 있음.
권력설(종속설, 성질설)	• 부대등관계는 공법관계 • 대등관계는 사법관계	공법상 계약을 사법관계로 보게 되는 문제점이 있음.
이익설	• 공익에 봉사하면 공법관계 • 사익에 봉사하면 사법관계	공익관념의 명확한 정의가 곤란함.

💬 공사·공단 직원의 근무관계를 사법관계로 보는 것이 판례의 입장임. 농지개량조합 직원의 근무관계는 공법관계로, 퇴직금관계는 사법관계로 봄.

교원징계의 법률관계

사립학교 교원에 대한 학교법인의 해임처분은 행정소송의 대상이 되는 행정청의 처분으로 볼 수 없음. 그러나 사립학교 교원이 학교법인의 해임처분에 대하여 교육부 내의 교원징계 재심위원회에 재심청구를 한 경우 재심위원회의 결정은 행정소송의 대상인 행정처분임.

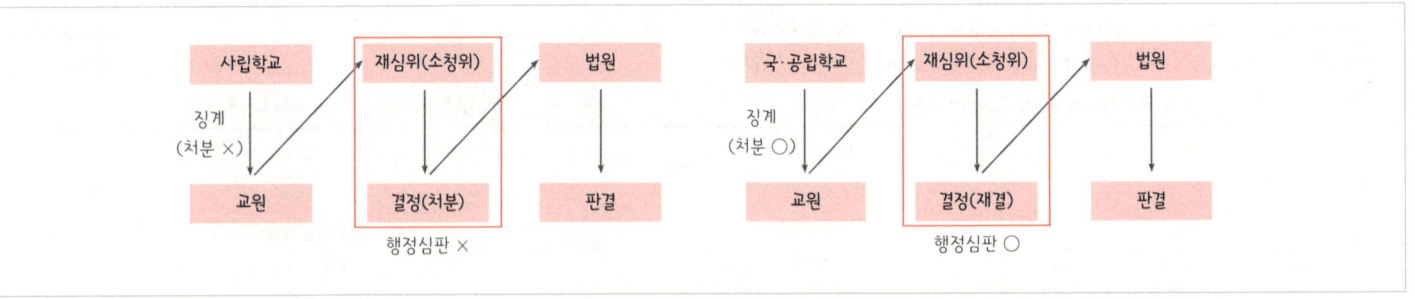

기출지문 OX Quiz

요청조달계약에 적용되는 「국가를 당사자로 하는 계약에 관한 법률」 조항은 국가가 사경제주체로서 국민과 대등한 관계에 있음을 전제로 한 사법관계에 대한 규정뿐만 아니라, 고권적 지위에서 국민에게 침익적 효과를 발생시키는 행정처분에 대한 규정까지 적용된다. [23 소방]　　(O / X)

정답 X

공권과 반사적 이익

01 공권이 성립하려면 강행법규성과 사익보호성(국민 개개인의 이익보호)이 있어야 함.

02 재판가능성은 공권의 성립요소가 아님. 오늘날 재판청구권은 당연히 인정되기 때문임.

개인적 공권	개인이 자기의 이익을 위하여 국가 등에 일정한 행위(작위, 부작위, 수인, 급부)를 요구할 수 있는 법적인 힘을 말함.
반사적 이익	법이 규제하지 않아서 누리는 이익을 말함.
차이점	공권성이 인정되면 공권이 침해되었을 때 행정소송을 제기하거나 손해전보가 가능하지만, 반사적 이익이 침해되었을 때는 소송을 제기할 수 없음.

공권의 성립근거

01 법률에 의하여 성립하는 것이 가장 일반적임. 법률은 근거법규뿐만 아니라 관련 법규까지 고려하여 공권을 넓게 인정함(학설·판례).

02 헌법에 의하여 공권이 인정되는 경우도 있음.

기본권의 종류	기본권은 자유권, 참정권, 청구권, 사회적 기본권으로 분류할 수 있음.
구체적 권리	• 헌법규정만으로 실현 가능한 권리 • 알 권리, 구속된 피고인의 접견권 등 ➡ 공권 성립 ➡ 소송 가능
추상적 권리	• 헌법규정만으로는 안 되고, 법률규정이 있어야 실현 가능한 권리 • 근로의 권리, 퇴직급여를 청구할 수 있는 권리, 인간다운 생활권 등 ➡ 헌법만으로는 소송 불가

03 조리, 관습법, 공법상 계약, 법규명령에 의하여 공권이 인정될 수 있음. 그러나 행정규칙에 의해서는 공권이 인정되지 않는 것이 원칙임.

공권의 확대화 경향 - 처분의 상대방이 아닌 제3자에게 공권 성립

제3자가 처분의 상대방에게 내려진 허가 등의 효력을 다툴 수 있는가의 문제를 말함.

경업자소송	기존업자가 신규업자에게 내려진 허가 등의 취소를 구하는 소송을 말하며, 특허사업(법률상 이익)의 경우에는 인정되고, 허가사업(반사적 이익)의 경우에는 인정되지 않는 것이 일반적임.
경원자소송	공동신청인 중 떨어진 사람이 제기하는 소송을 말하며, 일반적으로 인정됨.
인인소송	인근 주민이 공해시설 등에 대하여 제기하는 소송을 말함(예 연탄공장 인근 주민).

무하자재량행사청구권과 행정개입청구권

무하자재량행사청구권	재량의 영역에서 개인이 행정청에 대하여 하자 없는(즉, 적법한) 재량처분을 청구할 수 있는 공권을 말함.
행정개입청구권	개인이 자기를 위하여 제3자에게 규제·단속 등의 행정권을 발동하여 줄 것을 청구할 수 있는 권리를 말함.
차이점	무하자재량행사청구권은 결정재량, 선택재량 모두에 인정되는 반면, 행정개입청구권은 결정재량에서만 인정되고 선택재량에서는 인정되지 않음.

특별권력관계

특별권력관계
행정규칙   울레의 이론
재량행위   • 기본행위는 법률유보,
               사법심사 적용
            • 업무수행행위는 심사 불가

특별권력관계   전면적인 법률유보와 전면적인 사법심사 인정

행정규칙   • 원칙적으로 법률유보와 사법심사가 적용되지 않음.
            • 예외적으로 인정

재량행위   • 개별적인 근거 없이 가능
            • 재량의 일탈·남용이 있다면 심사 가능

공통점
• 왕의 권한 중 입법권을 국회에, 재판권을 법원에 넘기는 과정에서
  법률유보원칙과 사법심사를 받지 않는다는 점에서 출발
• 군주와 의회의 타협과정에서 발생

🔴 특별권력관계에서는 법적 근거가 있다는 전제하에서 일반국민보다 많은 기본권 제한이 가능함.

특별권력관계에 대한 대법원 판례

01 동장과 구청장의 관계는 특별권력관계이지만, 사법심사의 대상임. (대판 1982.7.27. 80누86)

02 농지개량조합과 직원의 관계는 특별권력관계이지만, 징계처분은 사법심사의 대상임. (대판 1995.6.9. 94누10870)

→ 대법원은 동장과 구청장의 관계, 농지개량조합과 그 직원의 관계 등을 특별권력관계라고 표현하여 그 개념 자체는 인정하고 있지만, 사법심사를 긍정하고 있음.

행정법관계에 대한 사법규정의 적용(행정법 흠결의 보완)

01 행정법관계에 대한 사법규정의 적용 문제는 공법과 사법을 구별하는 이원적 법체계 때문에 발생함. 따라서 영미법에서는 문제되지 않음.

02 준용할 공법규정이 있을 때는 공법을 먼저 적용함.

03 준용할 공법이 없을 때의 사법규정 적용범위

구분	권력관계	관리관계와 사법관계
법원리적 규정(예 신의성실의 원칙, 실효의 원칙)과 법기술적 규정(예 시효)	적용	적용
이해조절적 규정(예 하자담보책임)	적용 ×	적용

04 토지수용의 경우 하자담보책임은 인정되지 않고, 위험부담은 사업시행자의 부담으로 함.

법률요건과 법률사실

사건	사람의 정신작용을 요소로 하지 않는 법률사실	선의	어떤 사실관계를 모르는 경우
용태	정신적 작용을 요소로 하여 이루어지는 법률사실	악의	어떤 사실관계를 알고 있는 경우

시효

01 공법관계에도 민법의 시효에 관한 규정이 유추적용됨.

02 금전채권은 법률에 특별한 규정이 없는 한, 5년간 이를 행사하지 않는 때에는 시효로 인하여 소멸함. (국가재정법 제96조) 국가에 대한 권리로서 금전의 급부를 목적으로 하는 것도 또한 같음.

03 시효에 관하여 다른 법률에 특별한 규정이 있으면 그 규정을 따르는데, 5년보다 짧은 기간은 그 기간을 적용하고, 5년보다 긴 기간의 경우에는 5년을 적용함.

소멸시효와 취득시효

- 소멸시효: 일정 기간이 지나면 권리 행사를 할 수 없는 상태를 말함.
- 취득시효: 일정 기간이 지나면 권리가 발생하는 것을 말함.

시효의 중단

01 시효가 중단되면 그때까지 경과한 기간은 산입하지 않고, 중단된 사유가 종료된 때로부터 새롭게 처음부터 다시 진행하게 됨.

02 소멸시효중단사유에는 소제기, 납세(납입)고지, 독촉 또는 납부최고, 교부청구, 압류 등이 있음.

관련조문

행정기본법 제6조(행정에 관한 기간의 계산)

① 행정에 관한 기간의 계산에 관하여는 이 법 또는 다른 법령 등에 특별한 규정이 있는 경우를 제외하고는 민법을 준용한다.

② 법령 등 또는 처분에서 국민의 권익을 제한하거나 의무를 부과하는 경우 권익이 제한되거나 의무가 지속되는 기간의 계산은 다음 각 호의 기준에 따른다. 다만, 다음 각 호의 기준에 따르는 것이 국민에게 불리한 경우에는 그러하지 아니하다.

1. 기간을 일, 주, 월 또는 연으로 정한 경우에는 기간의 첫날을 산입한다.
2. 기간의 말일이 토요일 또는 공휴일인 경우에도 기간은 그날로 만료한다.

제7조(법령 등 시행일의 기간 계산)

법령 등(훈령·예규·고시·지침 등을 포함한다. 이하 이 조에서 같다)의 시행일을 정하거나 계산할 때에는 다음 각 호의 기준에 따른다.

1. 법령 등을 공포한 날부터 시행하는 경우에는 공포한 날을 시행일로 한다.
2. 법령 등을 공포한 날부터 일정 기간이 경과한 날부터 시행하는 경우 법령 등을 공포한 날을 첫날에 산입하지 아니한다.
3. 법령 등을 공포한 날부터 일정 기간이 경과한 날부터 시행하는 경우 그 기간의 말일이 토요일 또는 공휴일인 때에는 그 말일로 기간이 만료한다.

제23조(제재처분의 제척기간)

① 행정청은 법령 등의 위반행위가 종료된 날부터 5년이 지나면 해당 위반행위에 대하여 제재처분(인허가의 정지·취소·철회, 등록 말소, 영업소 폐쇄와 정지를 갈음하는 과징금 부과를 말한다. 이하 이 조에서 같다)을 할 수 없다.

② 다음 각 호의 어느 하나에 해당하는 경우에는 제1항을 적용하지 아니한다.

1. 거짓이나 그 밖의 부정한 방법으로 인허가를 받거나 신고를 한 경우
2. 당사자가 인허가나 신고의 위법성을 알고 있었거나 중대한 과실로 알지 못한 경우
3. 정당한 사유 없이 행정청의 조사·출입·검사를 기피·방해·거부하여 제척기간이 지난 경우
4. 제재처분을 하지 아니하면 국민의 안전·생명 또는 환경을 심각하게 해치거나 해칠 우려가 있는 경우

③ 행정청은 제1항에도 불구하고 행정심판의 재결이나 법원의 판결에 따라 제재처분이 취소·철회된 경우에는 재결이나 판결이 확정된 날부터 1년(합의제 행정기관은 2년)이 지나기 전까지는 그 취지에 따른 새로운 제재처분을 할 수 있다.

④ 다른 법률에서 제1항 및 제3항의 기간보다 짧거나 긴 기간을 규정하고 있으면 그 법률에서 정하는 바에 따른다.

사인의 공법행위에 적용되는 법규 - 통칙적 규정이 없어서 민법이 적용됨.

01 주체가 '사인'이라는 점에서 구속력, 공정력, 집행력 등의 효력은 인정되지 않음(비권력적 성질).

02 의사능력이 없는 경우 무효로 봄.

03 행위능력이 없는 경우 행위능력에 관하여 원칙적으로 민법 규정이 유추적용됨. 다만, 공법상 특별한 규정을 두어 민법상 제한능력에 관한 규정의 적용이 배제되는 경우가 많음.

04 사기·강박, 착오에 의한 의사표시

① 사기·강박에 의한 의사표시: 민법을 유추적용하여 취소할 수 있음(통설·판례).

② 착오에 의한 의사표시: 민법에서는 중요 부분에 착오가 있으면 취소할 수 있지만, 행정법에서는 착오를 이유로 취소할 수 없음(예 투표, 시험 답안).

05 비진의 의사표시

사인의 공법행위에 적용되지 않음. 따라서 비진의 의사표시는 진의가 아니더라도 표시된 대로 효력이 발생함.

> **관련판례**
>
> **공무원이 한 사직의 의사표시는 원칙적으로 표시된 대로 효력이 발생한다.**
> 이른바 1980년의 공직자숙정계획의 일환으로 일괄사표의 제출과 선별수리의 형식으로 공무원에 대한 의원면직처분이 이루어진 경우, 사직원 제출행위가 강압에 의하여 의사결정의 자유를 박탈당한 상태에서 이루어진 것이라고 할 수 없고 민법상 비진의 의사표시의 무효에 관한 규정은 사인의 공법행위에 적용되지 않는다는 등의 이유로 그 의원면직처분을 당연무효라고 할 수 없다. (대판 2001.8.24. 99두9971)

사무관리와 부당이득(법원리적 규정)

01 사무관리

법률상 의무 없이 타인을 위하여 사무를 관리하는 것을 말함(예 재해시 빈 상점의 물건 처분, 행려병자보호).

02 공법상 부당이득

공법분야에서 법률상 원인 없이 타인의 재산 또는 노무로 인하여 이익을 얻고 이로 인하여 타인에게 손해를 끼치는 것을 말함(예 조세의 과오납, 봉급 과액수령)

03 판례

대법원은 부당이득을 사법관계로서 민사소송으로 봄.

> **관련판례**
>
> **조세의 과오납이 부당이득이 되기 위하여는 과세처분이 당연무효여야 하고, 취소할 수 있는 정도에 불과한 때는 부당이득이 되지 않는다.** - 취소되면 부당이득이 성립함.
> 조세의 과오납이 부당이득이 되기 위하여는 납세 또는 조세의 징수가 실체법적으로나 절차법적으로 전혀 법률상 근거가 없거나 과세처분의 하자가 중대하고 명백하여 당연무효이어야 하고, 과세처분의 하자가 단지 취소할 수 있는 정도에 불과할 때에는 과세관청이 이를 스스로 취소하거나 항고소송절차에 의하여 취소되지 않는 한 그로 인한 조세의 납부가 부당이득이 된다고 할 수 없다. (대판 1994.11.11. 94다28000)

조세와 부가가치세 환급
- 조세 환급: 사법관계(부당이득)로 민사소송의 대상
- 부가가치세 환급: 공법관계로 당사자소송의 대상

공정력
- 처분(행정행위)에는 공정력이 발생함.
- 공정력이란 권한 있는 기관(처분청의 직권취소, 행정심판위원회나 행정법원의 쟁송취소)에 의하여 취소되기 전까지는 누구도 효력을 부인할 수 없는 힘을 말함. 즉, 취소사유이면 취소가 되기 전까지는 부당이득이 아님.

주소

민법	실질주의(생활의 근거되는 곳이 주소)	복수주의(2개 이상의 주소 인정)
행정법	형식주의(주민등록지만 주소)	단일주의(1개만 인정)

자기완결적 신고와 수리를 요하는 신고(행위요건적 신고)

구분	자기완결적 신고	수리를 요하는 신고
내용	• 신고가 행정청에 도달하면 수리와 관계없이 효력이 발생함. • 본래적 의미의 신고 • 행정절차법에 규정이 있음.	• 신고에 대한 행정청의 수리라는 행위에 의하여 효과가 발생함. • 변형적 의미의 신고 • 행정절차법에는 규정이 없지만, 행정기본법에 규정이 있음.
효력발생시기	신고(접수)시 법적 효과가 발생함.	수리시 법적 효과가 발생함.
예	건축신고, 골프장 이용료 변경신고, 출생신고, 사망신고	지위승계신고(명의변경신고), 주민등록신고
처분성	수리, 수리 거부 모두 처분성이 인정되지 않음.	수리, 수리 거부 모두 처분성이 인정됨.
부적법한 신고	• 행정청은 요건을 갖추지 못한 신고서가 제출된 경우에는 지체 없이 상당한 기간을 정하여 신고인에게 보완을 요구하여야 하고, 신고인이 보완기간 내에 보완을 하지 아니하였을 때에는 그 이유를 구체적으로 밝혀 해당 신고서를 되돌려 보내야 함. (행정절차법 제40조 제3항·제4항) • 자기완결적 신고라도 부적법한 신고라면 행정청이 이를 수리한 경우에도 신고의 법적 효과가 발생하지 않음. 따라서 부적법한 신고를 하고 영업하는 경우 무신고영업에 해당하여 불법영업이 됨.	• 수리행위가 무효인 경우에는 신고의 효과가 발생하지 않음. • 수리행위가 취소사유에 불과한 경우에는 직권취소되기까지 불법영업이 아님.
신고필증	단순한 사실적 의미에 불과함.	단순한 사실적 의미에 불과함(수리가 이루어졌음을 증명하는 행위임).

🔴 건축허가는 자기완결적 신고이지만, 건축허가신청에 대한 수리 거부는 사건에 따라 처분성이 인정되는 경우도 있고 인정되지 않는 경우도 있음.

🔴 인허가의제가 수반되는 건축허가는 수리를 요하는 신고임.

신고의 요건

자기완결적 신고	수리를 요하는 신고
• 자기완결적 신고가 효력을 발생하기 위해서는 행정절차법 제40조 제2항의 요건을 갖추어야 함. • 자기완결적 신고의 요건에 대한 심사는 원칙적으로 형식적 요건에 한하여 인정됨.	수리를 요하는 신고의 경우에는 형식적 요건 외에 실질적 요건을 신고의 요건으로 요구하는 경우도 있음.

📋 관련조문

행정기본법 제34조(수리 여부에 따른 신고의 효력)
법령 등으로 정하는 바에 따라 행정청에 일정한 사항을 통지하여야 하는 신고로서 법률에 신고의 수리가 필요하다고 명시되어 있는 경우(행정기관의 내부 업무 처리 절차로서 수리를 규정한 경우는 제외한다)에는 행정청이 수리하여야 효력이 발생한다.

제35조(수수료 및 사용료)
① 행정청은 특정인을 위한 행정서비스를 제공받는 자에게 법령으로 정하는 바에 따라 수수료를 받을 수 있다.
② 행정청은 공공시설 및 재산 등의 이용 또는 사용에 대하여 사전에 공개된 금액이나 기준에 따라 사용료를 받을 수 있다.
③ 제1항 및 제2항에도 불구하고 지방자치단체의 경우에는 지방자치법에 따른다.

기출지문 OX Quiz

01 「행정절차법」에서는 수리를 요하는 신고를 규정하고 있고, 「행정기본법」에서는 수리를 요하지 않는 신고를 규정하고 있다. [23 소방]

02 「유통산업발전법」상 대규모점포의 개설등록은 수리를 요하는 신고로서 행정처분에 해당한다. [23 소방]

(O / X)

정답 01 X 02 O

DAY 02 행정작용법

행정입법과 행정행위

행정입법	행정행위
• 일반적·추상적 규율 • 법률의 위임에 의하여 행정부가 만드는 입법의 일종	• 개별적·구체적 처분 • 법률이나 행정입법에 근거하여 행정청이 행하는 처분

국회 입법권에서 파생된 행정입법의 종류

행정부의 법규 제정	법규 명령	위임명령	• 상위법의 수권 필요. 법규성 인정. 국민의 권리·의무에 관한 내용을 규정할 수 있음. 대외적 구속력 인정. 공포를 요함. • 어기면 위법함. ➡ 항고소송 가능
		집행명령	• 상위법의 수권 불필요 • 시행절차에 관한 규정이므로 새로운 법규사항(권리·의무)을 정할 수 없음.
	행정 규칙	행정규칙	• 상위법의 수권 불필요. 일반적인 경우 법규성 없음. 공포 불필요 • 어겨도 위법하지 않음. ➡ 항고소송 불가
		재량준칙	평등원칙과 자기구속원리를 매개로 간접적인 위법성 인정(전환규범) ➡ 항고소송 가능
		법령보충적 행정규칙	• 상위법과 결합하여 대외적 구속력을 가짐. • "…에 관하여 법무부장관이 정한다."라는 형식을 취함(예 청소년 유해매체물고시, 생계보호기준, 여행제한고시).
국회 등			• 국회, 대법원, 중앙선거관리위원회, 헌법재판소의 규칙제정권 • 헌법에 근거 있음.
감사원			• 감사원규칙 • 헌법에는 근거가 없지만, 행정기본법에 근거가 있음. • 법규명령으로 보는 것이 다수설임.
지방자치단체	조례		지방의회가 제정. 포괄적 위임 가능
	규칙		지방자치단체장이 정함(예 교육규칙).

관련조문

행정기본법 제38조(행정의 입법활동)
① 국가나 지방자치단체가 법령 등을 제정·개정·폐지하고자 하거나 그와 관련된 활동(법률안의 국회 제출과 조례안의 지방의회 제출을 포함하며, 이하 이 장에서 '행정의 입법활동'이라 한다)을 할 때에는 헌법과 상위 법령을 위반해서는 아니 되며, 헌법과 법령 등에서 정한 절차를 준수하여야 한다.
② 행정의 입법활동은 다음 각 호의 기준에 따라야 한다.
 1. 일반국민 및 이해관계자로부터 의견을 수렴하고 관계 기관과 충분한 협의를 거쳐 책임 있게 추진되어야 한다.
 2. 법령 등의 내용과 규정은 다른 법령 등과 조화를 이루어야 하고, 법령 등 상호 간에 중복되거나 상충되지 아니하여야 한다.
 3. 법령 등은 일반국민이 그 내용을 쉽고 명확하게 이해할 수 있도록 알기 쉽게 만들어져야 한다.
③ 정부는 매년 해당 연도에 추진할 법령안 입법계획(이하 '정부입법계획'이라 한다)을 수립하여야 한다.

제39조(행정법제의 개선)
① 정부는 권한 있는 기관에 의하여 위헌으로 결정되어 법령이 헌법에 위반되거나 법률에 위반되는 것이 명백한 경우 등 대통령령으로 정하는 경우에는 해당 법령을 개선하여야 한다.
② 정부는 행정 분야의 법제도 개선 및 일관된 법 적용 기준 마련 등을 위하여 필요한 경우 대통령령으로 정하는 바에 따라 관계 기관 협의 및 관계 전문가 의견 수렴을 거쳐 개선조치를 할 수 있으며, 이를 위하여 현행법령에 관한 분석을 실시할 수 있다.

법규명령의 수권근거와 범위에 따른 분류 - 효력에 따른 분류

구분		개념	효력	비고
헌법대위명령		헌법의 효력을 정지시킬 수 있는, 즉 헌법적 효력을 가진 명령	헌법적 효력	헌법상 인정 ×
법률대위명령		• 헌법에 직접 근거하여 발동되는 명령으로 법률과 동일한 효력을 가지며, 대통령만 발할 수 있음. • 헌법 제76조에 근거한 대통령의 긴급재정·경제명령과 대통령의 긴급명령이 있음.	법률적 효력	헌법상 근거 ○
법률종속명령 (대통령령, 총리령, 부령 등)	위임 명령	• 상위 법령의 개별적·구체적 위임(수권)에 의한 법규명령을 말함. • 위임된 범위 내에서 국민의 권리·의무를 새롭게 설정할 수 있다는 점에서 집행명령과 다름.	법률보다 하위 효력	• 헌법상 근거 ○ • 법률 위임으로 제정
	집행 명령	• 상위 법령의 시행을 위하여 구체적·세목적 또는 절차적·기술적 사항만을 규정함. • 집행명령도 법규명령이지만, 국민의 권리·의무에 관한 사항을 정할 수 없다는 점에서 위임명령과 구별됨.	법률보다 하위 효력	• 헌법상 근거 ○ • 법률 위임 없이 제정 가능

포괄적 위임의 금지

입법의 원칙	법치국가의 원칙상 기본권 관련 사항은 모두 국회가 제정한 법률로 규정하는 것이 원칙임.
위임의 필요성	국가기능의 복잡화, 전문적 영역의 확대, 급격한 현실의 변화에 대한 빈번한 개정의 필요 등으로 인하여 입법영역의 상당 부분을 행정부에 위임하게 됨.
헌법 제75조	대통령은 법률에서 구체적 범위를 정하여 위임받은 사항과 법률을 집행하기 위하여 필요한 사항에 관하여 대통령령을 발할 수 있음.
헌법 제95조	• 국무총리 또는 행정각부의 장은 소관 사무에 관하여 법률이나 대통령령의 위임 또는 직권으로 총리령 또는 부령을 발할 수 있음. • '구체적으로 범위를 정하여'라는 표현을 쓰지는 않지만, 당연히 구체적으로 범위를 정하여 위임하여야 함.
판단의 기준	• 누구라도 하위 법규에 규정될 내용을 예측할 수 있어야 함. • 예측은 하나의 조문이 아니라 종합적으로 함.

조례와 정관에 대해서는 포괄위임금지의 원칙이 적용되지 않음.

법규명령과 행정규칙

구분	법규명령	행정규칙
법형식	대통령령, 총리령, 부령, 국회규칙, 대법원규칙, 헌법재판소규칙, 중앙선거관리위원회규칙 → 행정입법은 예시적임(기능적 권력분립).	고시, 지침, 규정, 훈령 등 다양한 형식이 있음.
권력적 기초와 수범자	• 일반권력관계(국민을 대상으로 함) • 행정기관과 국민 모두에게 적용됨.	• 특별권력관계(공무원을 대상으로 함) • 행정조직 및 특별권력관계 내부에 적용됨.
법적 근거	법률우위의 원칙은 모든 국가작용에 적용됨. • 위임명령: 상위 법령상 수권(법률유보)이 있어야 함. • 집행명령: 수권이 없어도 됨.	상위 법령의 수권이 없어도 됨.
규율내용	• 위임명령: 국민의 권리·의무에 관한 내용을 정할 수 있음. • 집행명령: 상위법의 시행에 필요한 세칙. 권리·의무에 관한 내용을 정할 수 없음.	공무원 업무의 기준, 기관의 조직, 재량 행사의 지침. 단, 법령보충적 행정규칙은 상위 법령과 결합하여 대외적 구속력을 가짐.
성질	법규성 인정	법규성 부정(행정내부적 규율에 그침)
종류	위임명령, 집행명령	조직규칙, 행정지도규칙(예 재량준칙), 영조물이용규칙, 근무규칙
구속력	양면적 구속력 • 내부적 구속력: 위반한 공무원에 대한 징계책임과 법 위반효과 발생 • 외부적 구속력: 국민을 구속함.	일면적 구속력 • 원칙적으로 내부적 구속력만 가짐. 위반하면 징계책임은 가능함. • 법적 구속력은 없으나, 사실상 구속력이 있는 경우가 많음.
위반효과	• 위법함: 법규명령에 위반한 행정행위는 위법함(중대명백설에 따라 취소 또는 무효사유가 됨). • 위반행위에 대해 행정소송 가능	• 위법하지 않음: 평등의 원칙 등을 매개로 하여 간접적으로 위법성이 판단됨(원칙적으로 유효함). • 위반행위에 대해 행정소송 불가
존재형식	반드시 조문의 형식	조문의 형식 + 구두로도 가능
제정절차	• 법제처 심사: 대통령령, 총리령, 부령 모두 • 국무회의 심의: 대통령령만	특별한 절차가 없음. → 신속한 제정이 가능
공포	공포가 있어야 효력이 발생함.	공포가 없어도 되지만, 일반적으로 공포함.
재판규범성	인정	부정

- 법령은 시행일에 관한 규정이 있으면 그날에 효력이 발생함.
- 법령에 시행일에 관한 규정이 없으면 공포한 날로부터 20일이 경과한 날로부터 효력이 발생함. 이때 초일은 산입하지 않음. 예컨대, 1일에 공포하면 22일 0시에 효력이 발생함.
- 국민의 권리를 제한하거나 의무를 부과하는 법령은 30일이 지나야 효력이 발생함.

관련조문

행정기본법 제40조(법령해석)
① 누구든지 법령 등의 내용에 의문이 있으면 법령을 소관하는 중앙행정기관의 장(이하 '법령소관기관'이라 한다)과 자치법규를 소관하는 지방자치단체의 장에게 법령해석을 요청할 수 있다.
② 법령소관기관과 자치법규를 소관하는 지방자치단체의 장은 각각 소관 법령 등을 헌법과 해당 법령 등의 취지에 부합되게 해석·집행할 책임을 진다.
③ 법령소관기관이나 법령소관기관의 해석에 이의가 있는 자는 대통령령으로 정하는 바에 따라 법령해석 업무를 전문으로 하는 기관에 법령해석을 요청할 수 있다.

법규명령의 성립·효력요건과 하자 있는 법규명령

주체	법규명령은 정당한 권한을 가진 기관이 제정하여야 함.
내용	① 상위 법령에 근거가 있어야 하고, ② 그에 저촉되지 않아야 하며, ③ 그 규정 내용이 명확하고 실현 가능한 것이어야 함.
형식	조문의 형식을 갖추어야 함.
절차	국민의 일상생활과 관련되는 중요 분야의 법령안은 입법예고를 하여야 하고, 행정조직 내부절차로 대통령령은 법제처의 심사와 국무회의의 심의를 거쳐야 하며, 총리령 및 부령은 법제처의 심사를 거쳐야 함(총리령과 부령은 국무회의의 심의를 거치지 않아도 됨).
공포	법규명령은 반드시 관보에 공포하여야 함. 공포일은 법규명령을 게재한 관보 발행일임.

01 법규명령, 행정규칙, 조례, 공법상 계약은 하자가 있을 때 무효 아니면 유효이지 취소는 아님(다수설). 취소는 공정력을 전제로 하는데, 공정력은 행정행위에만 발생하기 때문임.

02 법규명령은 특별한 규정이 없으면 공포일로부터 20일이 경과하면 효력이 발생함. 다만, 국민의 권리나 의무에 관한 내용은 30일이 지나야 효력이 발생함(초일불산입).

법규명령에 대한 입법적 통제

01 직접적 통제

국회가 근거법령을 폐지·변경하거나 법규명령의 성립과 발효에 대한 국회의 동의 또는 승인을 유보하는 방법으로 하는 통제를 말함. 독일의 동의권유보 등이 있음.

개념	행정입법에 대해 국회가 승인을 거부하면 효력이 인정되지 않는 제도임.
내용	대통령이 긴급명령(법률의 효력)이나 긴급재정경제명령(법률의 효력), 긴급재정경제처분(법률보다 하위의 효력)을 발동했을 때 지체 없이 국회에 보고하고 승인을 얻지 못하면 그때부터 효력을 상실하게 함.

02 간접적 통제

국회가 행정입법의 효력 자체를 좌우하지는 못하고 국정조사·감사하거나 국무총리, 국무위원 등을 국회의 본회의나 상임위원회에 출석하도록 요구하는 것을 말함.

> **📑 관련조문**
>
> **국회법 제98조의2(대통령령 등의 제출 등)**
> ① 중앙행정기관의 장은 법률에서 위임한 사항이나 법률을 집행하기 위하여 필요한 사항을 규정한 대통령령·총리령·부령·훈령·예규·고시 등이 제정·개정 또는 폐지되었을 때에는 10일 이내에 이를 국회 소관 상임위원회에 제출하여야 한다. 다만, 대통령령의 경우에는 입법예고를 할 때(입법예고를 생략하는 경우에는 법제처장에게 심사를 요청할 때를 말한다)에도 그 입법예고안을 10일 이내에 제출하여야 한다.
> ② 중앙행정기관의 장은 제1항의 기간 이내에 제출하지 못한 경우에는 그 이유를 소관 상임위원회에 통지하여야 한다.
> ③ 상임위원회는 위원회 또는 상설소위원회를 정기적으로 개회하여 그 소관 중앙행정기관이 제출한 대통령령·총리령 및 부령(이하 이 조에서 '대통령령 등'이라 한다)의 법률 위반 여부 등을 검토하여야 한다.
> ④ 상임위원회는 제3항에 따른 검토 결과 대통령령 또는 총리령이 법률의 취지 또는 내용에 합치되지 아니한다고 판단되는 경우에는 검토의 경과와 처리 의견 등을 기재한 검토결과보고서를 의장에게 제출하여야 한다.

⑤ 의장은 제4항에 따라 제출된 검토결과보고서를 본회의에 보고하고, 국회는 본회의 의결로 이를 처리하고 정부에 송부한다.
⑥ 정부는 제5항에 따라 송부받은 검토 결과에 대한 처리 여부를 검토하고 그 처리 결과(송부받은 검토 결과에 따르지 못하는 경우 그 사유를 포함한다)를 국회에 제출하여야 한다.
⑦ 상임위원회는 제3항에 따른 검토 결과 부령이 법률의 취지 또는 내용에 합치되지 아니한다고 판단되는 경우에는 소관 중앙행정기관의 장에게 그 내용을 통보할 수 있다.
⑧ 제7항에 따라 검토 내용을 통보받은 중앙행정기관의 장은 통보받은 내용에 대한 처리계획과 그 결과를 지체 없이 소관 상임위원회에 보고하여야 한다.
⑨ 전문위원은 제3항에 따른 대통령령 등을 검토하여 그 결과를 해당 위원회 위원에게 제공한다.

법규명령에 대한 행정적 통제

01 상급 행정청의 감독권에 의한 통제
상급 행정청은 훈령 등으로 하급 행정청이 제정하는 행정입법의 기준과 방향을 제시할 수 있고, 상급 행정청이 하급 행정청의 행정입법을 직접 개정 또는 폐지할 수는 없지만, 위법한 법규명령의 개정 또는 폐지를 '명'할 수 있음.

02 중앙행정심판위원회의 통제

> **관련조문**
>
> **행정심판법 제59조(불합리한 법령 등의 개선)**
> ① 중앙행정심판위원회는 심판청구를 심리·재결할 때에 처분 또는 부작위의 근거가 되는 명령 등(대통령령·총리령·부령·훈령·예규·고시·조례·규칙 등을 말한다. 이하 같다)이 법령에 근거가 없거나 상위 법령에 위배되거나 국민에게 과도한 부담을 주는 등 크게 불합리하면 관계 행정기관에 그 명령 등의 개정·폐지 등 적절한 시정조치를 요청할 수 있다. 이 경우 중앙행정심판위원회는 시정조치를 요청한 사실을 법제처장에게 통보하여야 한다.
> ② 제1항에 따른 요청을 받은 관계 행정기관은 정당한 사유가 없으면 이에 따라야 한다.

법규명령에 대한 사법적 통제

01 재판의 전제성
우리나라는 구체적 규범통제만 인정하고, 추상적 규범통제는 인정하지 않음.

> **사례** | 조세 부과처분 ➡ 조세 부과처분 취소소송 제기 ➡ 소송 중 조세 부과가 잘못된 것이 아니라 그 근거인 위임입법(대통령령)이 잘못된 것이라는 문제 발생

이때 대통령령의 효력에 따라 조세 부과처분 취소소송의 승패가 달라짐. 여기서 대통령령의 효력이 조세 부과처분 취소소송의 전제가 되는데, 이를 재판의 전제성이라고 함.

02 심판권
법률의 효력에 대해서는 헌법재판소만 판단할 수 있고, 대법원은 관할권이 없음. 따라서 해당 논의는 법률보다 하위의 효력을 가지는 명령 등에 대한 것임.

03 법규명령에 대한 사법적 통제

구분	대상	재판의 전제성	판단기관	효력
법원의 통제	순수한 행정규칙을 제외한 법규명령, 재량준칙, 법령보충적 행정규칙 등	• 재판의 전제성 有: 법원이 심판 가능 • 재판의 전제성 無: 법원이 심판 가능	• 모든 법원이 심판 가능. • 최종적 판단은 대법원이 함.	개별적 효력(해당 사건에만 적용 거부) ➡ 대법원이 행정안정부장관에게 통보 ➡ 관보에 게재
헌법재판소의 통제		• 재판의 전제성 有: 헌법재판소가 심판 불가 • 재판의 전제성 無: 헌법재판소가 심판 가능	헌법재판소	일반적 효력

04 법률과 명령 등에 대한 심사

> **관련조문**
>
> **헌법 제107조**
>
> | 법률에 대한 심사 | ① 법률이 헌법에 위반되는 여부가 재판의 전제가 된 경우에는 법원은 헌법재판소에 제청하여 그 심판에 의하여 재판한다. |
> |---|---|
> | 명령 등에 대한 심사 | ② 명령·규칙 또는 처분이 헌법이나 법률에 위반되는 여부가 재판의 전제가 된 경우에는 대법원은 이를 최종적으로 심사할 권한을 가진다. |

05 법무사법 시행규칙(법규명령)에 대해 헌법재판소가 위헌결정을 한 후 대법원도 두밀분교조례와 같이 집행행위를 매개하지 않고 기본권을 침해하는 경우에 심판대상을 인정함.

행정규칙의 성립요건

주체	정당한 권한을 가진 행정기관이 제정하여야 함.
내용	내용적으로 적법·타당할 뿐만 아니라, 명백하고 실현 가능하여야 함.
형식	법조와 문서의 형식으로 하는 것이 바람직하지만, 구술의 형식도 가능함.
절차	행정규칙을 제정함에 있어서 절차에 관한 일반규정은 없지만, 대통령훈령이나 국무총리훈령의 제정은 정부의 법제에 관한 사항으로 법제처의 심사를 거치도록 하고 있음.
공포	행정규칙은 원칙적으로 법규명령과 다르기 때문에 공포라는 절차를 거칠 필요는 없지만, 어떤 형태로든 수범자에게 도달되어야 함. 특히 고시나 훈령의 경우는 관보에 의하도록 하고 있음.

법규명령형식의 행정규칙과 행정규칙형식의 법규명령

법규명령형식의 행정규칙	행정규칙형식의 법규명령
• 대통령령(시행령): 법규명령 • 부령(시행규칙): 제재적 내용이면 행정규칙 • 국민을 직접 대상으로 하면 법규명령	법령보충적 행정규칙으로 법규성 인정

행정행위와 처분의 개념

구분	행정행위(강학상 개념)	처분(실정법상 개념)
공통점	행정청이 행하는 구체적 사실에 관한 법집행으로서 행하는 행위	
차이점	권력적 단독행위인 공법행위	공권력의 행사 또는 그 거부와 그 밖에 이에 준하는 행정작용 및 행정심판에 대한 재결
범위	처분에는 그 밖에 이에 준하는 행정작용이 포함되므로 처분이 보다 넓은 개념	

🔴 권력적 사실행위는 처분이지만, 행정행위는 아님.

📌 관련조문

행정기본법 제22조(제재처분의 기준)
① 제재처분의 근거가 되는 법률에는 제재처분의 주체, 사유, 유형 및 상한을 명확하게 규정하여야 한다. 이 경우 제재처분의 유형 및 상한을 정할 때에는 해당 위반행위의 특수성 및 유사한 위반행위와의 형평성 등을 종합적으로 고려하여야 한다.
② 행정청은 재량이 있는 제재처분을 할 때에는 다음 각 호의 사항을 고려하여야 한다.
 1. 위반행위의 동기, 목적 및 방법
 2. 위반행위의 결과
 3. 위반행위의 횟수
 4. 그 밖에 제1호부터 제3호까지에 준하는 사항으로서 대통령령으로 정하는 사항

수익적 행정행위와 부담적 행정행위의 구별 실익

구분	수익적 행정행위	부담적 행정행위
법률유보	완화된 법률유보	엄격한 법률유보
절차적 통제	사전절차의 완화 또는 불요	고지·의견진술 등의 엄격한 절차가 요구됨.
사인의 공법행위	신청을 요하는 쌍방적 행정행위	직권에 의한 일방적 행정행위
재량성	재량행위인 경우가 많음.	일률적으로 말할 수 없음.
부관	비교적 부관과 친함.	비교적 부관과 거리가 멂.
취소·철회	신뢰보호의 원칙상 일정한 제한이 있음.	제한이 거의 없음.
구제수단	거부처분 취소소송 또는 부작위위법확인소송	취소소송

행정행위의 범위를 넓히기 위한 논의

구분	특정 사건에 대한 구체적 규율	불특정 사건에 대한 추상적 규율
특정인에 대한 개별적 규율	통설에 따른 행정행위에 해당함. 예 조세 부과처분, 공무원임용행위	개별적·추상적 규율로 행정행위에 해당함. 예 특정인에 대한 장래의 계속적인 의무의 부과
불특정 다수인에 대한 일반적 규율	일반적 처분: 행정행위로 인정됨. 예 특정 시간, 특정 장소에서의 집회금지, 교통신호, 입산금지, 특정 지역의 주차금지	행정입법으로서 행정행위가 아님. 예 법규명령

기속행위와 재량행위

01 기속행위의 개념

기속행위란 행정청이 처분을 할 때 법에 정해진 대로 하여야 하는 것을 말함.

02 재량행위의 개념

① 재량행위란 행정청이 처분을 할 때 법에 정해진 대로 하여야 하는 것이 아니라, 처분의 가·부 여부를 행정청이 결정할 수 있는 것을 말함.

② 가·부를 결정하는 것을 결정재량이라고 하고, 어떤 방법으로 할 것인가를 결정하는 것을 선택재량이라고 함.

03 기속행위와 재량행위의 구별기준

효과재량설	침익적 영역은 기속행위, 수익적 영역은 재량행위로 봄.
법문언기준설 (판례)	• 규정상 "…하여야 한다." 또는 "…한다." ➡ 기속행위 • 규정상 "… 할 수 있다." ➡ 재량행위

> ✏️ **관련조문**
>
> **행정기본법 제21조(재량 행사의 기준)**
> 행정청은 재량이 있는 처분을 할 때에는 관련 이익을 정당하게 형량하여야 하며, 그 재량권의 범위를 넘어서는 아니 된다.

04 재량의 일탈과 남용

재량의 일탈은 재량의 외적 한계(예 6개월 이하의 영업정지에서 7개월의 영업정지를 한 경우)를 벗어나는 것이고, 남용은 내적 한계(예 비슷한 사례에서 1개월의 영업정지를 하는데 특정 사안에서 6개월의 영업정지를 한 경우)를 벗어난 것임.

05 기속행위와 재량행위에 대한 사법심사방식

> **관련판례**
>
> 행정행위를 기속행위와 재량행위로 구분하는 경우 양자에 대한 사법심사는, 전자(기속행위)의 경우 그 법규에 대한 원칙적인 기속성으로 인하여 법원이 사실인정과 관련 법규의 해석·적용을 통하여 일정한 결론을 도출한 후 그 결론에 비추어 행정청이 한 판단의 적법 여부를 독자의 입장에서 판정하는 방식에 의하게 되나, 후자(재량행위)의 경우 행정청의 재량에 기한 공익판단의 여지를 감안하여 법원은 독자의 결론을 도출함이 없이 당해 행위에 재량권의 일탈·남용이 있는지 여부만을 심사하게 되고, 이러한 재량권의 일탈·남용 여부에 대한 심사는 사실오인, 비례·평등의 원칙 위배 등을 그 판단대상으로 한다. (대판 2005.7.14. 2004두6181)

기출지문 OX Quiz

행정청의 재량에 기한 공익판단의 여지를 감안하여 법원은 독자의 결론을 도출함이 없이 당해 행위에 재량권의 일탈·남용이 있는지 여부만을 심사한다.
[23 소방] (O / X)

정답 O

재량과 판단여지의 구별

01 불확정개념과 판단여지의 개념
① 불확정개념이란 예컨대 공공필요, 공공의 안녕질서, 공익 등과 같이 용어 그 자체로는 의미가 명확하지 않고 해석에 의해 뒷받침되어야 하는 것을 말함.
② 판단여지란 행정청의 전문적·기술적 판단을 종국적인 것으로 존중하여, 그 한도 내에서 행정청의 판단에 대한 법원의 사법심사가 제약을 받게 되는 부분을 판단여지라고 하고 이를 인정하는 이론을 말함.
③ 불확정개념에서 판단여지가 인정되지만, 불확정개념이라고 해서 판단여지가 인정되는 것은 아니고, 고도의 전문적 판단을 요하는 부분을 말함.
④ 사실문제(예 어제 비가 왔다)에는 재량이 인정되지 않음.

02 판단여지가 인정되는 영역
판례는 명시적으로 판단여지를 인정하고 있지 않는 것으로 보임. 학설상 판단여지가 인정되는 것으로 논의되는 영역은 다음과 같음.
① 고도의 전문적 비대체적인 결정: 각종 시험합격결정(면접), 공무원의 근무평정
② 구속적인 가치평가: 진품 명품
③ 예측결정: 환경행정상 허가에 있어 그 기초가 되는 장래의 위해 발생 여부에 대한 판단
④ 형성적 결정: 전쟁무기의 생산, 외교정책, 경제정책, 교통정책과 지방자치법 제161조 제1항의 공공시설의 설치 결정
 독일에서 제한적으로 인정되던 판단여지가 최근 일련의 연방헌법재판소 판결에 의해 더욱 축소되고 있음.

03 견해의 대립

구별 긍정설	판단여지는 법률요건에 대한 해석 문제이지만, 재량은 법률효과의 선택이라는 점을 근거로 구별을 인정함.
구별 부정설	재량과 판단여지는 모두 법원에 의한 사법심사의 배제라는 점에서 동일하고, 재량은 법규의 효과에만 국한되는 것은 아니므로 구별 실익이 없다고 봄.

04 판례
판례는 재량과 판단여지를 구분하지 않는다고 보는 것이 일반적임. 그러나 판단여지를 인정하고 있는 것으로 평가할 수 있다는 견해도 있음.

법률행위적 행정행위와 준법률행위적 행정행위

법률행위적 행정행위(부관을 붙이기 쉬움)는 그 법적 효과가 행정청의 효과의사의 내용에 따라 발생하고, 준법률행위적 행정행위(부관을 붙이기 어려움)는 행정청의 단순한 정신작용의 표현에 의하여 그 효과가 법령이 정하는 바에 따라 부여되는 행위를 말함.

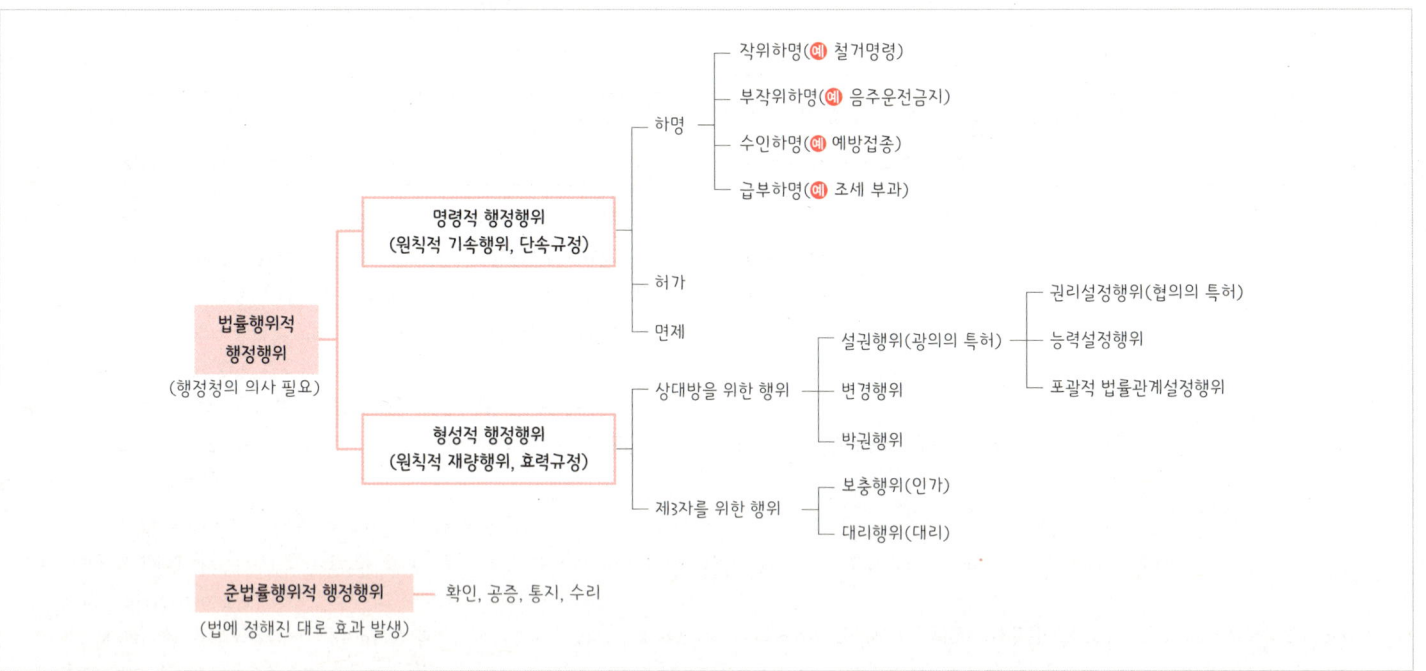

하명	• 법규하명 가능(예 음주운전금지)
	• 불특정 다수인을 대상으로 하는 하명 가능
	• 법률행위와 사실행위에 대한 하명 가능
허가	• 자연적 자유의 예방적·일반적·상대적 금지를 회복시키는 작용(예 변호사면허, 의사면허)
	• 법규허가 불가. 법률행위와 사실행위에 대한 허가 가능. 수정허가 가능
특허	• 새로운 권리의 설정, 설권(예 공무원 임용, 어업권, 광업권, 공유수면매립면허, 운송사업허가)
	• 법규특허가 가능하지만, 특허의 개념에서는 제외
인가 (기본행위 + 보충행위 ➡ 효력의 완성)	• 기본행위는 법률행위에 한정. 수정인가는 불가
	• 인가의 효력: 기본행위와 보충행위는 운명공동체, 즉 둘 중 어느 하나가 무효면 나머지도 무효
	• 인가의 소의 대상: 기본행위와 보충행위는 완전히 분리 ➡ 기본행위에 하자가 있으면 기본행위를 다투고, 인가에 하자가 있으면 인가를 다툼.

확인	의문이나 다툼이 있는 행위를 국가가 판단하는 작용(예 시험합격자 결정, 발명특허, 행정심판의 재결)
공증	의문이나 다툼이 없는 행위를 국가가 인식하는 작용(예 합격증발급, 여권발급)
통지	• 의사의 통지: 행정청의 통지에 의해서 효력이 발생하는 것으로 처분성이 인정됨(예 You are fired). • 관념의 통지: 일정한 사실이 있었다는 것을 알려주는 것으로 처분성이 부정됨(예 정년퇴직의 통지).

명령적 행정행위

01 하명

① 형식과 상대방

처분하명	• 처분의 형식으로 하는 하명임. 일반적으로 하명은 처분의 형식으로 이루어짐. • 보통은 불요식행위임. 처분하명의 상대방은 대체로 특정인이지만, 불특정 다수인인 경우도 있음. 예 홍길동에 대한 조세 부과처분
법규하명	• 법령 자체에서 직접 의무를 부과하는 하명임. • 법규하명의 상대방은 불특정 다수인임. 이때는 일반처분의 성격을 가짐. 예 도로교통법상 음주운전금지, 유해약물 판매금지, 입산금지, 주차금지

② 하명의 대상(내용): 하명의 대상은 사실행위(예 무허가건물철거)인 경우도 있고, 법률행위(예 영업행위금지)인 경우도 있음.

02 허가

① 자연적 자유의 예방적·일반적·상대적 금지를 회복시키는 작용(예 변호사면허, 의사면허)
② 법규허가 불가. 법률행위와 사실행위에 대한 허가 가능. 수정허가 가능

구분	허가	예외적 승인
금지의 내용	예방적 금지(상대적 금지)의 해제	억제적 금지의 해제(유해한 행위를 대상으로 함)
재량성 여부	원칙적으로 기속행위	원칙적으로 재량행위
회복되는 자유	자연적 자유의 회복	권리의 범위 확대
예	• 건축허가, 일반음식점 영업허가 • 상가지역 내 유흥주점 허가 • 자동차운전면허, 의사면허, 한의사면허 • 통행금지·입산금지·수렵금지해제 • 화약제조허가	• 개발제한구역 내 건축허가 • 학교환경정화구역 내 유흥음식점 허가 • 자연공원법상 전용지역 내 단란주점 영업허가 • 카지노업 허가 • 구 토지수용법상 타인의 토지에 대한 출입허가
공통점	금지의 해제	

③ 허가와 신청(출원)

㉠ 신청이 필요한지 여부와 허가의 상대방

원칙	허가는 상대방의 신청에 따라 행해지는 것이 보통임. 이때 허가의 상대방은 특정인이 됨.
예외	예외적으로 신청에 의하지 않는 허가도 있음(예 통행금지해제, 보도관제해제). 이때 허가의 상대방은 불특정 다수인이 될 수도 있음.

㉡ 신청과 다른 내용의 허가의 효력(수정허가의 문제): 인가의 경우 수정인가가 부정되지만, 허가의 경우에는 신청 내용과 다른 수정허가가 가능함. 수정허가도 당연무효는 아니라는 것이 판례의 입장임.

④ 허가시에 적용되는 법률: 당사자의 신청에 따른 처분은 법령 등에 특별한 규정이 있거나 처분 당시의 법령 등을 적용하기 곤란한 특별한 사정이 있는 경우를 제외하고는 처분 당시의 법령 등에 따름. (행정기본법 제14조 제2항)

⑤ 행정권에 의한 허가요건의 추가: 허가의 구체적인 요건은 법령에 규정되어야 하고, 행정청이 법령의 근거 없이 독자적으로 허가요건을 추가할 수 없음.

⑥ 허가의 방식: 허가는 반드시 처분의 형식으로 하여야 함. 하명에는 법규하명이 있지만, 허가는 그 성질상 행정행위의 방식으로 이루어지고 법규허가가 없음.

⑦ 반사적 이익: 허가로 누리는 이익은 반사적 이익임. 따라서 경업자소송이 인정되지 않는 것이 원칙임.

⑧ 무허가행위의 효과: 무허가영업자는 행정상 강제집행이나 행정벌의 대상이 되지만 허가 없이 한 영업의 사법상 효력은 유효함.

⑨ 허가의 양도와 지위승계

㉠ 대인적 허가(예 운전면허)는 성질상 승계가 불가능하지만, 대물적 허가(예 건축허가)나 혼합적 허가(예 폐기물처리업)는 승계가 가능함.

㉡ 허가사업 도중 양도인에게 존재하였던 사유를 이유로 양수인에게 제재처분을 할 수 있는지에 대하여, 판례는 명문규정이 없다고 하더라도 대물적 또는 혼합적 허가의 경우에 행정제재사유도 승계된다고 봄.

⑩ 허가의 갱신·소멸

㉠ 기한만료 전에 갱신신청이 있어야 함: 허가의 갱신은 기한의 도래 전에 이루어져야 함. 기한의 도래 후에 이루어진 갱신허가신청에 따른 허가는 갱신이 아니고 별개의 새로운 행위임.

㉡ 갱신허가의 효력: 갱신허가는 기존허가의 효력의 동일성을 유지하는 것이므로 갱신 전의 법령 위반사실을 근거로 갱신허가를 취소할 수 있음. 즉, 갱신은 종전의 허가의 효력을 지속시키는 것이지 새로운 행위가 아님.

㉢ 기한도래의 효과

허가기간이 충분한 경우	• 허가의 존속기간으로 봄. • 기한부허가에 있어서 기한의 도래, 대인적 허가에 있어서 사망, 대물적 허가에 있어서 허가대상의 멸실로 허가는 소멸됨.
허가기간이 지나치게 짧은 경우	• 허가조건의 존속기간으로 봄. • 운전면허 10년은 매우 짧은 기간이지만, 기간 도과로 운전면허가 소멸하는 것이 아니라 조건을 고려하여 갱신하게 됨.

⑪ 허가의 취소와 철회: 판례는 이미 이루어진 허가의 취소를 원칙적으로 재량행위로 보고 예외적으로 기속행위로 봄. 따라서 운전면허의 취소는 일반적으로 재량이나 음주운전의 경우에는 기속행위임.

인허가의제

01 관계 기관과의 협의
행정계획이 결정되면 인허가 등이 행하여진 것으로 의제되는 경우에 행정계획을 결정하는 행정청은 미리 의제되는 행위의 관계 기관의 장과 협의하여야 함(예 택지개발촉진법 제11조 제2항).

02 제3자의 보호
의제되는 인허가의 관계 법률이 정하고 있는 이해관계인의 권익보호절차는 존중되어야 함. 그러나 판례는 이해관계인의 의견청취절차를 생략할 수 있다는 입장을 취한 바 있음.

03 의제되는 요건 불비의 효과

거부의 대상	의제되는 요건의 불비를 이유로 주된 인허가를 거부할 수 있음.
소송의 대상	• 소송은 의제되는 행위가 아니라 주된 인허가를 대상으로 하여야 함. • 의제되는 요건은 소송의 대상이 아니라 이유로서 주장할 수 있음.

04 의제되는 인허가가 소의 대상이 되는 경우

> **관련판례**
>
> 구 주택법에 따르면, … 의제된 인허가는 통상적인 인허가와 동일한 효력을 가지므로, 적어도 '부분 인허가의제'가 허용되는 경우에는 그 효력을 제거하기 위한 법적 수단으로 의제된 인허가의 취소나 철회가 허용될 수 있고, 이러한 직권 취소·철회가 가능한 이상 그 의제된 인허가에 대한 쟁송취소 역시 허용된다. 따라서 주택건설사업계획 승인처분에 따라 의제된 인허가가 위법함을 다투고자 하는 이해관계인은 주택건설사업계획 승인처분의 취소를 구할 것이 아니라 의제된 인허가의 취소를 구하여야 하며, 의제된 인허가는 주택건설사업계획 승인처분과 별도로 항고소송의 대상이 되는 처분에 해당한다. (대판 2018.11.29. 2016두38792)

> **관련조문**
>
> **행정기본법 제24조(인허가의제의 기준)**
> ① 이 절에서 '인허가의제'란 하나의 인허가(이하 '주된 인허가'라 한다)를 받으면 법률로 정하는 바에 따라 그와 관련된 여러 인허가(이하 '관련 인허가'라 한다)를 받은 것으로 보는 것을 말한다.
> ② 인허가의제를 받으려면 주된 인허가를 신청할 때 관련 인허가에 필요한 서류를 함께 제출하여야 한다. 다만, 불가피한 사유로 함께 제출할 수 없는 경우에는 주된 인허가 행정청이 별도로 정하는 기한까지 제출할 수 있다.
> ③ 주된 인허가 행정청은 주된 인허가를 하기 전에 관련 인허가에 관하여 미리 관련 인허가 행정청과 협의하여야 한다.
> ④ 관련 인허가 행정청은 제3항에 따른 협의를 요청받으면 그 요청을 받은 날부터 20일 이내(제5항 단서에 따른 절차에 걸리는 기간은 제외한다)에 의견을 제출하여야 한다. 이 경우 전단에서 정한 기간(민원 처리 관련 법령에 따라 의견을 제출하여야 하는 기간을 연장한 경우에는 그 연장한 기간을 말한다) 내에 협의 여부에 관하여 의견을 제출하지 아니하면 협의가 된 것으로 본다.
> ⑤ 제3항에 따라 협의를 요청받은 관련 인허가 행정청은 해당 법령을 위반하여 협의에 응해서는 아니 된다. 다만, 관련 인허가에 필요한 심의, 의견청취 등 절차에 관하여는 법률에 인허가의제시에도 해당 절차를 거친다는 명시적인 규정이 있는 경우에만 이를 거친다.

인허가의제제도
여러 행정기관에 복수의 인허가 등을 받아야 하는 경우에 주된 인허가를 받으면 다른 인허가도 받은 것으로 의제하는 제도를 말함.

제25조(인허가의제의 효과)

① 제24조 제3항·제4항에 따라 협의가 된 사항에 대해서는 주된 인허가를 받았을 때 관련 인허가를 받은 것으로 본다.

② 인허가의제의 효과는 주된 인허가의 해당 법률에 규정된 관련 인허가에 한정된다.

제26조(인허가의제의 사후관리 등)

① 인허가의제의 경우 관련 인허가 행정청은 관련 인허가를 직접 한 것으로 보아 관계 법령에 따른 관리·감독 등 필요한 조치를 하여야 한다.

② 주된 인허가가 있은 후 이를 변경하는 경우에는 제24조, 제25조 및 이 조 제1항을 준용한다.

형성적 행정행위

01 특허

① 새로운 권리의 설정, 설권(예 공무원 임용, 어업권, 광업권, 공유수면매립면허, 도로점용, 공유수면점용, 재건축·재개발조합인가)

② 법규특허가 가능하지만, 특허의 개념에서는 제외

③ 특허는 신청이 있어야 함. 특허는 출원을 필요요건으로 하며, 출원이 없거나 그 취지에 반하는 특허는 완전한 효력을 발생할 수 없음. 그러나 법규에 의한 특허는 성질상 출원이 요구되지 않음.

④ 특허는 처분의 형식으로 함. 특허는 처분의 형식을 취하는 것이 일반적이지만, 예외적으로 공법인의 설립과 같이 법규의 형식으로 이루어지는 경우도 있음(예 각종 공사나 공단의 설립). 그러나 법규특허는 행정행위가 아니기 때문에 특허의 개념에서 제외하는 것이 일반적임.

⑤ 특허의 상대방: 특허는 언제나 특정인을 대상으로 하기 때문에 불특정 다수인을 대상으로 할 수 없음. 즉, 특허는 일반처분의 형식으로 할 수 없음.

⑥ 법률상 이익: 특허로 누리는 이익은 법률상 이익이므로 경업자소송이 가능함. 특허에 의해 설정되는 권리는 공권인 것이 보통이지만, 사권인 경우도 있음(예 광업권, 어업권).

⑦ 특허와 허가

구분	특허	허가
법적 성질	• 형성적 행위(설권행위) • 원칙적으로 재량행위	• 명령적 행위(금지해제행위) • 원칙적으로 기속행위
출원(신청)	• 출원(신청)을 필요요건으로 함. • 법규특허는 신청 불필요	원칙적으로 신청을 요하지만, 신청 없이도 가능(일반처분)
대상사업	전기, 가스 등의 공익사업(기간사업)으로 진출입이 어려움.	음식점, 숙박업 등의 개인적 사업으로 진출입이 자유로움.
상대방의 특정성	특정인에 대해서만 부여함.	불특정 다수인에 대해서도 이루어짐.
발령결정기준	특허사업의 국민의 복리증진목적의 적합성 여부	공공질서에 대한 장해 발생가능성 여부
규제목적	공공복리를 위해 적극적	공공의 안녕·질서를 위해 소극적
기존업자의 이익	법률상 이익	반사적 이익

기출지문 OX Quiz

조합설립인가처분은 단순히 사인들의 조합설립행위에 대한 보충행위로서의 성질을 갖는 것에 그치지 않는다. [23 소방]　　　(O / X)

정답 O

02 인가

① 개념: 인가란 제3자의 법률행위를 보충하여 그 법률적 효과를 완성시켜 주는 행정주체의 보충적 의사표시(예 사업양도 인가, 사립대학 설립인가, 재단법인 설립허가, 재단법인 정관변경허가, 지방채기채승인)
② 기본행위 + 보충행위 ➡ 효력의 완성: 기본행위는 법률행위에 한정. 수정인가는 불가
③ 효력: 기본행위와 보충행위는 운명공동체로 둘 중 하나가 무효이면 나머지도 무효
④ 소의 대상: 기본행위와 보충행위는 완전히 분리 ➡ 기본행위에 하자가 있으면 기본행위를 다투고, 인가에 하자가 있으면 인가를 다툼.
⑤ 재량행위성 여부
  ⊙ 재량행위로 본 사례: 비영리법인 설립허가, 재단법인의 임원 취임에 대한 주무관청의 승인, 주택건설사업계획 승인, 사회복지법인 정관변경허가
  ⓒ 기속행위로 본 사례: 토지거래허가, 사립학교법에 의한 이사회소집 승인신청에 대한 허가
⑥ 인가를 받지 않고 한 행위의 효력: 인가는 제3자의 법률행위에 동의함으로써 그 법률행위의 효력을 완성시키는 것임. 따라서 인가를 받아야 될 행위를 인가를 받지 않고 행한 경우 무효임. 다만, 인가는 법률행위의 효력발생을 위한 유효요건이기 때문에 처벌 등의 제재 문제는 생기지 않는 것이 보통임.
⑦ 인가와 허가

구분	인가	허가
법적 성질	형성적 행위, 재량행위(원칙), 기속행위(예외)	명령적 행위, 기속행위(원칙), 재량행위(예외)
대상	법률행위	사실행위와 법률행위
요건의 성격	법률행위의 유효요건	적법요건
무인가·무허가의 효력	• 요인가행위를 인가 없이 한 경우는 무효 • 강제집행 또는 처벌 등의 대상은 아님.	• 요허가행위를 허가 없이 한 경우 행위 자체는 유효 • 강제집행 또는 처벌 등의 제재를 받음.
수정인가·수정허가의 가능성	수정인가 불허	수정허가 가능
효과	공법적(예 재단법인 설립)·사법적(예 토지거래허가) 효과 발생	공법적 효과만 발생한다는 것이 일반적 견해임.
신청의 요부	신청을 요함.	원칙적으로 신청을 요함.

03 대리

① 개념: 공법상 대리란 타인이 하여야 할 행위를 행정청이 대신하여 행하고, 그 행위가 본인이 행한 것과 같은 법적 효과를 발생시키는 행정행위를 말함.
② 성질: 공법상 대리 중 임의대리는 법적 근거가 없어도 되지만, 법정대리는 법적 근거가 필요함.
③ 종류
  ⊙ 감독적 차원에서 하는 경우: 공법인의 정관 작성, 공공조합의 임원임명 등
  ⓒ 행정목적 달성을 위해서 하는 경우: 조세 체납절차로서의 공매처분
  ⓒ 조정적 차원: 협의가 이루어지지 않는 경우 토지수용재결. 단, 이의재결은 확인행위
  ⓔ 타인보호차원: 사무관리(예 행려병자의 유류품 매각)

준법률행위적 행정행위

01 확인
① 의문이나 다툼이 있는 행위를 국가가 판단하는 작용
- **예** 시험합격자 결정, 발명특허

② 확인과 같은 준사법적 행위에는 불가변력이 발생함.

02 공증
의문이나 다툼이 없는 행위를 국가가 인식하는 작용
- **예** 합격증발급, 여권발급

03 통지
① 의사의 통지: 행정청의 통지에 의해서 효력이 발생하는 것으로 처분성이 인정됨.
- **예** You are fired.

② 관념의 통지: 일정한 사실이 있었다는 것을 알려주는 것으로 처분성이 부정됨.
- **예** 정년퇴직의 통지

04 수리
자기완결적 신고와 수리를 요하는 신고가 있음.

🔖 확인과 공증

확인	공증
• 의문이나 다툼이 있는 행위를 대상으로 함.	• 의문이나 다툼이 없는 행위를 전제로 함.
• 판단표시행위	• 인식표시행위
• 기속행위, 일반적으로 요식행위	• 기속행위, 일반적으로 요식행위
• 불가변력 발생	• 공적 증거력 발생(공정력 부인)
• 발명특허, 당선인 결정, 행정심판 재결	• 등기부상 등기, 여권발급, 각종 대장상 기재

기출지문 OX Quiz

친일반민족행위자재산조사위원회의 국가귀속결정은 당해 재산이 친일재산에 해당한다는 사실을 확인하는 이른바 준법률행위적 행정행위의 성격을 가진다. [23 소방]

(O / X)

정답 O

부관의 개념과 가능성

구분	종래의 견해	새로운 견해
개념	행정행위의 효과 제한만 부관	행정행위의 효과 제한 + 요건 보충도 부관
인정범위	• 법률행위적 행정행위: 부관 가능 • 준법률행위적 행정행위: 부관 불가	법률행위적 행정행위 가운데에도 부관을 붙이기가 적당하지 않은 것(**예** 귀화허가)이 있는가 하면, 준법률행위적 행정행위(**예** 공증에 해당하는 여권발급시 붙인 유효기간)에도 부관을 붙일 수 있는 것이 있음.
재량행위와 기속행위	• 재량행위: 부관 가능 • 기속행위: 부관 불가	• 재량행위: 부관 가능 • 기속행위: 원칙적 부관 불가, 법률요건 충족 부관은 가능

법정부관

01 개념
① 법정부관이란 행정행위의 효과의 제한이 직접 법규에 규정되어 있는 것을 말함. 예컨대, "어업면허의 유효기간은 10년으로 한다."(수산업법 제14조 제1항)라는 규정과 같은 것임.
② 법정부관은 행정청 스스로의 의사에 의한 경우가 아니므로 부관에 해당하지 않음.

02 법정부관의 통제
법정부관은 법령이지 부관이 아니기 때문에 부관의 한계의 문제가 발생하지 않음. 만약 법정부관이 처분성을 갖는다면 (법정부관에 하자가 있는 경우에) 이에 대한 통제는 위헌법률심사, 헌법소원 또는 명령규칙심사에 의함.

부관의 종류

부담	'행정행위 + 작위·부작위·수인·급부'를 명령하는 것(예 도로점용허가에 점용료 부과)으로 독립성이 강함. ➡ 부담만에 대한 강제집행과 부담만에 대한 독립쟁송이 가능함. 부담을 이행하지 않아도 그것만으로 행정행위의 효력이 없어지는 것이 아님. ➡ 별도로 행정행위를 철회하거나 강제집행, 후속허가의 거부, 행정벌이 가능함.
조건	• 정지조건: 장래의 불확실한 일이 성취되면 행정행위의 효력 발생 　　행정행위　　｜조건 성취 　　　　　효력 정지　　효력 발생 • 해제조건: 일단 효력이 발생한 행정행위가 장래의 불확실한 일의 성취로 효력 소멸 　　행정행위　　｜조건 성취 　　　　　효력 발생　　효력 소멸 • 조건인지 부담인지 애매하면 부담으로 추정
기한	• 시기: …부터　　　　　　　　• 종기: …까지 • 확정기한: 10년간　　　　　• 불확정기한: A가 죽을 때까지
철회권유보	법적 근거 없이 가능함. 상대방은 신뢰보호를 주장할 수 없음. 철회사유의 발생만으로 철회되는 것이 아니라 별도의 철회가 필요함. 예 청소년에게 술을 팔면 영업 철회
법률효과의 일부 배제	법적 근거가 필요함. 예 영업허가를 하면서 10시 이후의 영업금지, 공유수면매립에 대한 일부의 국가귀속

💡 부관이 무효인 경우 부관만 무효가 되는 것이 원칙이나, 부관이 행정행위의 본질적 요소(예 도로점용에서의 점용기간이나 점용료)인 경우에는 전체가 무효로 됨.

📌 관련조문

행정기본법 제17조(부관)
① 행정청은 처분에 재량이 있는 경우에는 부관(조건, 기한, 부담, 철회권의 유보 등을 말한다. 이하 이 조에서 같다)을 붙일 수 있다.
② 행정청은 처분에 재량이 없는 경우에는 법률에 근거가 있는 경우에 부관을 붙일 수 있다.
③ 행정청은 부관을 붙일 수 있는 처분이 다음 각 호의 어느 하나에 해당하는 경우에는 그 처분을 한 후에도 부관을 새로 붙이거나 종전의 부관을 변경할 수 있다.
　1. 법률에 근거가 있는 경우
　2. 당사자의 동의가 있는 경우
　3. 사정이 변경되어 부관을 새로 붙이거나 종전의 부관을 변경하지 아니하면 해당 처분의 목적을 달성할 수 없다고 인정되는 경우
④ 부관은 다음 각 호의 요건에 적합하여야 한다.
　1. 해당 처분의 목적에 위배되지 아니할 것
　2. 해당 처분과 실질적인 관련이 있을 것
　3. 해당 처분의 목적을 달성하기 위하여 필요한 최소한의 범위일 것

기출지문 OX Quiz

01 행정청은 처분에 재량이 없는 경우에는 법률에 근거가 있는 경우에 부관을 붙일 수 있다. [23 소방]
（O／X）

02 행정처분에 부과한 부담이 무효가 된 경우라도, 특별한 사정이 없는 한 부담의 이행으로 행한 사법상 매매 등의 법률행위 자체를 당연히 무효화하는 것은 아니다. [23 소방]
（O／X）

정답  01 O 02 O

사후부관이 허용되는 경우

행정처분에 이미 부담이 부가되어 있는 상태에서 그 의무의 범위 또는 내용을 변경하는 부관의 사후변경은 ① 법률에 명문규정이 있거나 ② 그 변경이 미리 유보되어 있는 경우 또는 ③ 상대방의 동의가 있는 경우에 한하여 허용되는 것이 원칙이지만, ④ 사정변경으로 인하여 당초에 부담을 부가한 목적을 달성할 수 없게 된 경우에도 그 목적 달성에 필요한 범위 내에서 예외적으로 허용됨. (대판 1997.5.30. 97누2627)

위법한 부관에 대한 쟁송

부관의 독립쟁송가능성	부관의 독립취소가능성
• 소송요건, 대상적격의 문제: 행정행위는 그대로 두고 부관만 취소소송의 대상이 되는가의 문제 ➡ 진정일부취소소송 • 판례: 부담에 대해서만 인정 ➡ 부담 이외의 부관에 대해 소를 제기하면 각하	• 본안의 문제: 행정행위와 부관 모두를 소의 대상으로 한 후, 소송에서 부관만의 취소를 구하는 일부승소가능성의 문제 ➡ 부진정일부취소소송 • 판례: 부진정일부취소소송 불인정

🔴 부담 이외의 부관에 대해 소송이 제기된 경우, 부관이 중요 부분이면 전부취소판결을 하고, 그렇지 않으면 전부기각판결을 하게 됨. 즉, 판례에 의하면 부관부행정행위 전체의 취소를 구하든지 아니면 먼저 행정청에 부관이 없는 처분으로 변경하여 줄 것을 청구한 다음 그것이 거부되면 거부처분 취소소송을 제기하여야 함.

송달이 가능한 경우 효력발생요건

01 도달주의 원칙

송달은 다른 법령 등에 특별한 규정이 있는 경우를 제외하고는 송달받을 자에게 도달됨으로써 그 효력이 발생함. (행정절차법 제15조 제1항)

02 송달의 방법

① 원칙: 송달은 우편·교부 또는 정보통신망 이용 등의 방법에 의하되 송달받을 자의 주소·거소·영업소·사무소 또는 전자우편주소로 함. 다만, 송달받을 자가 동의하는 경우에는 그를 만나는 장소에서 송달할 수 있음. 국내에 주소·거소·영업소·사무소가 없는 외국사업자에 대하여 우편송달의 방법으로 문서를 송달할 수 있는지에 대해 판례는 긍정함. (대판 2006.3.24. 2004두11275)

② 우편송달: 판례는 등기우편(내용증명우편 포함)은 수일 내에 수취인에게 도달되었다고 추정함. 다만, 수취인이나 가족이 실제로 주민등록지에 거주하지 않는 등의 특별한 사정이 있는 경우에는 도달이 추정되지 않음. 보통우편의 경우에는 상당한 기간 내에 도달된 것으로 추정할 수 없다는 것이 판례의 입장임.

③ 교부송달: 교부에 의한 송달은 수령확인서를 받고 문서를 교부함으로써 하며, 송달하는 장소에서 송달받을 자를 만나지 못한 경우에는 그 사무원·피용자 또는 동거인으로서 사리를 분별할 지능이 있는 사람에게 문서를 교부할 수 있음. 다만, 문서를 송달받을 자 또는 그 사무원 등이 정당한 사유 없이 송달받기를 거부하는 때에는 그 사실을 수령확인서에 적고, 문서를 송달할 장소에 놓아둘 수 있음. (행정절차법 제14조 제2항)

④ 정보통신망 송달: 정보통신망을 이용한 송달은 송달받을 자가 동의하는 경우에만 함. 이 경우 송달받을 자는 송달받을 전자우편주소 등을 지정하여야 함. (행정절차법 제14조 제3항) 정보통신망을 이용하여 전자문서로 송달하는 경우에는 송달받을 자가 지정한 컴퓨터 등에 입력된 때에 도달된 것으로 봄. (행정절차법 제15조 제2항)

⑤ 상대방이 처분의 내용을 알고 있는 경우: 상대방이 처분의 내용을 이미 알고 있는 경우에도 우편송달 및 교부송달이 필요하다는 것이 판례의 입장임. (대판 2004.4.9. 2003두13908)

추정과 입증책임

추정이 되는 경우 추정을 깨려는 자가 입증하여야 함. 따라서 등기우편의 경우에는 도달을 부정하는 자가 입증하여야 하고, 보통우편의 경우에는 도달을 주장하는 자가 입증하여야 함.

송달이 불가능한 경우와 불특정 다수인에 대한 행정행위의 효력발생요건

01 행정절차법상 공고(송달에 갈음하는 공고) = 공시송달

① 공고방법

특정인에 대한 고시 공고	상대방이 현실적으로 안 날 효력이 발생함.
불특정 다수인에 대한 고시 공고	• 행정행위의 상대방이 불특정 다수인이거나 주소 및 거소가 분명하지 않은 경우의 통지는 공고의 방법에 의함. • 송달받을 자의 주소 등을 통상의 방법으로 확인할 수 없는 경우와 송달이 불가능한 경우에는 송달받을 자가 알기 쉽도록 관보, 공보, 게시판, 일간신문 중 하나 이상에 공고하고 인터넷에도 공고하여야 함. (행정절차법 제14조 제4항)

② 효력발생시기: 공고의 경우에는 다른 법령 등에 특별한 규정이 있는 경우를 제외하고는 공고일부터 14일이 지난 때에 그 효력이 발생함. 다만, 긴급히 시행하여야 할 특별한 사유가 있어 효력발생시기를 달리 정하여 공고한 경우에는 그에 따름. (행정절차법 제15조 제3항) 한편, 공고의 효력이 발생하기 위해서 당사자가 공고의 내용을 반드시 알아야 하는 것은 아님.

02 개별법상 공고 또는 고시와 효력발생일

국토의 계획 및 이용에 관한 법률 제31조 제1항	도시·군관리계획결정의 효력은 같은 법 제32조 제4항에 따라 지형도면을 고시한 날부터 발생함.
공익사업을 위한 토지 등의 취득 및 보상에 관한 법률 제22조 제3항	사업인정은 고시한 날부터 그 효력이 발생함.
행정기관의 공문서에 의한 사무처리규정 제8조 제2항 단서	공고가 있은 후 5일이 경과됨으로써 상대방에게 도달된 것으로 되어 효력이 발생함.

불가쟁력과 불가변력

구분	불가쟁력	불가변력
개념	제소기간이 경과하여 소송을 제기할 수 없는 상태	행정청 스스로도 처분을 취소 또는 철회할 수 없는 힘
성질	절차법적 효력, 형식적 존속력	실체법적 효력, 실질적 존속력
대상	행정행위의 상대방 및 이해관계인	처분청 자신
목적	행정의 능률성, 법적 안정성	법적 안정성
사유	쟁송기간의 도과, 판결의 확정	행정행위(처분)의 발령과 동시에 발생
한계	무효인 행정행위에는 부정	무효인 행정행위에는 부정
인정영역	모든 행정행위	확인행위, 준사법적 행위 등 특정한 행정행위
직권취소	불가쟁력이 발생해도 직권취소는 가능	불가변력이 발생하면 직권취소는 불가
소제기	불가쟁력이 발생하면 소제기는 불가	불가변력이 발생해도 소제기는 가능

기출지문 OX Quiz

이미 취소소송의 제기기간을 경과하여 확정력이 발생한 행정처분에는 그 근거가 되는 법률에 대한 위헌결정의 소급효가 미치지 않는다. [23 소방]

(O / X)

정답 O

공정력

01 개념

> **관련조문**
>
> **행정기본법 제15조(처분의 효력)**
> 처분은 권한이 있는 기관이 취소 또는 철회하거나 기간의 경과 등으로 소멸되기 전까지는 유효한 것으로 통용된다. 다만, 무효인 처분은 처음부터 그 효력이 발생하지 아니한다.

공정력 하나로 설명하는 전통적 견해	공정력과 구성요건적 효력으로 나누어 설명하는 견해	
공정력	공정력	구성요건적 효력
타 국가기관과 개인 모두에 적용	• 국민에게 적용 • 절차적 효력 • 법적 안정성에 근거	• 타 국가기관에 적용 • 실체적 효력 • 타 국가기관의 권한 존중에 근거

02 범위

① 무효인 행정행위: 공정력이 인정되지 않음(통설·판례). 무효인 행정행위에 대해서까지 잠정적 통용력을 인정하는 것은 법적 안정성이라는 공정력의 본래의 취지에 어긋나기 때문임.

② 행정행위 이외의 행정작용

행정행위와 재결	공정력이 인정됨. 공정력은 취소쟁송제도(부대등관계)를 전제로 하기 때문임.
법규명령, 행정규칙, 행정계약, 단순한 사실행위, 공법상 계약, 확약	공정력이 인정되지 않음. 취소쟁송이 불가능한 대상이기 때문임.
권력적 사실행위	공정력이 인정되는지에 대하여는 견해의 대립이 있음.

민사소송에서의 선결문제

국가배상과 선결문제 (위법성 문제)		민사법원 ➡ 국가배상에서 위법성 판단 가능 ➡ 선결문제는 공정력을 전제로 하는 개념으로, 국가배상은 처음부터 공정력과 관계없기 때문임. 예 식당영업정지처분에 대해 그 처분에 대한 취소소송과 관계없이 손해배상소송을 제기하면 승소 가능함.
부당이득반환소송 (행정행위의 효력문제)	당연무효인 경우	민사법원 ➡ 판단 가능 ➡ 무효인 행위는 공정력이 없기 때문에 민사법원은 판단할 수 있음. 예 당연무효인 조세를 납부한 경우(부동산을 매도한 적이 없는데도 부과된 양도소득세를 납부한 경우)에 곧바로 부당이득반환청구를 제기하면 승소 가능함.
	취소사유인 경우	민사법원 ➡ 판단 불가 ➡ 취소사유는 취소되기 전까지는 민사법원이 그 유효성을 부정할 수 없으므로 부당이득이라고 판단할 수 없음. 예 취소사유인 조세(원래 100만 원인 조세가 1,000만 원으로 부과된 경우)를 납부한 경우 곧바로 부당이득반환청구를 하면 기각됨. 1,000만 원의 조세는 취소사유이고 취소되기 전까지는 유효하기 때문임. 따라서 승소하려면 조세 부과 취소소송을 제기하여 900만 원에 대한 취소판결을 받아 공정력을 제거하고 부당이득반환청구를 하여야 함.

형사소송에서의 선결문제

행정행위의 위법성이 범죄의 선결문제인 경우		형사법원은 행정행위의 위법성을 판단할 수 있음. 예 국가의 위법한 시정명령을 따르지 않은 자가 시정명령 위반죄로 기소된 경우: 형사법원 ➡ 무죄판결 가능
행정행위의 효력 유무가 선결문제인 경우	당연무효인 경우	형사법원 ➡ 판단 가능 ➡ 무효인 행위는 공정력이 없기 때문에 형사법원은 판단할 수 있음. 예 무효인 운전면허로 운전하다가 적발된 경우, 별도의 조치 없이 무면허운전죄로 기소되면 유죄판결이 가능함.
	취소사유인 경우	형사법원 ➡ 판단 불가 예 취소사유인 운전면허로 운전하다가 적발된 경우(17세의 자가 형의 주민등록증으로 운전면허를 받은 경우) 무면허운전죄로 기소되면 형사법원은 그 운전면허의 유효성을 부정할 수 없으므로 무죄판결을 하여야 함. 만약 경찰청에서 그 운전면허를 먼저 직권취소하고 무면허운전죄로 기소했다면 유죄판결을 할 수 있음.

취소와 무효, 실효의 차이

01 취소는 일단 유효하게 효력이 발생한 행정행위가 원시적 하자로 인하여 취소되면 소급하여 효력이 없어지는 것임.

02 무효는 처음부터 효력이 발생되지 않는 것이고, 실효는 일단 적법하게 발생한 효력이 사후적으로 소멸되는 것임.

무효와 취소의 구별기준

중대설	하자의 중대성을 기준으로 하자가 중대하면 명백하지 않아도 무효라고 봄. 무효의 범위가 넓어짐. 권리구제↑, 제3자보호↓
중대·명백설 (통설·판례)	• 행정행위의 하자가 중대한 법규의 위반이고 외관상 명백한 것인 때에는 무효이지만, 그에 이르지 않는 것인 때에는 취소할 수 있음에 불과하다고 봄. • 하자의 중대성 판단에는 위반된 행정법규의 종류, 목적, 성질, 기능 외에 그 위반의 정도도 종합적으로 고려되어야 하며, 하자의 명백성은 법률전문가가 아닌 일반인의 정상적 인식능력을 기준으로 객관적으로 판단되어야 함.
명백성요건 보충설	하자가 중대하기만 하면 무효가 되는 것이 원칙이지만, 제3자나 공공의 신뢰보호가 필요한 경우에는 보충적으로 명백성을 요구함.

주체에 관한 하자

01 주체상 하자(예 공무원이 아닌 자의 처분)에 대해 판례는 대체로 무효로 보지만 그렇지 않은 경우도 있음.

02 의사무능력자의 행위는 당연무효임. 심신상실자의 행위, 저항할 수 없을 정도의 강박에 의한 행위도 무효임.

03 행위무능력자의 행위에 대해 무효설도 있으나, 유효라고 보는 것이 통설임. 미성년자도 공무원이 될 수 있으므로 그 행위는 유효함.

04 행정법관계에서는 착오를 이유로 취소할 수 없음.

내용에 관한 하자 – 내용이 실현 불가능인 행위는 사실상 불능, 법률상 불능을 막론하고 무효

01 **위반행위의 시점**

    ① 처분 ➡ 처분의 근거가 된 법령에 대한 위헌결정 ➡ 취소사유

    ② 위헌결정 ➡ 위헌결정된 법령에 근거한 처분 ➡ 무효사유

    ③ 결국 하자 있는 법령에 근거한 행정처분은 일반적으로 무효사유가 아니라 취소할 수 있는 사유라고 보는 것이 타당함(통설·판례). 헌법재판소의 위헌결정 이전에 해당 법령이 위헌인지는 명백하지 않기 때문임. 최근의 주류적 판례는 중대한 하자이지만 명백하지는 않으므로 취소사유로 봄. (대판 1998.4.10. 96다52359)

02 **위헌법률의 집행력을 부정한 경우**

    구 택지소유상한에 관한 법률 전부에 대한 위헌결정 이전에 택지초과소유부담금 부과처분과 압류처분(취소사유) 및 이에 기한 압류등기가 이루어지고 각 처분이 확정된 경우, 그 위헌결정 이후에 진행된 공매처분은 무효사유임. (대판 2002.11.22. 2002다46102)

03 자진납부의 경우
위헌결정 이후의 공매처분 및 이를 원인으로 한 소유권이전등기에 따른 양도소득세 자진신고·납부행위가 중대하고도 명백한 하자가 있다고 볼 수 없어 당연무효가 아님. (대판 2002.11.22, 2002다46102)

형식·절차에 관한 하자

01 형식에 관한 하자(예 서면으로 하여야 할 것을 구두로 한 경우)는 대체로 무효사유에 해당함.

02 절차상 하자에 대해서는 대체로 취소사유로 봄.

환경영향평가의 효력

환경영향평가를 거친 경우	• 평가가 부실해도 위법하지 않음. • 평가와 다른 내용의 처분도 위법하지 않음.
환경영향평가를 거치지 않은 경우	평가를 거치지 않고 한 처분은 무효사유임.

> **관련판례**
> 행정청이 사전에 교통영향평가를 거치지 아니한 채 '건축허가 전까지 교통영향평가 심의필증을 교부받을 것'을 부관으로 붙여서 한 '실시계획변경 승인 및 공사시행변경 인가처분'에 중대하고 명백한 흠이 있다고 할 수 없어 이를 무효로 보기 어렵다. (대판 2010.2.25, 2009두102)

하자의 치유

01 하자의 치유란 처분 당시에는 위법한 행정행위가 사후에 그 적법요건이 충족되거나 그 위법성이 경미하여 취소할 만한 성질의 것은 아니라고 판단되는 경우에, 해당 행위를 적법한 행위로 취급하는 것을 말함.

> **관련판례**
> 행정청이 식품위생법상 청문절차를 이행함에 있어 청문서 도달기간을 다소 어겼지만 영업자가 이의하지 아니한 채 청문일에 출석하여 의견을 진술하고 변명하는 등 방어의 기회를 충분히 가진 경우 하자는 치유된다. (대판 1992.10.23, 92누2844)

02 취소할 수 있는 행위에만 인정됨. 무효인 행위는 상대방이 용인해도 치유되지 않음.

03 쟁송제기 전까지만 인정됨. 소송요건 하자의 치유는 사실심 변론종결 전까지 가능함.

04 내용상 하자에 대해서는 인정되지 않고, 절차상·형식상 하자에 대해서만 인정됨.

05 원칙적으로 인정되지 않지만, 행정행위의 반복을 피하고 국민의 권리구제를 위하여 예외적으로 인정됨.

06 행정청 스스로에 의한 행위가 있어야 함.

07 하자의 치유가 있으면 소급하여 유효한 행위로 인정됨. 즉, 처음부터 유효한 행위임.

하자의 전환

01 하자 있는 행정행위의 전환이란 행정행위가 본래의 행정행위로는 무효이지만, 그것이 다른 종류의 행정행위로 본다면 그 요건을 완전히 갖추고 있다고 판단된 경우에 행정청의 의도에 반하지 않는 한 그 다른 행위로서 효력이 승인되는 것을 말함. 예컨대, 사망한 귀속재산 수불하자에 대하여 한 불하처분의 취소처분을 그 상속인에게 송달한 효력은 송달 시에 그 상속인에 대하여 다시 그 불하처분을 취소한다는 새로운 행정처분을 한 것이라고 할 것임.

02 하자의 전환은 무효인 행위에 대해서만 인정됨.

03 하자의 전환도 소급하여 유효한 행위가 됨.

04 하자의 전환은 그 자체가 별도의 행정행위임.

하자의 승계

01 개념

　　하자의 승계란 두 개 이상의 행정행위가 서로 연속하여 행해지는 경우, 선행행위에 취소사유에 해당하는 하자가 있음에도 불구하고 제소기간 경과로 인한 불가쟁력이 발생한 후에, 후행행위의 취소소송에서 후행행위 자체가 위법하지 아니함에도 불구하고 선행행위의 위법을 이유로 후행행위의 위법을 주장할 수 있는가의 문제임.

02 논의의 전제

① 선행행위에는 당연무효가 아닌 취소사유가 존재하여야 함. 선행행위가 무효이면 후행행위가 당연히 하자 있는 처분이 되므로 논의의 실익이 없음.

② 선행행위에는 불가쟁력이 발생하여야 함.

③ 후행행위는 그 자체에 하자가 없어야 함.

④ 선행행위와 후행행위는 모두 항고소송의 대상이 되는 행정처분이어야 함.

하자의 승계 인정 여부

01 행정행위 상호 간에는 하자의 승계가 인정되지 않는 것이 원칙
통설은 선행처분과 후행처분이 서로 결합하여 하나의 법적 효과를 완성하는 경우에만 승계를 인정함. 예컨대 조세 체납처분에 있어서 독촉·압류·매각·청산의 각 행위 사이, 대집행에 있어서 계고·통지·실행·비용징수의 각 행위 사이와 같이 선행행위와 후행행위가 결합하여 하나의 법적 효과를 완성하는 경우에는 하자의 승계가 인정됨.

02 승계가 부정되는 경우
선행행위와 후행행위가 독립하여 별개의 법적 효과를 발생하는 경우에는 하자가 승계되지 않음. 예컨대 조세 부과처분과 체납처분 상호 간, 건물철거명령과 대집행행위 상호 간에는 하자가 승계되지 않음.

하자의 승계가 인정된 사례	하자의 승계가 부정된 사례
• 조세 체납처분상 독촉·압류·매각·청산의 각 행위 사이 • 대집행상 계고·통지·실행·비용징수의 각 행위 사이 • 국립보건원장(현 질병관리청장)의 안경사 시험합격 무효처분과 보건사회부장관(현 보건복지부장관)의 안경사면허 취소처분 사이의 하자 • 한지 의사(일정 지역에서만 개업 가능한 의사) 시험자격인정과 한지 의사면허처분 사이 • 귀속재산의 임대처분과 후행매각처분 사이 • 암매장분묘개장명령과 후행계고처분 사이	• 조세 부과처분과 체납처분 상호 간 • 건물철거명령과 대집행행위 상호 간 • 도시계획시설변경 및 지적승인고시처분과 사업계획승인처분 사이 • 병역법상 보충역편입처분과 공익근무요원소집처분 사이 • 사업인정처분과 수용재결처분 사이 • 공무원의 직위해제처분과 면직처분 사이

선행행정행위의 후행행정행위에 대한 구속력이론(행정행위의 내용적 구속력이론, 기결력이론)

01 개념
구속력이론이란 둘 이상의 행정행위가 동일한 법적 효과를 추구하는 경우에 선행행위가 후행행위에 대하여 일정한 범위 안에서 구속력을 가지며, 그러한 구속력이 미치는 범위 안에서 후행행위에 있어서 선행행위의 효과와 다른 주장을 할 수 없게 되는 것을 말함. 그러나 이때의 선행행정행위의 구속력은 후행행정행위와 일정한 관련성을 필요로 하며, 이에 따라서 일정한 한계하에서만 구속력을 인정할 수 있다고 함.

02 구속력이 발생하기 위한 요건
선행행위의 위법을 이유로 후행행위의 취소를 인정하지 아니할 경우에 상대방에게 지나치게 가혹한 결과를 초래할 수 있기 때문에 상대방에게 예측가능성과 수인가능성이 있어야 함.

03 하자의 승계 여부
① 요건이 모두 충족되는 경우에는 구속력이 발생되기 때문에 하자는 승계되지 않음. 그러나 요건 중 어느 하나의 요건이라도 충족되지 않으면 선행행위의 구속력이 후행행위에 미치지 않음. 따라서 선행행위의 하자가 후행행위에 승계되어 후행행위를 다툴 수 있음.
② 구속력이론에서 선행행위가 후행행위를 구속한다는 것은 하자의 승계가 안 된다는 의미이고, 구속하지 않는다는 것은 하자의 승계가 된다는 말임.

서로 독립하여 별개의 효과를 목적으로 하는 경우의 하자의 승계

01 선행처분과 후행처분이 서로 독립하여 별개의 효과를 목적으로 하는 경우에도 선행처분의 불가쟁력이나 구속력은 그로 인하여 불이익을 입게 되는 자에게 수인한도를 넘는 가혹함을 가져오며, 그 결과가 당사자에게 예측 가능한 것이 아닌 경우에는 국민의 재판받을 권리를 보장하고 있는 헌법의 이념에 비추어 선행처분의 후행처분에 대한 구속력은 인정될 수 없음.

> **🔍 관련판례**
>
> 개별공시지가결정에 위법이 있는 경우에는 그 자체를 행정소송의 대상이 되는 행정처분으로 보아 그 위법 여부를 다툴 수 있음은 물론, 이를 기초로 한 과세처분 등 행정처분의 취소를 구하는 행정소송에서도 선행처분인 개별공시지가결정의 위법을 독립된 위법사유로 주장할 수 있다고 해석함이 타당하다. (대판 1994.1.25. 93누8542)

02 위법한 표준지공시지가결정에 대하여 그 정해진 시정절차를 통하여 시정하도록 요구하지 않았다는 이유로 위법한 표준지공시지가를 기초로 한 수용재결 등 후행행정처분에서 표준지공시지가결정의 위법을 주장할 수 없도록 하는 것은 수인한도를 넘는 불이익을 강요하는 것으로서 국민의 재산권과 재판받을 권리를 보장한 헌법의 이념에도 부합하는 것이 아니다. 따라서 표준지공시지가결정이 위법한 경우에는 그 자체를 행정소송의 대상이 되는 행정처분으로 보아 그 위법 여부를 다툴 수 있음은 물론, 수용보상금의 증액을 구하는 소송에서도 선행처분으로서 그 수용대상 토지가격 산정의 기초가 된 비교표준지공시지가결정의 위법을 독립한 사유로 주장할 수 있다. (대판 2008.8.21. 2007두13845)

03 甲을 친일반민족행위자로 결정한 친일반민족행위 진상규명위원회의 최종발표(선행처분)에 따라 지방보훈지청장이 독립유공자예우에 관한 법률 적용대상자로 보상금 등의 예우를 받던 甲의 유가족 乙 등에 대하여 독립유공자예우에 관한 법률 적용배제자 결정(후행처분)을 한 경우, 선행처분의 후행처분에 대한 구속력을 인정할 수 없어 선행처분의 위법을 이유로 후행처분의 효력을 다툴 수 있음에도 이와 달리 본 원심판결에 법리를 오해한 위법이 있다. (대판 2013.3.14. 2012두6964)

04 개별토지가격결정에 대한 재조사청구에 따른 감액조정에 대하여 더 이상 불복하지 아니한 경우, 이를 기초로 한 양도소득세 부과처분 취소소송에서 다시 개별토지가격결정의 위법을 해당 과세처분의 위법사유로 주장할 수 없음.

> 🔴 수인가능성과 예측가능성이 있는 경우에 해당함.

취소와 철회

> **📑 관련조문**
>
> **행정기본법 제18조(위법 또는 부당한 처분의 취소)**
> ① 행정청은 위법 또는 부당한 처분의 전부나 일부를 소급하여 취소할 수 있다. 다만, 당사자의 신뢰를 보호할 가치가 있는 등 정당한 사유가 있는 경우에는 장래를 향하여 취소할 수 있다.
> ② 행정청은 제1항에 따라 당사자에게 권리나 이익을 부여하는 처분을 취소하려는 경우에는 취소로 인하여 당사자가 입게 될 불이익을 취소로 달성되는 공익과 비교·형량하여야 한다. 다만, 다음 각 호의 어느 하나에 해당하는 경우에는 그러하지 아니하다.
> 1. 거짓이나 그 밖의 부정한 방법으로 처분을 받은 경우
> 2. 당사자가 처분의 위법성을 알고 있었거나 중대한 과실로 알지 못한 경우

> **기출지문 OX Quiz**
>
> 행정청은 당사자에게 권리나 이익을 부여하는 처분을 취소하려는 경우, 당사자가 중대한 과실로 처분의 위법성을 알지 못하면 취소로 인하여 입게 될 불이익을 취소로 달성되는 공익과 비교·형량하여야 한다. [23 소방] (O / X)
>
> 정답 X

> **제19조(적법한 처분의 철회)**
> ① 행정청은 적법한 처분이 다음 각 호의 어느 하나에 해당하는 경우에는 그 처분의 전부 또는 일부를 장래를 향하여 철회할 수 있다.
>   1. 법률에서 정한 철회사유에 해당하게 된 경우
>   2. 법령 등의 변경이나 사정변경으로 처분을 더 이상 존속시킬 필요가 없게 된 경우
>   3. 중대한 공익을 위하여 필요한 경우
> ② 행정청은 제1항에 따라 처분을 철회하려는 경우에는 철회로 인하여 당사자가 입게 될 불이익을 철회로 달성되는 공익과 비교·형량하여야 한다.

취소의 취소

01 침익적 원처분(예 조세 부과) ➡ 취소 ➡ 취소를 다시 취소 불가

02 수익적 원처분(예 이사 임명) ➡ 취소 ➡ 취소를 다시 취소 가능

확약

01 판례는 확약(예 어업면허 우선순위결정)의 처분성을 부정함. 그러나 내인가의 취소에 대해서는 처분성을 인정함.

02 확약은 별도의 법적 근거 없이 가능함.

📝 관련조문

> **행정절차법 제40조의2(확약)**
> ① 법령 등에서 당사자가 신청할 수 있는 처분을 규정하고 있는 경우 행정청은 당사자의 신청에 따라 장래에 어떤 처분을 하거나 하지 아니할 것을 내용으로 하는 의사표시(이하 '확약'이라 한다)를 할 수 있다.
> ② 확약은 문서로 하여야 한다.
> ③ 행정청은 다른 행정청과의 협의 등의 절차를 거쳐야 하는 처분에 대하여 확약을 하려는 경우에는 확약을 하기 전에 그 절차를 거쳐야 한다.
> ④ 행정청은 다음 각 호의 어느 하나에 해당하는 경우에는 확약에 기속되지 아니한다.
>   1. 확약을 한 후에 확약의 내용을 이행할 수 없을 정도로 법령 등이나 사정이 변경된 경우
>   2. 확약이 위법한 경우
> ⑤ 행정청은 확약이 제4항 각 호의 어느 하나에 해당하여 확약을 이행할 수 없는 경우에는 지체 없이 당사자에게 그 사실을 통지하여야 한다.

가행정행위

01 의의

가행정행위란 종국적인 행정행위가 있기 전에 해당 행정법관계를 잠정적으로 규율하는 행정행위를 말함. 예컨대, 국가공무원법 제73조의2 제1항 제3호에 의거하여 징계의결이 요구 중인 자에게 잠정적으로 직위를 해제하는 경우와 같이 문자 그대로 행정법관계를 잠정적으로 규율하는 결정을 말함.

02 특징

① 잠정성: 종국적인 결정이 있을 때까지 해당 행위는 잠정적으로 규율하는 효과를 가짐.
② 종속성: 가행정행위의 내용은 종국적인 결정을 위한 주된 절차에 종속하며, 종국적인 결정이 내려지면 이에 의해 종전의 결정이 대체됨.
③ 불가변력 불발생: 행정행위의 존속력 중 불가변력이 발생하지 않음.
④ 개략적 심사: 사실관계와 법률관계에 대한 개략적인 심사에 기초함.
　　🔴 직위해제에 대해서 행정절차법상 사전통지 및 의견청취가 적용되지 않음.
⑤ 신뢰보호 주장 불가: 상대방은 종국적 행정행위에 대해 신뢰보호의 원칙을 주장하지 못함.

03 성질

가행정행위는 그 자체가 하나의 행정행위로서의 성질을 가진다는 것이 다수설임. 직위해제처분에 대한 항고소송이 가능하다는 의미임.

행정계획

01 개념

행정계획이란 행정에 관한 전문적·기술적 판단을 기초로 하여 도시의 건설, 정비, 개량 등과 같은 특정한 행정목표를 달성하기 위하여 서로 관련되는 행정수단을 종합·조정함으로써 장래의 일정한 시점에 있어서 일정한 질서를 실현할 것을 목적으로 하는 활동기준 또는 그 설정행위를 말함.

02 행정계획은 광범위한 재량이 인정되는 분야임.

03 행정계획은 목적프로그램의 형식으로 이루어지고, 일반재량은 조건프로그램으로 이루어짐.

04 집중효와 인허가의제는 반드시 법적 근거가 있어야 함.

05 성질

행정계획의 종류에 따라 법규명령인 것도 있고, 행정행위인 것도 있다고 이해함(다수설·판례).

06 집중효의 정도

관할집중설	계획확정기관에게 인허가에 관한 권한만 이전됨. 따라서 계획행정청은 대체행정청이 준수하여야 하는 절차적·실체적 요건을 모두 준수하여야 함.
절차집중설(다수설)	대체행정청의 관할만이 아니라 의제되는 인허가의 절차법상 요건규정에까지 집중효의 효력이 미침. 따라서 계획확정행정청은 인허가와 관련된 절차규정을 따를 필요가 없게 됨. 그러나 계획을 확정하는 행정청도 부차적인 실체법에 대해서는 대체행정청과 같은 정도로 기속됨.
판례	절차집중설의 입장에서 법령상 다른 규정이 없는 한 계획확정청은 의제되는 인허가에 관한 모법상 행정절차를 거칠 필요는 없다고 봄.

> **📝 관련조문**
>
> **행정절차법 제40조의4(행정계획)**
> 행정청은 행정청이 수립하는 계획 중 국민의 권리·의무에 직접 영향을 미치는 계획을 수립하거나 변경·폐지할 때에는 관련된 여러 이익을 정당하게 형량하여야 한다.

계획재량과 행정재량

구분	계획재량	행정재량
규범구조	목적·수단의 형식을 취하는 목적적 규범구조	요건규정과 효과규정(가언명령적 형식), 조건적 규범구조
재량의 대상	장래에 이루려는 행정목적사항	기존의 구체적 생활관계
재량의 범위	재량권의 범위가 상대적으로 넓음.	재량권의 범위가 상대적으로 좁음(구체적 사실과 결부시켜 판단하고 결정).
통제	절차적 통제가 중요	실체적 통제, 절차적 통제 모두 중요
위법성 판단기준	형량명령이라는 법리로 판단	재량권의 내적·외적 한계를 기준으로 판단

형량하자의 유형

형량의 해태	관계 이익을 형량함에 있어서 형량을 전혀 하지 않은 경우
형량의 흠결	형량함에 있어서 반드시 고려하여야 할 이익을 누락시킨 경우
오형량	형량에 있어 특정 사실이나 특정 이익에 대한 평가가 정당성과 객관성을 결여한 경우
형량조사의 하자	조사의무를 이행하지 않은 하자
평가의 과오	관련된 공익 또는 사익의 가치를 잘못 평가하는 경우

관련판례

이익형량을 전혀 행하지 아니하거나 이익형량의 고려대상에 마땅히 포함시켜야 할 사항을 누락한 경우 또는 이익형량을 하였으나 정당성과 객관성이 결여된 경우에는 그 행정계획결정은 형량에 하자가 있어 위법하게 된다. (대판 2007.4.12, 2005두1893)

계획보장청구권(행정계획과 신뢰보호)

계획존속청구권, 계획집행청구권, 경과조치청구권, 계획변경청구권	원칙적으로 인정되지 않음. 다만, 신뢰보호 등의 이유로 예외적으로 인정되는 경우가 있을 수 있음.
손해전보청구권	행정상 손해배상 또는 손실보상에 관한 일반원리에 따라 결정됨.

- 관리처분계획과 도시관리계획(도시계획결정)은 처분성이 인정됨.

공법상 계약

01 공법상 계약은 프랑스에서 유래한 개념임.

02 공법상 계약에도 법률우위가 적용됨. 법률유보가 적용되는지에 대해서는 학설대립이 있음.

03 공법상 계약을 다투는 소송은 당사자소송이고, 부합계약의 특성이 있음.

04 공법상 계약은 당사자 간의 반대방향의 의사합치로 성립되고, 법적 효과는 쌍방당사자에 대하여 일방은 권리, 타방은 의무를 지는 반대의 의미를 가짐. 이에 비해 공법상 합동행위는 당사자 간의 의사가 같은 방향의 의사합치로 성립하고, 법적 효과도 쌍방에 대하여 같은 의미를 가짐(🔴 공법상 조합의 설립).

📝 관련조문

행정기본법 제27조(공법상 계약의 체결)
① 행정청은 법령 등을 위반하지 아니하는 범위에서 행정목적을 달성하기 위하여 필요한 경우에는 공법상 법률관계에 관한 계약(이하 '공법상 계약'이라 한다)을 체결할 수 있다. 이 경우 계약의 목적 및 내용을 명확하게 적은 계약서를 작성하여야 한다.
② 행정청은 공법상 계약의 상대방을 선정하고 계약 내용을 정할 때 공법상 계약의 공공성과 제3자의 이해관계를 고려하여야 한다.

행정지도

01 행정지도는 행정절차법에 규정이 있고, 비권력적 사실행위임.

02 행정지도는 법적 근거가 필요 없음. 작용법적 근거가 필요 없다는 말이며, 조직법적 근거는 필요함.

행정지도의 원칙과 방법

명	견	비	실	공	부	임	문
명확성의 원칙	의견제출의 기회 부여	비례원칙	실명제	공통사항의 공표	불이익금지	임의성원칙	• 말로 가능 • 문서를 요구하면 교부해야 함.

01 비례의 원칙(과잉금지의 원칙)

행정지도는 목적 달성에 필요한 최소한에 그쳐야 함. (행정절차법 제48조 제1항 전단)

02 임의성의 원칙

행정지도는 상대방의 임의의 의사에 의하여야 하고, 행정지도의 상대방의 의사에 반하여 부당하게 강요하여서는 아니 됨. (행정절차법 제48조 제1항 후단)

03 불이익조치금지원칙

행정기관은 행정지도의 상대방이 행정지도에 따르지 아니하였다는 것을 이유로 불이익한 조치를 하여서는 아니 됨. (행정절차법 제48조 제2항)

기출지문 OX Quiz

「공공기관의 운영에 관한 법률」에 따른 입찰참가자격제한조치는 행정처분에 해당한다. [23 소방]

(O / X)

정답 O

기출지문 OX Quiz

위법한 행정지도에 따라 행한 사인의 행위는 위법성이 조각되어 범법행위가 되지 않는다.

[23 서울·지방9급]　　(O / X)

정답 X

04 행정지도실명제

행정지도를 하는 자는 그 상대방에게 그 행정지도의 취지 및 내용과 신분을 밝혀야 함. (행정절차법 제49조 제1항) 행정지도를 행하는 자와 그 내용을 분명히 하여 상대방의 불이익을 방지하려는 규정임.

05 서면교부청구

행정지도가 말로 이루어지는 경우에 상대방이 행정지도의 취지 및 내용과 신분의 사항을 적은 서면의 교부를 요구하면 그 행정지도를 하는 자는 직무수행에 특별한 지장이 없으면 이를 교부하여야 함. (행정절차법 제49조 제2항) 행정지도의 존재, 내용 및 책임의 소재를 명확히 하기 위한 것임.

06 의견제출

행정지도의 상대방은 해당 행정지도의 방식·내용 등에 관하여 행정기관에 의견제출을 할 수 있음. (행정절차법 제50조)

07 다수인에 대한 행정지도의 공통사항의 공표

행정기관이 같은 행정목적을 실현하기 위하여 많은 상대방에게 행정지도를 하려는 경우에는 특별한 사정이 없으면 행정지도에 공통적인 내용이 되는 사항을 공표하여야 함. 행정지도의 명확성과 공평성을 확보하기 위한 것으로 행정절차법 제51조에서 규정하고 있음.

자동적 처분(처분성 인정)

> **관련조문**
>
> **행정기본법 제20조(자동적 처분)**
> 행정청은 법률로 정하는 바에 따라 완전히 자동화된 시스템(인공지능 기술을 적용한 시스템을 포함한다)으로 처분을 할 수 있다. 다만, 처분에 재량이 있는 경우는 그러하지 아니한다.

행정사법

01 행정주체가 해당 행정작용의 수행에 대한 법적 수단에 대한 선택가능성이 있는 경우에 적용됨. 주로 급부행정이나 유도행정분야에서 이루어짐 (예 국민주택임대차, 추곡수매).

02 전통적인 분야인 경찰행정·조세행정과 같이 행정주체가 수단을 선택할 수 없는 경우에는 적용되지 않음.

> **관련판례**
>
> **사법상 계약에 의한 납세보증행위는 허용될 수 없다.**
> 조세채권은 국가재정수입을 확보하기 위하여 국세징수법에 의하여 우선변제권 및 자력집행권이 인정되는 권리로서 사법상 채권과는 그 성질을 달리하므로 조세채권의 성립과 행사는 오직 법률에 의해서만 가능한 것이고 조세에 관한 법률에 의하지 아니한 사법상 계약에 의하여 조세채무를 부담하게 하거나 이를 보증하게 하여 이들로부터 조세채권의 종국적 만족을 실현하는 것은 허용될 수 없다. (대판 1986.12.23. 83누715)

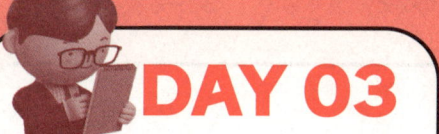

DAY 03　행정절차

주요조문

행정기본법 제1조(목적)
이 법은 행정의 원칙과 기본사항을 규정하여 행정의 민주성과 적법성을 확보하고 적정성과 효율성을 향상시킴으로써 국민의 권익보호에 이바지함을 목적으로 한다.

제3조(국가와 지방자치단체의 책무)
① 국가와 지방자치단체는 국민의 삶의 질을 향상시키기 위하여 적법절차에 따라 공정하고 합리적인 행정을 수행할 책무를 진다.
② 국가와 지방자치단체는 행정의 능률과 실효성을 높이기 위하여 지속적으로 법령 등과 제도를 정비·개선할 책무를 진다.

제4조(행정의 적극적 추진)
① 행정은 공공의 이익을 위하여 적극적으로 추진되어야 한다.
② 국가와 지방자치단체는 소속 공무원이 공공의 이익을 위하여 적극적으로 직무를 수행할 수 있도록 제반 여건을 조성하고, 이와 관련된 시책 및 조치를 추진하여야 한다.
③ 제1항 및 제2항에 따른 행정의 적극적 추진 및 적극행정 활성화를 위한 시책의 구체적인 사항 등은 대통령령으로 정한다.

제5조(다른 법률과의 관계)
① 행정에 관하여 다른 법률에 특별한 규정이 있는 경우를 제외하고는 이 법에서 정하는 바에 따른다.
② 행정에 관한 다른 법률을 제정하거나 개정하는 경우에는 이 법의 목적과 원칙, 기준 및 취지에 부합되도록 노력하여야 한다.

제6조(행정에 관한 기간의 계산)
① 행정에 관한 기간의 계산에 관하여는 이 법 또는 다른 법령 등에 특별한 규정이 있는 경우를 제외하고는 민법을 준용한다.
② 법령 등 또는 처분에서 국민의 권익을 제한하거나 의무를 부과하는 경우 권익이 제한되거나 의무가 지속되는 기간의 계산은 다음 각 호의 기준에 따른다. 다만, 다음 각 호의 기준에 따르는 것이 국민에게 불리한 경우에는 그러하지 아니한다.
　1. 기간을 일, 주, 월 또는 연으로 정한 경우에는 기간의 첫날을 산입한다.
　2. 기간의 말일이 토요일 또는 공휴일인 경우에도 기간은 그 날로 만료한다.

제7조(법령 등 시행일의 기간 계산)
법령 등(훈령·예규·고시·지침 등을 포함한다. 이하 이 조에서 같다)의 시행일을 정하거나 계산할 때에는 다음 각 호의 기준에 따른다.
　1. 법령 등을 공포한 날부터 시행하는 경우에는 공포한 날을 시행일로 한다.
　2. 법령 등을 공포한 날부터 일정 기간이 경과한 날부터 시행하는 경우 법령 등을 공포한 날을 첫날에 산입하지 아니한다.
　3. 법령 등을 공포한 날부터 일정 기간이 경과한 날부터 시행하는 경우 그 기간의 말일이 토요일 또는 공휴일인 때에는 그 말일로 기간이 만료한다.

제8조(법치행정의 원칙)
행정작용은 법률에 위반되어서는 아니 되며, 국민의 권리를 제한하거나 의무를 부과하는 경우와 그 밖에 국민생활에 중요한 영향을 미치는 경우에는 법률에 근거하여야 한다.

MEMO

제9조(평등의 원칙)
행정청은 합리적 이유 없이 국민을 차별하여서는 아니 된다.

제10조(비례의 원칙)
행정작용은 다음 각 호의 원칙에 따라야 한다.
1. 행정목적을 달성하는 데 유효하고 적절할 것
2. 행정목적을 달성하는 데 필요한 최소한도에 그칠 것
3. 행정작용으로 인한 국민의 이익 침해가 그 행정작용이 의도하는 공익보다 크지 아니할 것

제11조(성실의무 및 권한남용금지의 원칙)
① 행정청은 법령 등에 따른 의무를 성실히 수행하여야 한다.
② 행정청은 행정권한을 남용하거나 그 권한의 범위를 넘어서는 아니 된다.

제12조(신뢰보호의 원칙)
① 행정청은 공익 또는 제3자의 이익을 현저히 해칠 우려가 있는 경우를 제외하고는 행정에 대한 국민의 정당하고 합리적인 신뢰를 보호하여야 한다.
② 행정청은 권한 행사의 기회가 있음에도 불구하고 장기간 권한을 행사하지 아니하여 국민이 그 권한이 행사되지 아니할 것으로 믿을 만한 정당한 사유가 있는 경우에는 그 권한을 행사해서는 아니 된다. 다만, 공익 또는 제3자의 이익을 현저히 해칠 우려가 있는 경우는 예외로 한다.

제13조(부당결부금지의 원칙)
행정청은 행정작용을 할 때 상대방에게 해당 행정작용과 실질적인 관련이 없는 의무를 부과해서는 아니 된다.

제14조(법 적용의 기준)
① 새로운 법령 등은 법령 등에 특별한 규정이 있는 경우를 제외하고는 그 법령 등의 효력발생 전에 완성되거나 종결된 사실관계 또는 법률관계에 대해서는 적용되지 아니한다.
② 당사자의 신청에 따른 처분은 법령 등에 특별한 규정이 있거나 처분 당시의 법령 등을 적용하기 곤란한 특별한 사정이 있는 경우를 제외하고는 처분 당시의 법령 등에 따른다.
③ 법령 등을 위반한 행위의 성립과 이에 대한 제재처분은 법령 등에 특별한 규정이 있는 경우를 제외하고는 법령 등을 위반한 행위 당시의 법령 등에 따른다. 다만, 법령 등을 위반한 행위 후 법령 등의 변경에 의하여 그 행위가 법령 등을 위반한 행위에 해당하지 아니하거나 제재처분기준이 가벼워진 경우로서 해당 법령 등에 특별한 규정이 없는 경우에는 변경된 법령 등을 적용한다.

제15조(처분의 효력)
처분은 권한이 있는 기관이 취소 또는 철회하거나 기간의 경과 등으로 소멸되기 전까지는 유효한 것으로 통용된다. 다만, 무효인 처분은 처음부터 그 효력이 발생하지 아니한다.

제16조(결격사유)
① 자격이나 신분 등을 취득 또는 부여할 수 없거나 인가, 허가, 지정, 승인, 영업등록, 신고 수리 등(이하 '인허가'라 한다)을 필요로 하는 영업 또는 사업 등을 할 수 없는 사유(이하 이 조에서 '결격사유'라 한다)는 법률로 정한다.
② 결격사유를 규정할 때에는 다음 각 호의 기준에 따른다.
1. 규정의 필요성이 분명할 것
2. 필요한 항목만 최소한으로 규정할 것
3. 대상이 되는 자격, 신분, 영업 또는 사업 등과 실질적인 관련이 있을 것
4. 유사한 다른 제도와 균형을 이룰 것

제17조(부관)

① 행정청은 처분에 재량이 있는 경우에는 부관(조건, 기한, 부담, 철회권의 유보 등을 말한다. 이하 이 조에서 같다)을 붙일 수 있다.

② 행정청은 처분에 재량이 없는 경우에는 법률에 근거가 있는 경우에 부관을 붙일 수 있다.

③ 행정청은 부관을 붙일 수 있는 처분이 다음 각 호의 어느 하나에 해당하는 경우에는 그 처분을 한 후에도 부관을 새로 붙이거나 종전의 부관을 변경할 수 있다.

   1. 법률에 근거가 있는 경우

   2. 당사자의 동의가 있는 경우

   3. 사정이 변경되어 부관을 새로 붙이거나 종전의 부관을 변경하지 아니하면 해당 처분의 목적을 달성할 수 없다고 인정되는 경우

④ 부관은 다음 각 호의 요건에 적합하여야 한다.

   1. 해당 처분의 목적에 위배되지 아니할 것

   2. 해당 처분과 실질적인 관련이 있을 것

   3. 해당 처분의 목적을 달성하기 위하여 필요한 최소한의 범위일 것

제18조(위법 또는 부당한 처분의 취소)

① 행정청은 위법 또는 부당한 처분의 전부나 일부를 소급하여 취소할 수 있다. 다만, 당사자의 신뢰를 보호할 가치가 있는 등 정당한 사유가 있는 경우에는 장래를 향하여 취소할 수 있다.

② 행정청은 제1항에 따라 당사자에게 권리나 이익을 부여하는 처분을 취소하려는 경우에는 취소로 인하여 당사자가 입게 될 불이익을 취소로 달성되는 공익과 비교·형량하여야 한다. 다만, 다음 각 호의 어느 하나에 해당하는 경우에는 그러하지 아니한다.

   1. 거짓이나 그 밖의 부정한 방법으로 처분을 받은 경우

   2. 당사자가 처분의 위법성을 알고 있었거나 중대한 과실로 알지 못한 경우

제19조(적법한 처분의 철회)

① 행정청은 적법한 처분이 다음 각 호의 어느 하나에 해당하는 경우에는 그 처분의 전부 또는 일부를 장래를 향하여 철회할 수 있다.

   1. 법률에서 정한 철회사유에 해당하게 된 경우

   2. 법령 등의 변경이나 사정변경으로 처분을 더 이상 존속시킬 필요가 없게 된 경우

   3. 중대한 공익을 위하여 필요한 경우

② 행정청은 제1항에 따라 처분을 철회하려는 경우에는 철회로 인하여 당사자가 입게 될 불이익을 철회로 달성되는 공익과 비교·형량하여야 한다.

제20조(자동적 처분)

행정청은 법률로 정하는 바에 따라 완전히 자동화된 시스템(인공지능 기술을 적용한 시스템을 포함한다)으로 처분을 할 수 있다. 다만, 처분에 재량이 있는 경우는 그러하지 아니한다.

제21조(재량행사의 기준)

행정청은 재량이 있는 처분을 할 때에는 관련 이익을 정당하게 형량하여야 하며, 그 재량권의 범위를 넘어서는 아니 된다.

제22조(제재처분의 기준)

① 제재처분의 근거가 되는 법률에는 제재처분의 주체, 사유, 유형 및 상한을 명확하게 규정하여야 한다. 이 경우 제재처분의 유형 및 상한을 정할 때에는 해당 위반행위의 특수성 및 유사한 위반행위와의 형평성 등을 종합적으로 고려하여야 한다.

② 행정청은 재량이 있는 제재처분을 할 때에는 다음 각 호의 사항을 고려하여야 한다.
1. 위반행위의 동기, 목적 및 방법
2. 위반행위의 결과
3. 위반행위의 횟수
4. 그 밖에 제1호부터 제3호까지에 준하는 사항으로서 대통령령으로 정하는 사항

제23조(제재처분의 제척기간)

① 행정청은 법령 등의 위반행위가 종료된 날부터 5년이 지나면 해당 위반행위에 대하여 제재처분(인허가의 정지·취소·철회, 등록 말소, 영업소 폐쇄와 정지를 갈음하는 과징금 부과를 말한다. 이하 이 조에서 같다)을 할 수 없다.
② 다음 각 호의 어느 하나에 해당하는 경우에는 제1항을 적용하지 아니한다.
1. 거짓이나 그 밖의 부정한 방법으로 인허가를 받거나 신고를 한 경우
2. 당사자가 인허가나 신고의 위법성을 알고 있었거나 중대한 과실로 알지 못한 경우
3. 정당한 사유 없이 행정청의 조사·출입·검사를 기피·방해·거부하여 제척기간이 지난 경우
4. 제재처분을 하지 아니하면 국민의 안전·생명 또는 환경을 심각하게 해치거나 해칠 우려가 있는 경우
③ 행정청은 제1항에도 불구하고 행정심판의 재결이나 법원의 판결에 따라 제재처분이 취소·철회된 경우에는 재결이나 판결이 확정된 날부터 1년(합의제 행정기관은 2년)이 지나기 전까지는 그 취지에 따른 새로운 제재처분을 할 수 있다.
④ 다른 법률에서 제1항 및 제3항의 기간보다 짧거나 긴 기간을 규정하고 있으면 그 법률에서 정하는 바에 따른다.

제24조(인허가의제의 기준)

① 이 절에서 '인허가의제'란 하나의 인허가(이하 '주된 인허가'라 한다)를 받으면 법률로 정하는 바에 따라 그와 관련된 여러 인허가(이하 '관련 인허가'라 한다)를 받은 것으로 보는 것을 말한다.
② 인허가의제를 받으려면 주된 인허가를 신청할 때 관련 인허가에 필요한 서류를 함께 제출하여야 한다. 다만, 불가피한 사유로 함께 제출할 수 없는 경우에는 주된 인허가 행정청이 별도로 정하는 기한까지 제출할 수 있다.
③ 주된 인허가 행정청은 주된 인허가를 하기 전에 관련 인허가에 관하여 미리 관련 인허가 행정청과 협의하여야 한다.
④ 관련 인허가 행정청은 제3항에 따른 협의를 요청받으면 그 요청을 받은 날부터 20일 이내(제5항 단서에 따른 절차에 걸리는 기간은 제외한다)에 의견을 제출하여야 한다. 이 경우 전단에서 정한 기간(민원 처리 관련 법령에 따라 의견을 제출하여야 하는 기간을 연장한 경우에는 그 연장한 기간을 말한다) 내에 협의 여부에 관하여 의견을 제출하지 아니하면 협의가 된 것으로 본다.
⑤ 제3항에 따라 협의를 요청받은 관련 인허가 행정청은 해당 법령을 위반하여 협의에 응해서는 아니 된다. 다만, 관련 인허가에 필요한 심의, 의견청취 등 절차에 관하여는 법률에 인허가의제시에도 해당 절차를 거친다는 명시적인 규정이 있는 경우에만 이를 거친다.

제25조(인허가의제의 효과)

① 제24조 제3항·제4항에 따라 협의가 된 사항에 대해서는 주된 인허가를 받았을 때 관련 인허가를 받은 것으로 본다.
② 인허가의제의 효과는 주된 인허가의 해당 법률에 규정된 관련 인허가에 한정된다.

제26조(인허가의제의 사후관리 등)

① 인허가의제의 경우 관련 인허가 행정청은 관련 인허가를 직접 한 것으로 보아 관계 법령에 따른 관리·감독 등 필요한 조치를 하여야 한다.
② 주된 인허가가 있은 후 이를 변경하는 경우에는 제24조, 제25조 및 이 조 제1항을 준용한다.
③ 이 절에서 규정한 사항 외에 인허가의제의 방법, 그 밖에 필요한 세부사항은 대통령령으로 정한다.

제27조(공법상 계약의 체결)
① 행정청은 법령 등을 위반하지 아니하는 범위에서 행정목적을 달성하기 위하여 필요한 경우에는 공법상 법률관계에 관한 계약(이하 '공법상 계약'이라 한다)을 체결할 수 있다. 이 경우 계약의 목적 및 내용을 명확하게 적은 계약서를 작성하여야 한다.
② 행정청은 공법상 계약의 상대방을 선정하고 계약 내용을 정할 때 공법상 계약의 공공성과 제3자의 이해관계를 고려하여야 한다.

제28조(과징금의 기준)
① 행정청은 법령 등에 따른 의무를 위반한 자에 대하여 법률로 정하는 바에 따라 그 위반행위에 대한 제재로서 과징금을 부과할 수 있다.
② 과징금의 근거가 되는 법률에는 과징금에 관한 다음 각 호의 사항을 명확하게 규정하여야 한다.
  1. 부과·징수주체
  2. 부과사유
  3. 상한액
  4. 가산금을 징수하려는 경우 그 사항
  5. 과징금 또는 가산금 체납시 강제징수를 하려는 경우 그 사항

제29조(과징금의 납부기한 연기 및 분할 납부)
과징금은 한꺼번에 납부하는 것을 원칙으로 한다. 다만, 행정청은 과징금을 부과받은 자가 다음 각 호의 어느 하나에 해당하는 사유로 과징금 전액을 한꺼번에 내기 어렵다고 인정될 때에는 그 납부기한을 연기하거나 분할 납부하게 할 수 있으며, 이 경우 필요하다고 인정하면 담보를 제공하게 할 수 있다.
  1. 재해 등으로 재산에 현저한 손실을 입은 경우
  2. 사업 여건의 악화로 사업이 중대한 위기에 처한 경우
  3. 과징금을 한꺼번에 내면 자금 사정에 현저한 어려움이 예상되는 경우
  4. 그 밖에 제1호부터 제3호까지에 준하는 경우로서 대통령령으로 정하는 사유가 있는 경우

제30조(행정상 강제)
① 행정청은 행정목적을 달성하기 위하여 필요한 경우에는 법률로 정하는 바에 따라 필요한 최소한의 범위에서 다음 각 호의 어느 하나에 해당하는 조치를 할 수 있다.
  1. 행정대집행: 의무자가 행정상 의무(법령 등에서 직접 부과하거나 행정청이 법령 등에 따라 부과한 의무를 말한다. 이하 이 절에서 같다)로서 타인이 대신하여 행할 수 있는 의무를 이행하지 아니하는 경우 법률로 정하는 다른 수단으로는 그 이행을 확보하기 곤란하고 그 불이행을 방치하면 공익을 크게 해칠 것으로 인정될 때에 행정청이 의무자가 하여야 할 행위를 스스로 하거나 제3자에게 하게 하고 그 비용을 의무자로부터 징수하는 것
  2. 이행강제금의 부과: 의무자가 행정상 의무를 이행하지 아니하는 경우 행정청이 적절한 이행기간을 부여하고, 그 기한까지 행정상 의무를 이행하지 아니하면 금전급부의무를 부과하는 것
  3. 직접강제: 의무자가 행정상 의무를 이행하지 아니하는 경우 행정청이 의무자의 신체나 재산에 실력을 행사하여 그 행정상 의무의 이행이 있었던 것과 같은 상태를 실현하는 것
  4. 강제징수: 의무자가 행정상 의무 중 금전급부의무를 이행하지 아니하는 경우 행정청이 의무자의 재산에 실력을 행사하여 그 행정상 의무가 실현된 것과 같은 상태를 실현하는 것
  5. 즉시강제: 현재의 급박한 행정상의 장해를 제거하기 위한 경우로서 다음 각 목의 어느 하나에 해당하는 경우에 행정청이 곧바로 국민의 신체 또는 재산에 실력을 행사하여 행정목적을 달성하는 것
    가. 행정청이 미리 행정상 의무 이행을 명할 시간적 여유가 없는 경우
    나. 그 성질상 행정상 의무의 이행을 명하는 것만으로는 행정목적 달성이 곤란한 경우
② 행정상 강제조치에 관하여 이 법에서 정한 사항 외에 필요한 사항은 따로 법률로 정한다.
③ 형사, 행형 및 보안처분 관계 법령에 따라 행하는 사항이나 외국인의 출입국·난민인정·귀화·국적회복에 관한 사항에 관하여는 이 절을 적용하지 아니한다.

제31조(이행강제금의 부과)
① 이행강제금 부과의 근거가 되는 법률에는 이행강제금에 관한 다음 각 호의 사항을 명확하게 규정하여야 한다. 다만, 제4호 또는 제5호를 규정할 경우 입법목적이나 입법취지를 훼손할 우려가 크다고 인정되는 경우로서 대통령령으로 정하는 경우는 제외한다.
  1. 부과·징수주체
  2. 부과요건
  3. 부과 금액
  4. 부과 금액 산정기준
  5. 연간 부과 횟수나 횟수의 상한
② 행정청은 다음 각 호의 사항을 고려하여 이행강제금의 부과 금액을 가중하거나 감경할 수 있다.
  1. 의무 불이행의 동기, 목적 및 결과
  2. 의무 불이행의 정도 및 상습성
  3. 그 밖에 행정목적을 달성하는 데 필요하다고 인정되는 사유
③ 행정청은 이행강제금을 부과하기 전에 미리 의무자에게 적절한 이행기간을 정하여 그 기한까지 행정상 의무를 이행하지 아니하면 이행강제금을 부과한다는 뜻을 문서로 계고하여야 한다.
④ 행정청은 의무자가 제3항에 따른 계고에서 정한 기한까지 행정상 의무를 이행하지 아니한 경우 이행강제금의 부과 금액·사유·시기를 문서로 명확하게 적어 의무자에게 통지하여야 한다.
⑤ 행정청은 의무자가 행정상 의무를 이행할 때까지 이행강제금을 반복하여 부과할 수 있다. 다만, 의무자가 의무를 이행하면 새로운 이행강제금의 부과를 즉시 중지하되, 이미 부과한 이행강제금은 징수하여야 한다.
⑥ 행정청은 이행강제금을 부과받은 자가 납부기한까지 이행강제금을 내지 아니하면 국세강제징수의 예 또는 지방행정제재·부과금의 징수 등에 관한 법률에 따라 징수한다.

제32조(직접강제)
① 직접강제는 행정대집행이나 이행강제금 부과의 방법으로는 행정상 의무 이행을 확보할 수 없거나 그 실현이 불가능한 경우에 실시하여야 한다.
② 직접강제를 실시하기 위하여 현장에 파견되는 집행책임자는 그가 집행책임자임을 표시하는 증표를 보여 주어야 한다.
③ 직접강제의 계고 및 통지에 관하여는 제31조 제3항 및 제4항을 준용한다.

제33조(즉시강제)
① 즉시강제는 다른 수단으로는 행정목적을 달성할 수 없는 경우에만 허용되며, 이 경우에도 최소한으로만 실시하여야 한다.
② 즉시강제를 실시하기 위하여 현장에 파견되는 집행책임자는 그가 집행책임자임을 표시하는 증표를 보여 주어야 하며, 즉시강제의 이유와 내용을 고지하여야 한다.

제34조(수리 여부에 따른 신고의 효력)
법령 등으로 정하는 바에 따라 행정청에 일정한 사항을 통지하여야 하는 신고로서 법률에 신고의 수리가 필요하다고 명시되어 있는 경우(행정기관의 내부업무 처리절차로서 수리를 규정한 경우는 제외한다)에는 행정청이 수리하여야 효력이 발생한다.

제35조(수수료 및 사용료)
① 행정청은 특정인을 위한 행정서비스를 제공받는 자에게 법령으로 정하는 바에 따라 수수료를 받을 수 있다.
② 행정청은 공공시설 및 재산 등의 이용 또는 사용에 대하여 사전에 공개된 금액이나 기준에 따라 사용료를 받을 수 있다.
③ 제1항 및 제2항에도 불구하고 지방자치단체의 경우에는 지방자치법에 따른다.

제36조(처분에 대한 이의신청)

① 행정청의 처분(행정심판법 제3조에 따라 같은 법에 따른 행정심판의 대상이 되는 처분을 말한다. 이하 이 조에서 같다)에 이의가 있는 당사자는 처분을 받은 날부터 30일 이내에 해당 행정청에 이의신청을 할 수 있다.

② 행정청은 제1항에 따른 이의신청을 받으면 그 신청을 받은 날부터 14일 이내에 그 이의신청에 대한 결과를 신청인에게 통지하여야 한다. 다만, 부득이한 사유로 14일 이내에 통지할 수 없는 경우에는 그 기간을 만료일 다음 날부터 기산하여 10일의 범위에서 한 차례 연장할 수 있으며, 연장사유를 신청인에게 통지하여야 한다.

③ 제1항에 따라 이의신청을 한 경우에도 그 이의신청과 관계없이 행정심판법에 따른 행정심판 또는 행정소송법에 따른 행정소송을 제기할 수 있다.

④ 이의신청에 대한 결과를 통지받은 후 행정심판 또는 행정소송을 제기하려는 자는 그 결과를 통지받은 날(제2항에 따른 통지기간 내에 결과를 통지받지 못한 경우에는 같은 항에 따른 통지기간이 만료되는 날의 다음 날을 말한다)부터 90일 이내에 행정심판 또는 행정소송을 제기할 수 있다.

⑤ 다른 법률에서 이의신청과 이에 준하는 절차에 대하여 정하고 있는 경우에도 그 법률에서 규정하지 아니한 사항에 관하여는 이 조에서 정하는 바에 따른다.

⑥ 제1항부터 제5항까지에서 규정한 사항 외에 이의신청의 방법 및 절차 등에 관한 사항은 대통령령으로 정한다.

⑦ 다음 각 호의 어느 하나에 해당하는 사항에 관하여는 이 조를 적용하지 아니한다.

　1. 공무원 인사 관계 법령에 따른 징계 등 처분에 관한 사항
　2. 국가인권위원회법 제30조에 따른 진정에 대한 국가인권위원회의 결정
　3. 노동위원회법 제2조의2에 따라 노동위원회의 의결을 거쳐 행하는 사항
　4. 형사, 행형 및 보안처분 관계 법령에 따라 행하는 사항
　5. 외국인의 출입국·난민인정·귀화·국적회복에 관한 사항
　6. 과태료 부과 및 징수에 관한 사항

제37조(처분의 재심사)

① 당사자는 처분(제재처분 및 행정상 강제는 제외한다. 이하 이 조에서 같다)이 행정심판, 행정소송 및 그 밖의 쟁송을 통하여 다툴 수 없게 된 경우(법원의 확정판결이 있는 경우는 제외한다)라도 다음 각 호의 어느 하나에 해당하는 경우에는 해당 처분을 한 행정청에 처분을 취소·철회하거나 변경하여 줄 것을 신청할 수 있다.

　1. 처분의 근거가 된 사실관계 또는 법률관계가 추후에 당사자에게 유리하게 바뀐 경우
　2. 당사자에게 유리한 결정을 가져다주었을 새로운 증거가 있는 경우
　3. 민사소송법 제451조에 따른 재심사유에 준하는 사유가 발생한 경우 등 대통령령으로 정하는 경우

② 제1항에 따른 신청은 해당 처분의 절차, 행정심판, 행정소송 및 그 밖의 쟁송에서 당사자가 중대한 과실 없이 제1항 각 호의 사유를 주장하지 못한 경우에만 할 수 있다.

③ 제1항에 따른 신청은 당사자가 제1항 각 호의 사유를 안 날부터 60일 이내에 하여야 한다. 다만, 처분이 있은 날부터 5년이 지나면 신청할 수 없다.

④ 제1항에 따른 신청을 받은 행정청은 특별한 사정이 없으면 신청을 받은 날부터 90일(합의제 행정기관은 180일) 이내에 처분의 재심사 결과(재심사 여부와 처분의 유지·취소·철회·변경 등에 대한 결정을 포함한다)를 신청인에게 통지하여야 한다. 다만, 부득이한 사유로 90일(합의제 행정기관은 180일) 이내에 통지할 수 없는 경우에는 그 기간을 만료일 다음 날부터 기산하여 90일(합의제 행정기관은 180일)의 범위에서 한 차례 연장할 수 있으며, 연장사유를 신청인에게 통지하여야 한다.

⑤ 제4항에 따른 처분의 재심사 결과 중 처분을 유지하는 결과에 대해서는 행정심판, 행정소송 및 그 밖의 쟁송수단을 통하여 불복할 수 없다.

⑥ 행정청의 제18조에 따른 취소와 제19조에 따른 철회는 처분의 재심사에 의하여 영향을 받지 아니한다.

⑧ 다음 각 호의 어느 하나에 해당하는 사항에 관하여는 이 조를 적용하지 아니한다.

　1. 공무원 인사 관계 법령에 따른 징계 등 처분에 관한 사항
　2. 노동위원회법 제2조의2에 따라 노동위원회의 의결을 거쳐 행하는 사항
　3. 형사, 행형 및 보안처분 관계 법령에 따라 행하는 사항
　4. 외국인의 출입국·난민인정·귀화·국적회복에 관한 사항
　5. 과태료 부과 및 징수에 관한 사항
　6. 개별 법률에서 그 적용을 배제하고 있는 경우

제38조(행정의 입법활동)
① 국가나 지방자치단체가 법령 등을 제정·개정·폐지하고자 하거나 그와 관련된 활동(법률안의 국회 제출과 조례안의 지방의회 제출을 포함하며, 이하 이 장에서 '행정의 입법활동'이라 한다)을 할 때에는 헌법과 상위 법령을 위반해서는 아니 되며, 헌법과 법령 등에서 정한 절차를 준수하여야 한다.
② 행정의 입법활동은 다음 각 호의 기준에 따라야 한다.
   1. 일반국민 및 이해관계자로부터 의견을 수렴하고 관계 기관과 충분한 협의를 거쳐 책임 있게 추진되어야 한다.
   2. 법령 등의 내용과 규정은 다른 법령 등과 조화를 이루어야 하고, 법령 등 상호 간에 중복되거나 상충되지 아니하여야 한다.
   3. 법령 등은 일반국민이 그 내용을 쉽고 명확하게 이해할 수 있도록 알기 쉽게 만들어져야 한다.
③ 정부는 매년 해당 연도에 추진할 법령안 입법계획(이하 '정부입법계획'이라 한다)을 수립하여야 한다.
④ 행정의 입법활동의 절차 및 정부입법계획의 수립에 관하여 필요한 사항은 정부의 법제업무에 관한 사항을 규율하는 대통령령으로 정한다.

제39조(행정법제의 개선)
① 정부는 권한 있는 기관에 의하여 위헌으로 결정되어 법령이 헌법에 위반되거나 법률에 위반되는 것이 명백한 경우 등 대통령령으로 정하는 경우에는 해당 법령을 개선하여야 한다.
② 정부는 행정 분야의 법제도 개선 및 일관된 법 적용기준 마련 등을 위하여 필요한 경우 대통령령으로 정하는 바에 따라 관계 기관 협의 및 관계 전문가 의견 수렴을 거쳐 개선조치를 할 수 있으며, 이를 위하여 현행법령에 관한 분석을 실시할 수 있다.

제40조(법령해석)
① 누구든지 법령 등의 내용에 의문이 있으면 법령을 소관하는 중앙행정기관의 장(이하 '법령소관기관'이라 한다)과 자치법규를 소관하는 지방자치단체의 장에게 법령해석을 요청할 수 있다.
② 법령소관기관과 자치법규를 소관하는 지방자치단체의 장은 각각 소관 법령 등을 헌법과 해당 법령 등의 취지에 부합되게 해석·집행할 책임을 진다.
③ 법령소관기관이나 법령소관기관의 해석에 이의가 있는 자는 대통령령으로 정하는 바에 따라 법령해석업무를 전문으로 하는 기관에 법령해석을 요청할 수 있다.
④ 법령해석의 절차에 관하여 필요한 사항은 대통령령으로 정한다.

행정절차법상 주요절차

공통적으로 적용되는 절차	수익적 처분에만 적용되는 절차	불이익 처분에만 적용되는 절차
• 처분기준의 설정·공표 • 처분의 이유제시 • 처분의 방식: 문서주의 • 처분의 정정 • 고지제	• 처분의 신청 • 다수의 행정청이 관여하는 처분	• 처분의 사전통지 • 의견청취 • 의견제출 • 청문 • 공청회

✎ 주요조문

행정절차법 제2조(정의)

이 법에서 사용하는 용어의 뜻은 다음과 같다.

    4. '당사자 등'이란 다음 각 목의 자를 말한다.

        가. 행정청의 처분에 대하여 직접 그 상대가 되는 당사자

        나. 행정청이 직권으로 또는 신청에 따라 행정절차에 참여하게 한 이해관계인

제3조(적용범위)

① 처분, 신고, 확약, 위반사실 등의 공표, 행정계획, 행정상 입법예고, 행정예고 및 행정지도의 절차(이하 '행정절차'라 한다)에 관하여 다른 법률에 특별한 규정이 있는 경우를 제외하고는 이 법에서 정하는 바에 따른다.

② 이 법은 다음 각 호의 어느 하나에 해당하는 사항에 대하여는 적용하지 아니한다.

    1. 국회 또는 지방의회의 의결을 거치거나 동의 또는 승인을 받아 행하는 사항

    2. 법원 또는 군사법원의 재판에 의하거나 그 집행으로 행하는 사항

    3. 헌법재판소의 심판을 거쳐 행하는 사항

    4. 각급 선거관리위원회의 의결을 거쳐 행하는 사항

    5. 감사원이 감사위원회의의 결정을 거쳐 행하는 사항

    6. 형사, 행형 및 보안처분 관계 법령에 따라 행하는 사항

    7. 국가안전보장·국방·외교 또는 통일에 관한 사항 중 행정절차를 거칠 경우 국가의 중대한 이익을 현저히 해칠 우려가 있는 사항

    8. 심사청구, 해양안전심판, 조세심판, 특허심판, 행정심판, 그 밖의 불복절차에 따른 사항

    9. 병역법에 따른 징집·소집, 외국인의 출입국·난민인정·귀화, 공무원 인사 관계 법령에 따른 징계와 그 밖의 처분, 이해 조정을 목적으로 하는 법령에 따른 알선·조정·중재·재정 또는 그 밖의 처분 등 해당 행정작용의 성질상 행정절차를 거치기 곤란하거나 거칠 필요가 없다고 인정되는 사항과 행정절차에 준하는 절차를 거친 사항으로서 대통령령으로 정하는 사항

제4조(신의성실 및 신뢰보호)

① 행정청은 직무를 수행할 때 신의에 따라 성실히 하여야 한다.

② 행정청은 법령 등의 해석 또는 행정청의 관행이 일반적으로 국민들에게 받아들여졌을 때에는 공익 또는 제3자의 정당한 이익을 현저히 해칠 우려가 있는 경우를 제외하고는 새로운 해석 또는 관행에 따라 소급하여 불리하게 처리하여서는 아니 된다.

제5조의2(행정업무 혁신)
① 행정청은 모든 국민이 균등하고 질 높은 행정서비스를 누릴 수 있도록 노력하여야 한다.
② 행정청은 정보통신기술을 활용하여 행정절차를 적극적으로 혁신하도록 노력하여야 한다. 이 경우 행정청은 국민이 경제적·사회적·지역적 여건 등으로 인하여 불이익을 받지 아니하도록 하여야 한다.
③ 행정청은 행정청이 생성하거나 취득하여 관리하고 있는 데이터(정보처리능력을 갖춘 장치를 통하여 생성 또는 처리되어 기계에 의한 판독이 가능한 형태로 존재하는 정형 또는 비정형의 정보를 말한다)를 행정과정에 활용하도록 노력하여야 한다.
④ 행정청은 행정업무 혁신 추진에 필요한 행정적·재정적·기술적 지원방안을 마련하여야 한다.

제6조(관할)
① 행정청이 그 관할에 속하지 아니하는 사안을 접수하였거나 이송받은 경우에는 지체 없이 이를 관할 행정청에 이송하여야 하고 그 사실을 신청인에게 통지하여야 한다. 행정청이 접수하거나 이송받은 후 관할이 변경된 경우에도 또한 같다.
② 행정청의 관할이 분명하지 아니한 경우에는 해당 행정청을 공통으로 감독하는 상급 행정청이 그 관할을 결정하며, 공통으로 감독하는 상급 행정청이 없는 경우에는 각 상급 행정청이 협의하여 그 관할을 결정한다.

제7조(행정청 간의 협조 등)
① 행정청은 행정의 원활한 수행을 위하여 서로 협조하여야 한다.
② 행정청은 업무의 효율성을 높이고 행정서비스에 대한 국민의 만족도를 높이기 위하여 필요한 경우 행정협업(다른 행정청과 공동의 목표를 설정하고 행정청 상호 간의 기능을 연계하거나 시설·장비 및 정보 등을 공동으로 활용하는 것을 말한다. 이하 같다)의 방식으로 적극적으로 협조하여야 한다.
③ 행정청은 행정협업을 활성화하기 위한 시책을 마련하고 그 추진에 필요한 행정적·재정적 지원방안을 마련하여야 한다.

제9조(당사자 등의 자격)
다음 각 호의 어느 하나에 해당하는 자는 행정절차에서 당사자 등이 될 수 있다.
  1. 자연인
  2. 법인, 법인이 아닌 사단 또는 재단(이하 '법인 등'이라 한다)
  3. 그 밖에 다른 법령 등에 따라 권리·의무의 주체가 될 수 있는 자

제10조(지위의 승계)
① 당사자 등이 사망하였을 때의 상속인과 다른 법령 등에 따라 당사자 등의 권리 또는 이익을 승계한 자는 당사자 등의 지위를 승계한다.
② 당사자 등인 법인 등이 합병하였을 때에는 합병 후 존속하는 법인 등이나 합병 후 새로 설립된 법인 등이 당사자 등의 지위를 승계한다.
③ 제1항 및 제2항에 따라 당사자 등의 지위를 승계한 자는 행정청에 그 사실을 통지하여야 한다.
④ 처분에 관한 권리 또는 이익을 사실상 양수한 자는 행정청의 승인을 받아 당사자 등의 지위를 승계할 수 있다.

제11조(대표자)
① 다수의 당사자 등이 공동으로 행정절차에 관한 행위를 할 때에는 대표자를 선정할 수 있다.
② 행정청은 제1항에 따라 당사자 등이 대표자를 선정하지 아니하거나 대표자가 지나치게 많아 행정절차가 지연될 우려가 있는 경우에는 그 이유를 들어 상당한 기간 내에 3인 이내의 대표자를 선정할 것을 요청할 수 있다. 이 경우 당사자 등이 그 요청에 따르지 아니하였을 때에는 <u>행정청이 직접 대표자를 선정할 수 있다</u>.
③ 당사자 등은 대표자를 변경하거나 해임할 수 있다.
④ 대표자는 각자 그를 대표자로 선정한 당사자 등을 위하여 행정절차에 관한 모든 행위를 할 수 있다. 다만, 행정절차를 끝맺는 행위에 대하여는 당사자 등의 동의를 받아야 한다.

⑤ 대표자가 있는 경우에는 당사자 등은 그 대표자를 통하여서만 행정절차에 관한 행위를 할 수 있다.
⑥ 다수의 대표자가 있는 경우 그중 1인에 대한 행정청의 행위는 모든 당사자 등에게 효력이 있다. 다만, 행정청의 통지는 대표자 모두에게 하여야 그 효력이 있다.

제12조(대리인)
① 당사자 등은 다음 각 호의 어느 하나에 해당하는 자를 대리인으로 선임할 수 있다.
  1. 당사자 등의 배우자, 직계존속·비속 또는 형제자매
  2. 당사자 등이 법인 등인 경우 그 임원 또는 직원
  3. 변호사
  4. 행정청 또는 청문 주재자(청문의 경우만 해당한다)의 허가를 받은 자
  5. 법령 등에 따라 해당 사안에 대하여 대리인이 될 수 있는 자

제14조(송달)
① 송달은 우편, 교부 또는 정보통신망 이용 등의 방법으로 하되, 송달받을 자(대표자 또는 대리인을 포함한다. 이하 같다)의 주소·거소·영업소·사무소 또는 전자우편주소(이하 '주소 등'이라 한다)로 한다. 다만, 송달받을 자가 동의하는 경우에는 그를 만나는 장소에서 송달할 수 있다.
② 교부에 의한 송달은 수령확인서를 받고 문서를 교부함으로써 하며, 송달하는 장소에서 송달받을 자를 만나지 못한 경우에는 그 사무원·피용자 또는 동거인으로서 사리를 분별할 지능이 있는 사람(이하 이 조에서 '사무원 등'이라 한다)에게 문서를 교부할 수 있다. 다만, 문서를 송달받을 자 또는 그 사무원 등이 정당한 사유 없이 송달받기를 거부하는 때에는 그 사실을 수령확인서에 적고, 문서를 송달할 장소에 놓아둘 수 있다.
③ 정보통신망을 이용한 송달은 송달받을 자가 동의하는 경우에만 한다. 이 경우 송달받을 자는 송달받을 전자우편주소 등을 지정하여야 한다.
④ 다음 각 호의 어느 하나에 해당하는 경우에는 송달받을 자가 알기 쉽도록 관보, 공보, 게시판, 일간신문 중 하나 이상에 공고하고 인터넷에도 공고하여야 한다.
  1. 송달받을 자의 주소 등을 통상적인 방법으로 확인할 수 없는 경우
  2. 송달이 불가능한 경우
⑤ 제4항에 따른 공고를 할 때에는 민감정보 및 고유식별정보 등 송달받을 자의 개인정보를 개인정보 보호법에 따라 보호하여야 한다.
⑥ 행정청은 송달하는 문서의 명칭, 송달받는 자의 성명 또는 명칭, 발송방법 및 발송 연월일을 확인할 수 있는 기록을 보존하여야 한다.

제15조(송달의 효력발생)
① 송달은 다른 법령 등에 특별한 규정이 있는 경우를 제외하고는 해당 문서가 송달받을 자에게 도달됨으로써 그 효력이 발생한다.
② 제14조 제3항에 따라 정보통신망을 이용하여 전자문서로 송달하는 경우에는 송달받을 자가 지정한 컴퓨터 등에 입력된 때에 도달된 것으로 본다.
③ 제14조 제4항의 경우에는 다른 법령 등에 특별한 규정이 있는 경우를 제외하고는 공고일부터 14일이 지난 때에 그 효력이 발생한다. 다만, 긴급히 시행하여야 할 특별한 사유가 있어 효력 발생시기를 달리 정하여 공고한 경우에는 그에 따른다.

제16조(기간 및 기한의 특례)
① 천재지변이나 그 밖에 당사자 등에게 책임이 없는 사유로 기간 및 기한을 지킬 수 없는 경우에는 그 사유가 끝나는 날까지 기간의 진행이 정지된다.
② 외국에 거주하거나 체류하는 자에 대한 기간 및 기한은 행정청이 그 우편이나 통신에 걸리는 일수를 고려하여 정하여야 한다.

제17조(처분의 신청)
① 행정청에 처분을 구하는 신청은 문서로 하여야 한다. 다만, 다른 법령 등에 특별한 규정이 있는 경우와 행정청이 미리 다른 방법을 정하여 공시한 경우에는 그러하지 아니한다.
② 제1항에 따라 처분을 신청할 때 전자문서로 하는 경우에는 행정청의 컴퓨터 등에 입력된 때에 신청한 것으로 본다.

③ 행정청은 신청에 필요한 구비서류, 접수기관, 처리기간, 그 밖에 필요한 사항을 게시(인터넷 등을 통한 게시를 포함한다)하거나 이에 대한 편람을 갖추어 두고 누구나 열람할 수 있도록 하여야 한다.
④ 행정청은 신청을 받았을 때에는 다른 법령 등에 특별한 규정이 있는 경우를 제외하고는 그 접수를 보류 또는 거부하거나 부당하게 되돌려 보내서는 아니 되며, 신청을 접수한 경우에는 신청인에게 접수증을 주어야 한다. 다만, 대통령령으로 정하는 경우에는 접수증을 주지 아니할 수 있다.
⑤ 행정청은 신청에 구비서류의 미비 등 흠이 있는 경우에는 보완에 필요한 상당한 기간을 정하여 지체 없이 신청인에게 보완을 요구하여야 한다.
⑥ 행정청은 신청인이 제5항에 따른 기간 내에 보완을 하지 아니하였을 때에는 그 이유를 구체적으로 밝혀 접수된 신청을 되돌려 보낼 수 있다.

제19조(처리기간의 설정·공표)
① 행정청은 신청인의 편의를 위하여 처분의 처리기간을 종류별로 미리 정하여 공표하여야 한다.
② 행정청은 부득이한 사유로 제1항에 따른 처리기간 내에 처분을 처리하기 곤란한 경우에는 해당 처분의 처리기간의 범위에서 한 번만 그 기간을 연장할 수 있다.
③ 행정청은 제2항에 따라 처리기간을 연장할 때에는 처리기간의 연장사유와 처리 예정기한을 지체 없이 신청인에게 통지하여야 한다.
④ 행정청이 정당한 처리기간 내에 처리하지 아니하였을 때에는 신청인은 해당 행정청 또는 그 감독 행정청에 신속한 처리를 요청할 수 있다.

제20조(처분기준의 설정·공표)
② 행정기본법 제24조에 따른 인허가의제의 경우 관련 인허가 행정청은 관련 인허가의 처분기준을 주된 인허가 행정청에 제출하여야 하고, 주된 인허가 행정청은 제출받은 관련 인허가의 처분기준을 통합하여 공표하여야 한다. 처분기준을 변경하는 경우에도 또한 같다.
③ 제1항에 따른 처분기준을 공표하는 것이 해당 처분의 성질상 현저히 곤란하거나 공공의 안전 또는 복리를 현저히 해치는 것으로 인정될 만한 상당한 이유가 있는 경우에는 처분기준을 공표하지 아니할 수 있다.
④ 당사자 등은 공표된 처분기준이 명확하지 아니한 경우 해당 행정청에 그 해석 또는 설명을 요청할 수 있다. 이 경우 해당 행정청은 특별한 사정이 없으면 그 요청에 따라야 한다.

제21조(처분의 사전통지)
① 행정청은 당사자에게 의무를 부과하거나 권익을 제한하는 처분을 하는 경우에는 미리 다음 각 호의 사항을 당사자 등에게 통지하여야 한다.
〈각 호 생략〉
② 행정청은 청문을 하려면 청문이 시작되는 날부터 10일 전까지 제1항 각 호의 사항을 당사자 등에게 통지하여야 한다. 이 경우 제1항 제4호부터 제6호까지의 사항은 청문 주재자의 소속·직위 및 성명, 청문의 일시 및 장소, 청문에 응하지 아니하는 경우의 처리방법 등 청문에 필요한 사항으로 갈음한다.
③ 제1항 제6호에 따른 기한은 의견제출에 필요한 기간을 10일 이상으로 고려하여 정하여야 한다.
④ 다음 각 호의 어느 하나에 해당하는 경우에는 제1항에 따른 통지를 하지 아니할 수 있다.
  1. 공공의 안전 또는 복리를 위하여 긴급히 처분을 할 필요가 있는 경우
  2. 법령 등에서 요구된 자격이 없거나 없어지게 되면 반드시 일정한 처분을 하여야 하는 경우에 그 자격이 없거나 없어지게 된 사실이 법원의 재판 등에 의하여 객관적으로 증명된 경우
  3. 해당 처분의 성질상 의견청취가 현저히 곤란하거나 명백히 불필요하다고 인정될 만한 상당한 이유가 있는 경우
⑤ 처분의 전제가 되는 사실이 법원의 재판 등에 의하여 객관적으로 증명된 경우 등 제4항에 따른 사전통지를 하지 아니할 수 있는 구체적인 사항은 대통령령으로 정한다.
⑥ 제4항에 따라 사전통지를 하지 아니하는 경우 행정청은 처분을 할 때 당사자 등에게 통지를 하지 아니한 사유를 알려야 한다. 다만, 신속한 처분이 필요한 경우에는 처분 후 그 사유를 알릴 수 있다.

제22조(의견청취)
① 행정청이 처분을 할 때 다음 각 호의 어느 하나에 해당하는 경우에는 청문을 한다.
  1. 다른 법령 등에서 청문을 하도록 규정하고 있는 경우
  2. 행정청이 필요하다고 인정하는 경우

행정절차법 제17조 제4항 단서의 '대통령령으로 정하는 경우'
- 구술·우편 또는 정보통신망에 의한 신청
- 처리기간이 '즉시'로 되어 있는 신청
- 접수증에 갈음하는 문서를 주는 신청

기출지문 OX Quiz

행정청은 처리기간이 '즉시'로 되어 있는 신청의 경우에는 접수증을 주지 아니할 수 있다. [23 국가9급]
(O / X)

정답 O

3. 다음 각 목의 처분하는 경우

　가. 인허가 등의 취소

　나. 신분·자격의 박탈

　다. 법인이나 조합 등의 설립허가의 취소

② 행정청이 처분을 할 때 다음 각 호의 어느 하나에 해당하는 경우에는 공청회를 개최한다.

　1. 다른 법령 등에서 공청회를 개최하도록 규정하고 있는 경우

　2. 해당 처분의 영향이 광범위하여 널리 의견을 수렴할 필요가 있다고 행정청이 인정하는 경우

　3. 국민생활에 큰 영향을 미치는 처분으로서 대통령령으로 정하는 처분에 대하여 대통령령으로 정하는 수 이상의 당사자 등이 공청회 개최를 요구하는 경우

③ 행정청이 당사자에게 의무를 부과하거나 권익을 제한하는 처분을 할 때 제1항 또는 제2항의 경우 외에는 당사자 등에게 의견제출의 기회를 주어야 한다.

④ 제1항부터 제3항까지의 규정에도 불구하고 제21조 제4항 각 호의 어느 하나에 해당하는 경우와 당사자가 의견진술의 기회를 포기한다는 뜻을 명백히 표시한 경우에는 의견청취를 하지 아니할 수 있다.

⑤ 행정청은 청문·공청회 또는 의견제출을 거쳤을 때에는 신속히 처분하여 해당 처분이 지연되지 아니하도록 하여야 한다.

⑥ 행정청은 처분 후 1년 이내에 당사자 등이 요청하는 경우에는 청문·공청회 또는 의견제출을 위하여 제출받은 서류나 그 밖의 물건을 반환하여야 한다.

제23조(처분의 이유제시)

① 행정청은 처분을 할 때에는 다음 각 호의 어느 하나에 해당하는 경우를 제외하고는 당사자에게 그 근거와 이유를 제시하여야 한다.

　1. 신청 내용을 모두 그대로 인정하는 처분인 경우

　2. 단순·반복적인 처분 또는 경미한 처분으로서 당사자가 그 이유를 명백히 알 수 있는 경우

　3. 긴급히 처분을 할 필요가 있는 경우

② 행정청은 제1항 제2호 및 제3호의 경우에 처분 후 당사자가 요청하는 경우에는 그 근거와 이유를 제시하여야 한다.

제24조(처분의 방식)

① 행정청이 처분을 할 때에는 다른 법령 등에 특별한 규정이 있는 경우를 제외하고는 문서로 하여야 하며, 다음 각 호의 어느 하나에 해당하는 경우에는 전자문서로 할 수 있다.

　1. 당사자 등의 동의가 있는 경우

　2. 당사자가 전자문서로 처분을 신청한 경우

② 제1항에도 불구하고 공공의 안전 또는 복리를 위하여 긴급히 처분을 할 필요가 있거나 사안이 경미한 경우에는 말, 전화, 휴대전화를 이용한 문자 전송, 팩스 또는 전자우편 등 문서가 아닌 방법으로 처분을 할 수 있다. 이 경우 당사자가 요청하면 지체 없이 처분에 관한 문서를 주어야 한다.

③ 처분을 하는 문서에는 그 처분행정청과 담당자의 소속·성명 및 연락처(전화번호, 팩스번호, 전자우편주소 등을 말한다)를 적어야 한다.

제26조(고지)

행정청이 처분을 할 때에는 당사자에게 그 처분에 관하여 행정심판 및 행정소송을 제기할 수 있는지 여부, 그 밖에 불복을 할 수 있는지 여부, 청구절차 및 청구기간, 그 밖에 필요한 사항을 알려야 한다.

제27조(의견제출)

① 당사자 등은 처분 전에 그 처분의 관할 행정청에 서면이나 말로 또는 정보통신망을 이용하여 의견제출을 할 수 있다.

② 당사자 등은 제1항에 따라 의견제출을 하는 경우 그 주장을 입증하기 위한 증거자료 등을 첨부할 수 있다.

③ 행정청은 당사자 등이 말로 의견제출을 하였을 때에는 서면으로 그 진술의 요지와 진술자를 기록하여야 한다.

④ 당사자 등이 정당한 이유 없이 의견제출기한까지 의견제출을 하지 아니한 경우에는 의견이 없는 것으로 본다.

기출지문 OX Quiz

고시의 방법으로 불특정 다수인을 상대로 의무를 부과하거나 권익을 제한하는 처분의 경우도 그 상대방에게 의견제출의 기회를 주어야 한다. [23 소방]

(O / X)

정답 X

제27조의2(제출 의견의 반영 등)
① 행정청은 처분을 할 때에 당사자 등이 제출한 의견이 상당한 이유가 있다고 인정하는 경우에는 이를 반영하여야 한다.
② 행정청은 당사자 등이 제출한 의견을 반영하지 아니하고 처분을 한 경우 당사자 등이 처분이 있음을 안 날부터 90일 이내에 그 이유의 설명을 요청하면 서면으로 그 이유를 알려야 한다. 다만, 당사자 등이 동의하면 말, 정보통신망 또는 그 밖의 방법으로 알릴 수 있다.

제28조(청문 주재자)
② 행정청은 다음 각 호의 어느 하나에 해당하는 처분을 하려는 경우에는 청문 주재자를 2명 이상으로 선정할 수 있다. 이 경우 선정된 청문 주재자 중 1명이 청문 주재자를 대표한다.
  1. 다수 국민의 이해가 상충되는 처분
  2. 다수 국민에게 불편이나 부담을 주는 처분
  3. 그 밖에 전문적이고 공정한 청문을 위하여 행정청이 청문 주재자를 2명 이상으로 선정할 필요가 있다고 인정하는 처분
③ 행정청은 청문이 시작되는 날부터 7일 전까지 청문 주재자에게 청문과 관련한 필요한 자료를 미리 통지하여야 한다.
④ 청문 주재자는 독립하여 공정하게 직무를 수행하며, 그 직무 수행을 이유로 본인의 의사에 반하여 신분상 어떠한 불이익도 받지 아니한다.
⑤ 제1항 또는 제2항에 따라 선정된 청문 주재자는 형법이나 그 밖의 다른 법률에 따른 벌칙을 적용할 때에는 공무원으로 본다.

제29조(청문 주재자의 제척·기피·회피)
① 청문 주재자가 다음 각 호의 어느 하나에 해당하는 경우에는 청문을 주재할 수 없다.
  1. 자신이 당사자 등이거나 당사자 등과 민법 제777조 각 호의 어느 하나에 해당하는 친족관계에 있거나 있었던 경우
  2. 자신이 해당 처분과 관련하여 증언이나 감정을 한 경우
  3. 자신이 해당 처분의 당사자 등의 대리인으로 관여하거나 관여하였던 경우
  4. 자신이 해당 처분업무를 직접 처리하거나 처리하였던 경우
  5. 자신이 해당 처분업무를 처리하는 부서에 근무하는 경우. 이 경우 부서의 구체적인 범위는 대통령령으로 정한다.
② 청문 주재자에게 공정한 청문 진행을 할 수 없는 사정이 있는 경우 당사자 등은 행정청에 기피신청을 할 수 있다. 이 경우 행정청은 청문을 정지하고 그 신청이 이유가 있다고 인정할 때에는 해당 청문 주재자를 지체 없이 교체하여야 한다.
③ 청문 주재자는 제1항 또는 제2항의 사유에 해당하는 경우에는 행정청의 승인을 받아 스스로 청문의 주재를 회피할 수 있다.

제30조(청문의 공개)
청문은 당사자가 공개를 신청하거나 청문 주재자가 필요하다고 인정하는 경우 공개할 수 있다. 다만, 공익 또는 제3자의 정당한 이익을 현저히 해칠 우려가 있는 경우에는 공개하여서는 아니 된다.

제31조(청문의 진행)
① 청문 주재자가 청문을 시작할 때에는 먼저 예정된 처분의 내용, 그 원인이 되는 사실 및 법적 근거 등을 설명하여야 한다.
② 당사자 등은 의견을 진술하고 증거를 제출할 수 있으며, 참고인이나 감정인 등에게 질문할 수 있다.
③ 당사자 등이 의견서를 제출한 경우에는 그 내용을 출석하여 진술한 것으로 본다.
④ 청문 주재자는 청문의 신속한 진행과 질서유지를 위하여 필요한 조치를 할 수 있다.
⑤ 청문을 계속할 경우에는 행정청은 당사자 등에게 다음 청문의 일시 및 장소를 서면으로 통지하여야 하며, 당사자 등이 동의하는 경우에는 전자문서로 통지할 수 있다. 다만, 청문에 출석한 당사자 등에게는 그 청문일에 청문 주재자가 말로 통지할 수 있다.

제32조(청문의 병합·분리)

행정청은 직권으로 또는 당사자의 신청에 따라 여러 개의 사안을 병합하거나 분리하여 청문을 할 수 있다.

제33조(증거조사)

① 청문 주재자는 직권으로 또는 당사자의 신청에 따라 필요한 조사를 할 수 있으며, 당사자 등이 주장하지 아니한 사실에 대하여도 조사할 수 있다.

③ 청문 주재자는 필요하다고 인정할 때에는 관계 행정청에 필요한 문서의 제출 또는 의견의 진술을 요구할 수 있다. 이 경우 관계 행정청은 직무수행에 특별한 지장이 없으면 그 요구에 따라야 한다.

제34조의2(청문 주재자의 의견서)

청문 주재자는 다음 각 호의 사항이 적힌 청문 주재자의 의견서를 작성하여야 한다.

　1. 청문의 제목
　2. 처분의 내용, 주요 사실 또는 증거
　3. 종합의견
　4. 그 밖에 필요한 사항

제35조(청문의 종결)

① 청문 주재자는 해당 사안에 대하여 당사자 등의 의견진술, 증거조사가 충분히 이루어졌다고 인정하는 경우에는 청문을 마칠 수 있다.

② 청문 주재자는 당사자 등의 전부 또는 일부가 정당한 사유 없이 청문기일에 출석하지 아니하거나 제31조 제3항에 따른 의견서를 제출하지 아니한 경우에는 이들에게 다시 의견진술 및 증거제출의 기회를 주지 아니하고 청문을 마칠 수 있다.

③ 청문 주재자는 당사자 등의 전부 또는 일부가 정당한 사유로 청문기일에 출석하지 못하거나 제31조 제3항에 따른 의견서를 제출하지 못한 경우에는 10일 이상의 기간을 정하여 이들에게 의견진술 및 증거제출을 요구하여야 하며, 해당 기간이 지났을 때에 청문을 마칠 수 있다.

④ 청문 주재자는 청문을 마쳤을 때에는 청문조서, 청문 주재자의 의견서, 그 밖의 관계 서류 등을 행정청에 지체 없이 제출하여야 한다.

제35조의2(청문 결과의 반영)

행정청은 처분을 할 때에 제35조 제4항에 따라 받은 청문조서, 청문 주재자의 의견서, 그 밖의 관계 서류 등을 충분히 검토하고 상당한 이유가 있다고 인정하는 경우에는 청문 결과를 반영하여야 한다.

제36조(청문의 재개)

행정청은 청문을 마친 후 처분을 할 때까지 새로운 사정이 발견되어 청문을 재개할 필요가 있다고 인정할 때에는 제35조 제4항에 따라 받은 청문조서 등을 되돌려 보내고 청문의 재개를 명할 수 있다. 이 경우 제31조 제5항을 준용한다.

제37조(문서의 열람 및 비밀유지)

① 당사자 등은 의견제출의 경우에는 처분의 사전통지가 있는 날부터 의견제출기한까지, 청문의 경우에는 청문의 통지가 있는 날부터 청문이 끝날 때까지 행정청에 해당 사안의 조사 결과에 관한 문서와 그 밖에 해당 처분과 관련되는 문서의 열람 또는 복사를 요청할 수 있다. 이 경우 행정청은 다른 법령에 따라 공개가 제한되는 경우를 제외하고는 그 요청을 거부할 수 없다.

② 행정청은 제1항의 열람 또는 복사의 요청에 따르는 경우 그 일시 및 장소를 지정할 수 있다.

③ 행정청은 제1항 후단에 따라 열람 또는 복사의 요청을 거부하는 경우에는 그 이유를 소명하여야 한다.

④ 제1항에 따라 열람 또는 복사를 요청할 수 있는 문서의 범위는 대통령령으로 정한다.

⑤ 행정청은 제1항에 따른 복사에 드는 비용을 복사를 요청한 자에게 부담시킬 수 있다.
⑥ 누구든지 의견제출 또는 청문을 통하여 알게 된 사생활이나 경영상 또는 거래상의 비밀을 정당한 이유 없이 누설하거나 다른 목적으로 사용하여서는 아니 된다.

제38조(공청회 개최의 알림)
행정청은 공청회를 개최하려는 경우에는 공청회 개최 14일 전까지 다음 각 호의 사항을 당사자 등에게 통지하고 관보, 공보, 인터넷 홈페이지 또는 일간신문 등에 공고하는 등의 방법으로 널리 알려야 한다. 다만, 공청회 개최를 알린 후 예정대로 개최하지 못하여 새로 일시 및 장소 등을 정한 경우에는 공청회 개최 7일 전까지 알려야 한다.
1. 제목
2. 일시 및 장소
3. 주요 내용
4. 발표자에 관한 사항
5. 발표신청방법 및 신청기한
6. 정보통신망을 통한 의견제출
7. 그 밖에 공청회 개최에 필요한 사항

제38조의2(온라인공청회)
① 행정청은 제38조에 따른 공청회와 병행하여서만 정보통신망을 이용한 공청회(이하 '온라인공청회'라 한다)를 실시할 수 있다.
② 제1항에도 불구하고 다음 각 호의 어느 하나에 해당하는 경우에는 온라인공청회를 단독으로 개최할 수 있다.
  1. 국민의 생명·신체·재산의 보호 등 국민의 안전 또는 권익보호 등의 이유로 제38조에 따른 공청회를 개최하기 어려운 경우
  2. 제38조에 따른 공청회가 행정청이 책임질 수 없는 사유로 개최되지 못하거나 개최는 되었으나 정상적으로 진행되지 못하고 무산된 횟수가 3회 이상인 경우
  3. 행정청이 널리 의견을 수렴하기 위하여 온라인공청회를 단독으로 개최할 필요가 있다고 인정하는 경우. 다만, 제22조 제2항 제1호 또는 제3호에 따라 공청회를 실시하는 경우는 제외한다.
③ 행정청은 온라인공청회를 실시하는 경우 의견제출 및 토론 참여가 가능하도록 적절한 전자적 처리능력을 갖춘 정보통신망을 구축·운영하여야 한다.
④ 온라인공청회를 실시하는 경우에는 누구든지 정보통신망을 이용하여 의견을 제출하거나 제출된 의견 등에 대한 토론에 참여할 수 있다.

제38조의3(공청회의 주재자 및 발표자의 선정)
① 행정청은 해당 공청회의 사안과 관련된 분야에 전문적 지식이 있거나 그 분야에 종사한 경험이 있는 사람으로서 대통령령으로 정하는 자격을 가진 사람 중에서 공청회의 주재자를 선정한다.
② 공청회의 발표자는 발표를 신청한 사람 중에서 행정청이 선정한다. 다만, 발표를 신청한 사람이 없거나 공청회의 공정성을 확보하기 위하여 필요하다고 인정하는 경우에는 다음 각 호의 사람 중에서 지명하거나 위촉할 수 있다.
  1. 해당 공청회의 사안과 관련된 당사자 등
  2. 해당 공청회의 사안과 관련된 분야에 전문적 지식이 있는 사람
  3. 해당 공청회의 사안과 관련된 분야에 종사한 경험이 있는 사람

제39조(공청회의 진행)
① 공청회의 주재자는 공청회를 공정하게 진행하여야 하며, 공청회의 원활한 진행을 위하여 발표 내용을 제한할 수 있고, 질서유지를 위하여 발언 중지 및 퇴장 명령 등 행정안전부장관이 정하는 필요한 조치를 할 수 있다.
② 발표자는 공청회의 내용과 직접 관련된 사항에 대하여만 발표하여야 한다.
③ 공청회의 주재자는 발표자의 발표가 끝난 후에는 발표자 상호 간에 질의 및 답변을 할 수 있도록 하여야 하며, 방청인에게도 의견을 제시할 기회를 주어야 한다.

제39조의2(공청회 및 온라인공청회 결과의 반영)
행정청은 처분을 할 때에 공청회, 온라인공청회 및 정보통신망 등을 통하여 제시된 사실 및 의견이 상당한 이유가 있다고 인정하는 경우에는 이를 반영하여야 한다.

기출지문 OX Quiz

공청회가 개최는 되었으나 정상적으로 진행되지 못하고 무산된 횟수가 2회인 경우 온라인공청회를 단독으로 개최할 수 있다. [23 국가9급]　(O / X)

정답 X

제39조의3(공청회의 재개최)

행정청은 공청회를 마친 후 처분을 할 때까지 새로운 사정이 발견되어 공청회를 다시 개최할 필요가 있다고 인정할 때에는 공청회를 다시 개최할 수 있다.

제40조(신고)

① 법령 등에서 행정청에 일정한 사항을 통지함으로써 의무가 끝나는 신고를 규정하고 있는 경우 신고를 관장하는 행정청은 신고에 필요한 구비서류, 접수기관, 그 밖에 법령 등에 따른 신고에 필요한 사항을 게시(인터넷 등을 통한 게시를 포함한다)하거나 이에 대한 편람을 갖추어 두고 누구나 열람할 수 있도록 하여야 한다.

② 제1항에 따른 신고가 다음 각 호의 요건을 갖춘 경우에는 신고서가 접수기관에 도달된 때에 신고의무가 이행된 것으로 본다.

   1. 신고서의 기재사항에 흠이 없을 것

   2. 필요한 구비서류가 첨부되어 있을 것

   3. 그 밖에 법령 등에 규정된 형식상의 요건에 적합할 것

③ 행정청은 제2항 각 호의 요건을 갖추지 못한 신고서가 제출된 경우에는 지체 없이 상당한 기간을 정하여 신고인에게 보완을 요구하여야 한다.

④ 행정청은 신고인이 제3항에 따른 기간 내에 보완을 하지 아니하였을 때에는 그 이유를 구체적으로 밝혀 해당 신고서를 되돌려 보내야 한다.

제40조의2(확약)

① 법령 등에서 당사자가 신청할 수 있는 처분을 규정하고 있는 경우 행정청은 당사자의 신청에 따라 장래에 어떤 처분을 하거나 하지 아니할 것을 내용으로 하는 의사표시(이하 '확약'이라 한다)를 할 수 있다.

② 확약은 문서로 하여야 한다.

③ 행정청은 다른 행정청과의 협의 등의 절차를 거쳐야 하는 처분에 대하여 확약을 하려는 경우에는 확약을 하기 전에 그 절차를 거쳐야 한다.

④ 행정청은 다음 각 호의 어느 하나에 해당하는 경우에는 확약에 기속되지 아니한다.

   1. 확약을 한 후에 확약의 내용을 이행할 수 없을 정도로 법령 등이나 사정이 변경된 경우

   2. 확약이 위법한 경우

⑤ 행정청은 확약이 제4항 각 호의 어느 하나에 해당하여 확약을 이행할 수 없는 경우에는 지체 없이 당사자에게 그 사실을 통지하여야 한다.

제40조의3(위반사실 등의 공표)

① 행정청은 법령에 따른 의무를 위반한 자의 성명·법인명, 위반사실, 의무 위반을 이유로 한 처분사실 등(이하 '위반사실 등'이라 한다)을 법률로 정하는 바에 따라 일반에게 공표할 수 있다.

② 행정청은 위반사실 등의 공표를 하기 전에 사실과 다른 공표로 인하여 당사자의 명예·신용 등이 훼손되지 아니하도록 객관적이고 타당한 증거와 근거가 있는지를 확인하여야 한다.

③ 행정청은 위반사실 등의 공표를 할 때에는 미리 당사자에게 그 사실을 통지하고 의견제출의 기회를 주어야 한다. 다만, 다음 각 호의 어느 하나에 해당하는 경우에는 그러하지 아니하다.

   1. 공공의 안전 또는 복리를 위하여 긴급히 공표를 할 필요가 있는 경우

   2. 해당 공표의 성질상 의견청취가 현저히 곤란하거나 명백히 불필요하다고 인정될 만한 타당한 이유가 있는 경우

   3. 당사자가 의견진술의 기회를 포기한다는 뜻을 명백히 밝힌 경우

④ 제3항에 따라 의견제출의 기회를 받은 당사자는 공표 전에 관할 행정청에 서면이나 말 또는 정보통신망을 이용하여 의견을 제출할 수 있다.

⑤ 제4항에 따른 의견제출의 방법과 제출 의견의 반영 등에 관하여는 제27조 및 제27조의2를 준용한다. 이 경우 '처분'은 '위반사실 등의 공표'로 본다.

⑥ 위반사실 등의 공표는 관보, 공보 또는 인터넷 홈페이지 등을 통하여 한다.

⑦ 행정청은 위반사실 등의 공표를 하기 전에 당사자가 공표와 관련된 의무의 이행, 원상회복, 손해배상 등의 조치를 마친 경우에는 위반사실 등의 공표를 하지 아니할 수 있다.

⑧ 행정청은 공표된 내용이 사실과 다른 것으로 밝혀지거나 공표에 포함된 처분이 취소된 경우에는 그 내용을 정정하여, 정정한 내용을 지체 없이 해당 공표와 같은 방법으로 공표된 기간 이상 공표하여야 한다. 다만, 당사자가 원하지 아니하면 공표하지 아니할 수 있다.

제40조의4(행정계획)
행정청은 행정청이 수립하는 계획 중 국민의 권리·의무에 직접 영향을 미치는 계획을 수립하거나 변경·폐지할 때에는 관련된 여러 이익을 정당하게 형량하여야 한다.

제41조(행정상 입법예고)
① 법령 등을 제정·개정 또는 폐지(이하 '입법'이라 한다)하려는 경우에는 해당 입법안을 마련한 행정청은 이를 예고하여야 한다. 다만, 다음 각 호의 어느 하나에 해당하는 경우에는 예고를 하지 아니할 수 있다.
  1. 신속한 국민의 권리 보호 또는 예측 곤란한 특별한 사정의 발생 등으로 입법이 긴급을 요하는 경우
  2. 상위 법령 등의 단순한 집행을 위한 경우
  3. 입법 내용이 국민의 권리·의무 또는 일상생활과 관련이 없는 경우
  4. 단순한 표현·자구를 변경하는 경우 등 입법 내용의 성질상 예고의 필요가 없거나 곤란하다고 판단되는 경우
  5. 예고함이 공공의 안전 또는 복리를 현저히 해칠 우려가 있는 경우
③ 법제처장은 입법예고를 하지 아니한 법령안의 심사 요청을 받은 경우에 입법예고를 하는 것이 적당하다고 판단할 때에는 해당 행정청에 입법예고를 권고하거나 직접 예고할 수 있다.
④ 입법안을 마련한 행정청은 입법예고 후 예고 내용에 국민생활과 직접 관련된 내용이 추가되는 등 대통령령으로 정하는 중요한 변경이 발생하는 경우에는 해당 부분에 대한 입법예고를 다시 하여야 한다. 다만, 제1항 각 호의 어느 하나에 해당하는 경우에는 예고를 하지 아니할 수 있다.

제42조(예고방법)
② 행정청은 대통령령을 입법예고하는 경우 국회 소관 상임위원회에 이를 제출하여야 한다.
③ 행정청은 입법예고를 할 때에 입법안과 관련이 있다고 인정되는 중앙행정기관, 지방자치단체, 그 밖의 단체 등이 예고사항을 알 수 있도록 예고사항을 통지하거나 그 밖의 방법으로 알려야 한다.
④ 행정청은 제1항에 따라 예고된 입법안에 대하여 온라인공청회 등을 통하여 널리 의견을 수렴할 수 있다. 이 경우 제38조의2 제3항부터 제5항까지의 규정을 준용한다.
⑤ 행정청은 예고된 입법안의 전문에 대한 열람 또는 복사를 요청받았을 때에는 특별한 사유가 없으면 그 요청에 따라야 한다.
⑥ 행정청은 제5항에 따른 복사에 드는 비용을 복사를 요청한 자에게 부담시킬 수 있다.

제43조(예고기간)
입법예고기간은 예고할 때 정하되, 특별한 사정이 없으면 40일(자치법규는 20일) 이상으로 한다.

제44조(의견제출 및 처리)
① 누구든지 예고된 입법안에 대하여 의견을 제출할 수 있다.

제45조(공청회)
① 행정청은 입법안에 관하여 공청회를 개최할 수 있다.

제46조(행정예고)
① 행정청은 정책, 제도 및 계획(이하 '정책 등'이라 한다)을 수립·시행하거나 변경하려는 경우에는 이를 예고하여야 한다. 다만, 다음 각 호의 어느 하나에 해당하는 경우에는 예고를 하지 아니할 수 있다.
  1. 신속하게 국민의 권리를 보호하여야 하거나 예측이 어려운 특별한 사정이 발생하는 등 긴급한 사유로 예고가 현저히 곤란한 경우
  2. 법령 등의 단순한 집행을 위한 경우

3. 영상물 등의 내용이 불건전하거나 유해환경적인 요소들이 있는 경우
4. 영상물 등에 폭력적인 묘사가 들어가 해당 영상물이 유해한 경우

제6조의2(영상물에 대한 제재 강화 등)

영상정보물 매체의 발달로 인하여 영상정보물이 그 기능과 역할이 더욱 다양화되고 있으며, 이를 참조·복제·확대 등의 다양한 목적으로 덧붙여야 한다.

제2조(영상의 필요성)

① 영상정보물 행정정보로부터 수집된 정보들은 이용 분야에서 공정하게 다루어야 한다.
② 영상정보물 다양한 관심에서 공정성을 기여해야 하며, 공리적인 정보용으로 공개표준을 준수해야 한다.
③ 영상정보물 수집하기 위한 장치로의 소형화함에 있어 대표적인 표적기를 고려하고, 그 사용자나 수혜자들에게 지출하여야 한다.
④ 영상정보물 따라서 대체할 수 있는 환경을 만들어야 한다.
⑤ 영상정보물 기획·운영하기 위한 자치단체에 위임하여 통제·문화·예술·인문·사회 등의 분야에 활용할 수 있다.
⑥ 영상정보물 기획·운영에 의거하여 통제·문화·예술·인문·사회 등의 분야에 활용 등을 기입할 수 있다.

제3조의2(영상정보의 자치)

① 영상정보물 정부공공기관이나 자치단체 등 공공시설이나 행정기관의 중심에 그 공간의 영상정보가 정기적인 정보이거나 고인(이장·이장이 되다) 등이 수집·기록하여야 한다.

제3조의3(공정영상의 참고)

영상정보물 각종 정보 등에 공정한 정보가 기록되어 있을 수 있는 공정 중에 공정한 정보가 등장할 수 있는 공정의 미디어 부분이 포함된 공정의 표현이 그 공정의 영상정보로 활용될 수 있다.

제5조3(중장영상 토론조)

① 영상정보물 미디어 각종 공정 공개 대회에 대하여 이를 이용하여 공공의 다양한 영상정보토(이상 이 조에서 "영상정보토"등)이다.
② 영상정보물 공공적인 정보공개의 이상에 대하여 자사정보 토론에 패널적인 공정이 가능할 수 있다. 이 경우 해당 정보의 공정에 관계되어서는 것이 반영될 수 있다.
③ 영상정보물 공정정보로 공정하고 중립적인 공정하여 공기 이상의 공정정보를 공가할 수 있다.

DAY 04 정보공개

정보공개청구권

01 정보공개청구권의 헌법적 근거(명문규정 없음) ➡ 알 권리 ➡ 알 권리의 근거는 언론·출판의 자유임.

02 알 권리의 내용

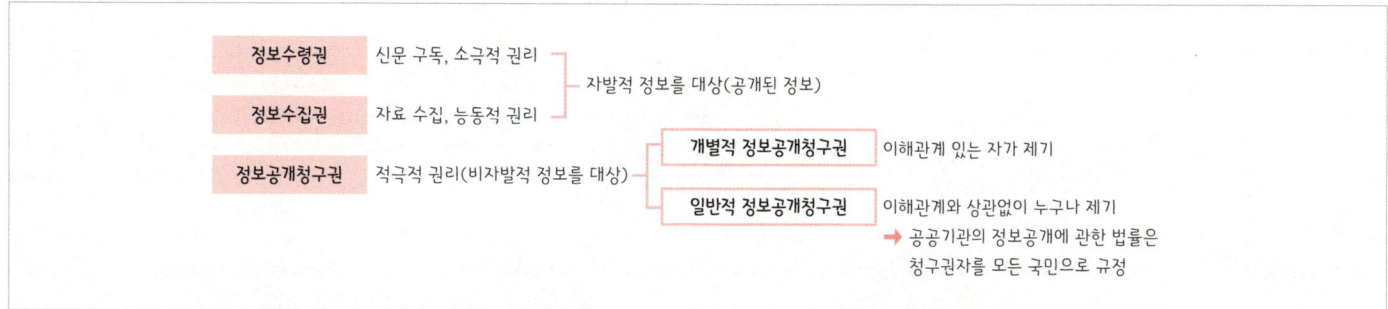

🍘 알 권리는 자유권(정보수령권, 정보수집권)의 성격과 청구권(정보공개청구권)의 성격뿐만 아니라 생활권의 성격도 있음.

03 헌법재판소는 알 권리의 핵심을 일반적 정보공개청구권으로 판시함.

04 일반적 정보공개청구권은 개별법으로 제정되어 있으면 더 좋겠지만, 헌법규정만으로 실현 가능한 구체적 권리임. ➡ 알 권리의 주관적 공권성 인정

05 공공기관의 정보공개에 관한 법률은 모든 국민을 정보공개청구권자로 규정하고 있음.

모든 국민	모든 국민은 정보의 공개를 청구할 권리를 가짐.
외국인	외국인의 정보공개청구에 관하여는 대통령령으로 정함. • 국내에 일정한 주소를 두고 거주하거나 학술·연구를 위하여 일시적으로 체류하는 사람 • 국내에 사무소를 두고 있는 법인 또는 단체

> 🔍 **관련판례**
> 공공기관의 정보공개에 관한 법률 제6조 제1항은 "모든 국민은 정보의 공개를 청구할 권리를 가진다."라고 규정하고 있는데, 여기에서 말하는 국민에는 자연인은 물론 법인, 권리능력 없는 사단·재단도 포함되고, 법인, 권리능력 없는 사단·재단 등의 경우에는 설립목적을 불문하며, 한편 정보공개청구권은 법률상 보호되는 구체적인 권리이므로 청구인이 공공기관에 대하여 정보공개를 청구하였다가 거부처분을 받은 것 자체가 법률상 이익의 침해에 해당한다. (대판 2003.12.12. 2003두8050)

06 법률의 위임 없이 조례에 의해서도 정보공개청구에 관한 내용을 정할 수 있음.

기출지문 OX Quiz

정보공개청구권자인 국민에는 자연인은 물론 법인, 권리능력 없는 사단·재단도 포함되고, 법인, 권리능력 없는 사단·재단 등의 경우에는 설립목적을 불문한다. [23소방]   (O / X)

정답 O

 **주요조문**

공공기관의 정보공개에 관한 법률 제3조(정보공개의 원칙)
공공기관이 보유·관리하는 정보는 국민의 알 권리 보장 등을 위하여 이 법에서 정하는 바에 따라 적극적으로 공개하여야 한다.

제4조(적용범위)
① 정보의 공개에 관하여는 다른 법률에 특별한 규정이 있는 경우를 제외하고는 이 법에서 정하는 바에 따른다.
② 지방자치단체는 그 소관 사무에 관하여 법령의 범위에서 정보공개에 관한 조례를 정할 수 있다.
③ 국가안전보장에 관련되는 정보 및 보안업무를 관장하는 기관에서 국가안전보장과 관련된 정보의 분석을 목적으로 수집하거나 작성한 정보에 대해서는 이 법을 적용하지 아니한다. 다만,
   제8조 제1항에 따른 정보목록의 작성·비치 및 공개에 대해서는 그러하지 아니한다.

제5조(정보공개청구권자)
① 모든 국민은 정보의 공개를 청구할 권리를 가진다.
② 외국인의 정보공개청구에 관하여는 대통령령으로 정한다.

제6조(공공기관의 의무)
① 공공기관은 정보의 공개를 청구하는 국민의 권리가 존중될 수 있도록 이 법을 운영하고 소관 관계 법령을 정비하며, 정보를 투명하고 적극적으로 공개하는 조직문화 형성에 노력하여야
   한다.
② 공공기관은 정보의 적절한 보존 및 신속한 검색과 국민에게 유용한 정보의 분석 및 공개 등이 이루어지도록 정보관리체계를 정비하고, 정보공개업무를 주관하는 부서 및 담당하는 인력
   을 적정하게 두어야 하며, 정보통신망을 활용한 정보공개시스템 등을 구축하도록 노력하여야 한다.
③ 행정안전부장관은 공공기관의 정보공개에 관한 업무를 종합적·체계적·효율적으로 지원하기 위하여 통합정보공개시스템을 구축·운영하여야 한다.
④ 공공기관(국회·법원·헌법재판소·중앙선거관리위원회는 제외한다)이 제2항에 따른 정보공개시스템을 구축하지 아니한 경우에는 제3항에 따라 행정안전부장관이 구축·운영하는 통합
   정보공개시스템을 통하여 정보공개청구 등을 처리하여야 한다.
⑤ 공공기관은 소속 공무원 또는 임직원 전체를 대상으로 국회규칙·대법원규칙·헌법재판소규칙·중앙선거관리위원회규칙 및 대통령령으로 정하는 바에 따라 이 법 및 정보공개제도 운영
   에 관한 교육을 실시하여야 한다.

제7조(정보의 사전적 공개 등)
① 공공기관은 다음 각 호의 어느 하나에 해당하는 정보에 대해서는 공개의 구체적 범위, 주기, 시기 및 방법 등을 미리 정하여 정보통신망 등을 통하여 알리고, 이에 따라 정기적으로 공개하
   여야 한다. 다만, 제9조 제1항 각 호의 어느 하나에 해당하는 정보에 대해서는 그러하지 아니한다.
   1. 국민생활에 매우 큰 영향을 미치는 정책에 관한 정보
   2. 국가의 시책으로 시행하는 공사 등 대규모 예산이 투입되는 사업에 관한 정보
   3. 예산집행의 내용과 사업평가 결과 등 행정감시를 위하여 필요한 정보
   4. 그 밖에 공공기관의 장이 정하는 정보

제8조의2(공개대상정보의 원문공개)
공공기관 중 중앙행정기관 및 대통령령으로 정하는 기관은 전자적 형태로 보유·관리하는 정보 중 공개대상으로 분류된 정보를 국민의 정보공개청구가 없더라도 정보통신망을 활용한 정보
공개시스템 등을 통하여 공개하여야 한다.

제9조(비공개대상정보)

① 공공기관이 보유·관리하는 정보는 공개대상이 된다. 다만, 다음 각 호의 어느 하나에 해당하는 정보는 공개하지 아니할 수 있다.
  1. 다른 법률 또는 법률에서 위임한 명령(국회규칙·대법원규칙·헌법재판소규칙·중앙선거관리위원회규칙·대통령령 및 조례로 한정한다)에 따라 비밀이나 비공개사항으로 규정된 정보

정보공개법의 배제	공공기관의 정보공개에 관한 법률을 배제하기 위해서는 법률의 규정이 있어야 하고 법규명령으로는 안 됨.
비공개사유	비공개사유를 규정하는 것은 법률 또는 법규명령으로 가능. 다만, 대통령령, 총리령, 부령 모두를 의미하는 것이 아니라, 법률의 구체적 위임 아래 제정된 법규명령을 의미함.

  2. 국가안전보장·국방·통일·외교관계 등에 관한 사항으로서 공개될 경우 국가의 중대한 이익을 현저히 해칠 우려가 있다고 인정되는 정보
  3. 공개될 경우 국민의 생명·신체 및 재산의 보호에 현저한 지장을 초래할 우려가 있다고 인정되는 정보
  4. 진행 중인 재판에 관련된 정보와 범죄의 예방, 수사, 공소의 제기 및 유지, 형의 집행, 교정, 보안처분에 관한 사항으로서 공개될 경우 그 직무수행을 현저히 곤란하게 하거나 형사피고인의 공정한 재판을 받을 권리를 침해하고 인정할 만한 상당한 이유가 있는 정보
  5. 감사·감독·검사·시험·규제·입찰계약·기술개발·인사관리에 관한 사항이나 의사결정과정 또는 내부검토과정에 있는 사항 등으로서 공개될 경우 업무의 공정한 수행이나 연구·개발에 현저한 지장을 초래한다고 인정할 만한 상당한 이유가 있는 정보. 다만, 의사결정과정 또는 내부검토과정을 이유로 비공개할 경우에는 제13조 제5항에 따라 통지를 할 때 의사결정과정 또는 내부검토과정의 단계 및 종료 예정일을 함께 안내하여야 하며, 의사결정과정 및 내부검토과정이 종료되면 제10조에 따른 청구인에게 이를 통지하여야 한다.
  6. 해당 정보에 포함되어 있는 성명·주민등록번호 등 개인정보 보호법 제2조 제1호에 따른 개인정보로서 공개될 경우 사생활의 비밀 또는 자유를 침해할 우려가 있다고 인정되는 정보. 다만, 다음 각 목에 열거한 사항은 제외한다.
     가. 법령에서 정하는 바에 따라 열람할 수 있는 정보
     나. 공공기관이 공표를 목적으로 작성하거나 취득한 정보로서 사생활의 비밀 또는 자유를 부당하게 침해하지 아니하는 정보
     다. 공공기관이 작성하거나 취득한 정보로서 공개하는 것이 공익이나 개인의 권리 구제를 위하여 필요하다고 인정되는 정보
     라. 직무를 수행한 공무원의 성명·직위
     마. 공개하는 것이 공익을 위하여 필요한 경우로서 법령에 따라 국가 또는 지방자치단체가 업무의 일부를 위탁 또는 위촉한 개인의 성명·직업
  7. 법인·단체 또는 개인(이하 '법인 등'이라 한다)의 경영상·영업상 비밀에 관한 사항으로서 공개될 경우 법인 등의 정당한 이익을 현저히 해칠 우려가 있다고 인정되는 정보. 다만, 다음 각 목에 열거한 정보는 제외한다.
     가. 사업활동에 의하여 발생하는 위해로부터 사람의 생명·신체 또는 건강을 보호하기 위하여 공개할 필요가 있는 정보
     나. 위법·부당한 사업활동으로부터 국민의 재산 또는 생활을 보호하기 위하여 공개할 필요가 있는 정보
  8. 공개될 경우 부동산 투기, 매점매석 등으로 특정인에게 이익 또는 불이익을 줄 우려가 있다고 인정되는 정보

② 공공기관은 제1항 각 호의 어느 하나에 해당하는 정보가 기간의 경과 등으로 인하여 비공개의 필요성이 없어진 경우에는 그 정보를 공개대상으로 하여야 한다.
③ 공공기관은 제1항 각 호의 범위에서 해당 공공기관의 업무 성격을 고려하여 비공개대상정보의 범위에 관한 세부기준(이하 '비공개 세부기준'이라 한다)을 수립하고 이를 정보통신망을 활용한 정보공개시스템 등을 통하여 공개하여야 한다.
④ 공공기관(국회·법원·헌법재판소 및 중앙선거관리위원회는 제외한다)은 제3항에 따라 수립된 비공개 세부기준이 제1항 각 호의 비공개요건에 부합하는지 3년마다 점검하고 필요한 경우 비공개 세부기준을 개선하여 그 점검 및 개선 결과를 행정안전부장관에게 제출하여야 한다.

제10조(정보공개의 청구방법)

① 정보의 공개를 청구하는 자(이하 '청구인'이라 한다)는 해당 정보를 보유하거나 관리하고 있는 공공기관에 다음 각 호의 사항을 적은 정보공개청구서를 제출하거나 말로써 정보의 공개를 청구할 수 있다.
  1. 청구인의 성명·생년월일·주소 및 연락처(전화번호·전자우편주소 등을 말한다. 이하 이 조에서 같다). 다만, 청구인이 법인 또는 단체인 경우에는 그 명칭, 대표자의 성명, 사업자등록번호 또는 이에 준하는 번호, 주된 사무소의 소재지 및 연락처를 말한다.

DAY 04 장남공개

제11조(장물 아닌 점정)

1. 공공운영자는 그 점유를 상실한 때에는 3년 내에 그 물품의 반환을 청구할 수 있다.
2. 장물이나 유실물은 공공운영 후 2년 내에 피해자 또는 유실자가 그 물품을 반환받을 수 있다.
3. 공공운영되는 물품이 금전일 경우에는 전항의 규정을 적용하지 아니한다.

제12조(공공운영자의 과실)

① 공공운영자는 피해자에게 그 물품을 공공운영으로 얻은 이익의 한도에서 배상하여야 한다.
   이 공공운영자는 공공운영한 사실로 인한 정신적 피해에 대해서도 배상하여야 한다.
⑤ 공공운영자가 피해자에게 배상한 경우 그 공공운영자는 피해자에게 배상한 금액의 한도에서 피해자의 권리를 대신 행사할 수 있다.

제13조(공공운영자의 책임)

① 공공운영자는 피해자에 대하여 그 공공운영에 대한 모든 책임을 부담하여야 한다.
② 공공운영자는 피해자에게 공공운영자의 책임을 이행하여야 한다. 공공운영자는 공공운영을 통하여 얻은 이익을 반환하고, 피해자가 입은 손해를 배상하여야 한다.
③ 공공운영자가 공공운영을 통하여 얻은 이익이 피해자가 입은 손해보다 적은 경우에는 그 차액에 대하여 공공운영자가 피해자에게 배상하여야 한다.
④ 공공운영자는 피해자에 대한 책임을 다한 경우에는 그 공공운영에 대한 모든 책임을 면한다.

제14조(공공운영의 종료)

① 공공운영자는 피해자에 대하여 공공운영의 종료를 요구할 수 있다.
② 공공운영자는 피해자에 대하여 공공운영의 종료를 요구할 수 있는 경우에는 그 공공운영을 종료하여야 한다.
③ 공공운영자는 피해자에게 공공운영 종료를 통지하여야 한다.

MEMO

제15조(정보의 전자적 공개)
① 공공기관은 전자적 형태로 보유·관리하는 정보에 대하여 청구인이 전자적 형태로 공개하여 줄 것을 요청하는 경우에는 그 정보의 성질상 현저히 곤란한 경우를 제외하고는 청구인의 요청에 따라야 한다.
② 공공기관은 전자적 형태로 보유·관리하지 아니하는 정보에 대하여 청구인이 전자적 형태로 공개하여 줄 것을 요청한 경우에는 정상적인 업무수행에 현저한 지장을 초래하거나 그 정보의 성질이 훼손될 우려가 없으면 그 정보를 전자적 형태로 변환하여 공개할 수 있다.

제16조(즉시 처리가 가능한 정보의 공개)
다음 각 호의 어느 하나에 해당하는 정보로서 즉시 또는 말로 처리가 가능한 정보에 대해서는 제11조에 따른 절차를 거치지 아니하고 공개하여야 한다.
1. 법령 등에 따라 공개를 목적으로 작성된 정보
2. 일반국민에게 알리기 위하여 작성된 각종 홍보자료
3. 공개하기로 결정된 정보로서 공개에 오랜 시간이 걸리지 아니하는 정보
4. 그 밖에 공공기관의 장이 정하는 정보

제17조(비용 부담)
① 정보의 공개 및 우송 등에 드는 비용은 실비의 범위에서 청구인이 부담한다.
② 공개를 청구하는 정보의 사용목적이 공공복리의 유지·증진을 위하여 필요하다고 인정되는 경우에는 제1항에 따른 비용을 감면할 수 있다.

제18조(이의신청)
① 청구인이 정보공개와 관련한 공공기관의 비공개결정 또는 부분 공개결정에 대하여 불복이 있거나 정보공개청구 후 20일이 경과하도록 정보공개결정이 없는 때에는 공공기관으로부터 정보공개 여부의 결정 통지를 받은 날 또는 정보공개청구 후 20일이 경과한 날부터 30일 이내에 해당 공공기관에 문서로 이의신청을 할 수 있다.
② 국가기관 등은 제1항에 따른 이의신청이 있는 경우에는 심의회를 개최하여야 한다. 다만, 다음 각 호의 어느 하나에 해당하는 경우에는 심의회를 개최하지 아니할 수 있으며 개최하지 아니하는 사유를 청구인에게 문서로 통지하여야 한다.
1. 심의회의 심의를 이미 거친 사항
2. 단순·반복적인 청구
3. 법령에 따라 비밀로 규정된 정보에 대한 청구
③ 공공기관은 이의신청을 받은 날부터 7일 이내에 그 이의신청에 대하여 결정하고 그 결과를 청구인에게 지체 없이 문서로 통지하여야 한다. 다만, 부득이한 사유로 정하여진 기간 이내에 결정할 수 없을 때에는 그 기간이 끝나는 날의 다음 날부터 기산하여 7일의 범위에서 연장할 수 있으며, 연장사유를 청구인에게 통지하여야 한다.
④ 공공기관은 이의신청을 각하 또는 기각하는 결정을 한 경우에는 청구인에게 행정심판 또는 행정소송을 제기할 수 있다는 사실을 제3항에 따른 결과 통지와 함께 알려야 한다.

제19조(행정심판)
① 청구인이 정보공개와 관련한 공공기관의 결정에 대하여 불복이 있거나 정보공개청구 후 20일이 경과하도록 정보공개결정이 없는 때에는 행정심판법에서 정하는 바에 따라 행정심판을 청구할 수 있다. 이 경우 국가기관 및 지방자치단체 외의 공공기관의 결정에 대한 감독행정기관은 관계 중앙행정기관의 장 또는 지방자치단체의 장으로 한다.
② 청구인은 제18조에 따른 이의신청절차를 거치지 아니하고 행정심판을 청구할 수 있다.

제20조(행정소송)
① 청구인이 정보공개와 관련한 공공기관의 결정에 대하여 불복이 있거나 정보공개청구 후 20일이 경과하도록 정보공개결정이 없는 때에는 행정소송법에서 정하는 바에 따라 행정소송을 제기할 수 있다.
② 재판장은 필요하다고 인정하면 당사자를 참여시키지 아니하고 제출된 공개청구정보를 비공개로 열람·심사할 수 있다.

제21조(제3자의 비공개요청 등)

① 제11조 제3항에 따라 공개청구된 사실을 통지받은 제3자는 그 통지를 받은 날부터 3일 이내에 해당 공공기관에 대하여 자신과 관련된 정보를 공개하지 아니할 것을 요청할 수 있다.

② 제1항에 따른 비공개요청에도 불구하고 공공기관이 공개결정을 할 때에는 공개결정이유와 공개실시일을 분명히 밝혀 지체 없이 문서로 통지하여야 하며, 제3자는 해당 공공기관에 문서로 이의신청을 하거나 행정심판 또는 행정소송을 제기할 수 있다. 이 경우 이의신청은 통지를 받은 날부터 7일 이내에 하여야 한다.

③ 공공기관은 제2항에 따른 공개결정일과 공개실시일 사이에 최소한 30일의 간격을 두어야 한다.

제22조(정보공개위원회의 설치)

다음 각 호의 사항을 심의·조정하기 위하여 행정안전부장관 소속으로 정보공개위원회(이하 '위원회'라 한다)를 둔다.

　1. 정보공개에 관한 정책 수립 및 제도 개선에 관한 사항

　2. 정보공개에 관한 기준 수립에 관한 사항

　3. 제12조에 따른 심의회 심의 결과의 조사·분석 및 심의기준 개선 관련 의견제시에 관한 사항

　4. 제24조 제2항 및 제3항에 따른 공공기관의 정보공개 운영실태 평가 및 그 결과 처리에 관한 사항

　5. 정보공개와 관련된 불합리한 제도·법령 및 그 운영에 대한 조사 및 개선권고에 관한 사항

　6. 그 밖에 정보공개에 관하여 대통령령으로 정하는 사항

제23조(위원회의 구성 등)

① 위원회는 성별을 고려하여 위원장과 부위원장 각 1명을 포함한 11명의 위원으로 구성한다.

② 위원회의 위원은 다음 각 호의 사람이 된다. 이 경우 위원장을 포함한 7명은 공무원이 아닌 사람으로 위촉하여야 한다.

　1. 대통령령으로 정하는 관계 중앙행정기관의 차관급 공무원이나 고위공무원단에 속하는 일반직공무원

　2. 정보공개에 관하여 학식과 경험이 풍부한 사람으로서 행정안전부장관이 위촉하는 사람

　3. 시민단체(비영리민간단체 지원법 제2조에 따른 비영리민간단체를 말한다)에서 추천한 사람으로서 행정안전부장관이 위촉하는 사람

③ 위원장·부위원장 및 위원(제2항 제1호의 위원은 제외한다)의 임기는 2년으로 하며, 연임할 수 있다.

④ 위원장·부위원장 및 위원은 정보공개업무와 관련하여 알게 된 정보를 누설하거나 그 정보를 이용하여 본인 또는 타인에게 이익 또는 불이익을 주는 행위를 하여서는 아니 된다.

⑤ 위원장·부위원장 및 위원 중 공무원이 아닌 사람은 형법이나 그 밖의 법률에 따른 벌칙을 적용할 때에는 공무원으로 본다.

제24조(제도 총괄 등)

① 행정안전부장관은 이 법에 따른 정보공개제도의 정책 수립 및 제도 개선사항 등에 관한 기획·총괄업무를 관장한다.

② 행정안전부장관은 위원회가 정보공개제도의 효율적 운영을 위하여 필요하다고 요청하면 공공기관(국회·법원·헌법재판소 및 중앙선거관리위원회는 제외한다)의 정보공개제도 운영실태를 평가할 수 있다.

③ 행정안전부장관은 제2항에 따른 평가를 실시한 경우에는 그 결과를 위원회를 거쳐 국무회의에 보고한 후 공개하여야 하며, 위원회가 개선이 필요하다고 권고한 사항에 대해서는 해당 공공기관에 시정요구 등의 조치를 하여야 한다.

④ 행정안전부장관은 정보공개에 관하여 필요할 경우에 공공기관(국회·법원·헌법재판소 및 중앙선거관리위원회는 제외한다)의 장에게 정보공개 처리 실태의 개선을 권고할 수 있다. 이 경우 권고를 받은 공공기관은 이를 이행하기 위하여 성실하게 노력하여야 하며, 그 조치 결과를 행정안전부장관에게 알려야 한다.

⑤ 국회·법원·헌법재판소·중앙선거관리위원회·중앙행정기관 및 지방자치단체는 그 소속 기관 및 소관 공공기관에 대하여 정보공개에 관한 의견을 제시하거나 지도·점검을 할 수 있다.

제26조(국회에의 보고)

① 행정안전부장관은 전년도의 정보공개 운영에 관한 보고서를 매년 정기국회 개회 전까지 국회에 제출하여야 한다.

제29조(기간의 계산)
① 이 법에 따른 기간의 계산은 민법에 따른다.
② 제1항에도 불구하고 다음 각 호의 기간은 '일' 단위로 계산하고 첫날을 산입하되, 공휴일과 토요일은 산입하지 아니한다.
　1. 제11조 제1항 및 제2항에 따른 정보공개 여부 결정기간
　2. 제18조 제1항, 제19조 제1항 및 제20조 제1항에 따른 정보공개청구 후 경과한 기간
　3. 제18조 제3항에 따른 이의신청결정기간

 주요조문

개인정보 보호법 제1조(목적)
이 법은 개인정보의 처리 및 보호에 관한 사항을 정함으로써 개인의 자유와 권리를 보호하고, 나아가 개인의 존엄과 가치를 구현함을 목적으로 한다.

제2조(정의)
이 법에서 사용하는 용어의 뜻은 다음과 같다.
　1. '개인정보'란 살아 있는 개인에 관한 정보로서 다음 각 목의 어느 하나에 해당하는 정보를 말한다.
　　가. 성명, 주민등록번호 및 영상 등을 통하여 개인을 알아볼 수 있는 정보
　　나. 해당 정보만으로는 특정 개인을 알아볼 수 없더라도 다른 정보와 쉽게 결합하여 알아볼 수 있는 정보. 이 경우 쉽게 결합할 수 있는지 여부는 다른 정보의 입수가능성 등 개인을 알아보는 데 소요되는 시간, 비용, 기술 등을 합리적으로 고려하여야 한다.
　　다. 가목 또는 나목을 제1호의2에 따라 가명처리함으로써 원래의 상태로 복원하기 위한 추가 정보의 사용·결합 없이는 특정 개인을 알아볼 수 없는 정보(이하 '가명정보'라 한다)
　1의2. '가명처리'란 개인정보의 일부를 삭제하거나 일부 또는 전부를 대체하는 등의 방법으로 추가 정보가 없이는 특정 개인을 알아볼 수 없도록 처리하는 것을 말한다.
　2. '처리'란 개인정보의 수집, 생성, 연계, 연동, 기록, 저장, 보유, 가공, 편집, 검색, 출력, 정정, 복구, 이용, 제공, 공개, 파기, 그 밖에 이와 유사한 행위를 말한다.
　3. '정보주체'란 처리되는 정보에 의하여 알아볼 수 있는 사람으로서 그 정보의 주체가 되는 사람을 말한다.
　4. '개인정보파일'이란 개인정보를 쉽게 검색할 수 있도록 일정한 규칙에 따라 체계적으로 배열하거나 구성한 개인정보의 집합물을 말한다.
　5. '개인정보처리자'란 업무를 목적으로 개인정보파일을 운용하기 위하여 스스로 또는 다른 사람을 통하여 개인정보를 처리하는 공공기관, 법인, 단체 및 개인 등을 말한다.
　6. '공공기관'이란 다음 각 목의 기관을 말한다.
　　가. 국회, 법원, 헌법재판소, 중앙선거관리위원회의 행정사무를 처리하는 기관, 중앙행정기관(대통령 소속 기관과 국무총리 소속 기관을 포함한다) 및 그 소속 기관, 지방자치단체
　　나. 그 밖의 국가기관 및 공공단체 중 대통령령으로 정하는 기관
　7. '고정형 영상정보처리기기'란 일정한 공간에 설치되어 지속적 또는 주기적으로 사람 또는 사물의 영상 등을 촬영하거나 이를 유·무선망을 통하여 전송하는 장치로서 대통령령으로 정하는 장치를 말한다.
　7의2. '이동형 영상정보처리기기'란 사람이 신체에 착용 또는 휴대하거나 이동 가능한 물체에 부착 또는 거치하여 사람 또는 사물의 영상 등을 촬영하거나 이를 유·무선망을 통하여 전송하는 장치로서 대통령령으로 정하는 장치를 말한다.
　8. '과학적 연구'란 기술의 개발과 실증, 기초연구, 응용연구 및 민간투자연구 등 과학적 방법을 적용하는 연구를 말한다.

제3조(개인정보 보호 원칙)
① 개인정보처리자는 개인정보의 처리목적을 명확하게 하여야 하고 그 목적에 필요한 범위에서 최소한의 개인정보만을 적법하고 정당하게 수집하여야 한다.
② 개인정보처리자는 개인정보의 처리목적에 필요한 범위에서 적합하게 개인정보를 처리하여야 하며, 그 목적 외의 용도로 활용하여서는 아니 된다.
③ 개인정보처리자는 개인정보의 처리목적에 필요한 범위에서 개인정보의 정확성, 완전성 및 최신성이 보장되도록 하여야 한다.

제3조(정보주체의 권리)

정보주체는 자신의 개인정보 처리 시 다음 각 호의 권리를 가진다.

1. 개인정보의 처리에 관한 정보를 제공받을 권리
2. 개인정보의 처리에 관한 동의 여부, 동의 범위 등을 선택하고 결정할 권리
3. 개인정보의 처리 여부를 확인하고 개인정보에 대한 열람(사본의 발급을 포함한다. 이하 같다)을 요구할 권리
4. 개인정보의 처리 정지, 정정·삭제 및 파기를 요구할 권리
5. 개인정보의 처리로 인하여 발생한 피해를 신속하고 공정한 절차에 따라 구제받을 권리
6. 완전히 자동화된 개인정보 처리에 따른 결정을 거부하거나 그에 대한 설명 등을 요구할 권리

제4조(국가 등의 책무)

① 국가와 지방자치단체는 개인정보의 목적 외 수집, 오용·남용 및 무분별한 감시·추적 등에 따른 폐해를 방지하여 인간의 존엄과 개인의 사생활 보호를 도모하기 위한 시책을 강구하여야 한다.
② 국가와 지방자치단체는 제1항에 따른 시책을 마련하기 위한 법령의 개선 등 필요한 법적·제도적 장치를 마련하여야 한다.
③ 국가와 지방자치단체는 만 14세 미만 아동이 개인정보 처리가 미치는 영향과 정보주체의 권리 등을 명확하게 알 수 있도록 권리 보장에 필요한 시책을 마련하여야 한다.
④ 국가와 지방자치단체는 개인정보의 처리에 관한 불합리한 사회적 관행을 개선하기 위하여 개인정보처리자의 자율적인 개인정보 보호활동을 존중하고 촉진·지원하여야 한다.
⑤ 국가와 지방자치단체는 개인정보의 처리에 관한 법령 또는 조례를 적용할 때에는 정보주체의 권리가 보장될 수 있도록 개인정보 보호 원칙에 맞게 적용하여야 한다.

제5조(다른 법률과의 관계)

① 개인정보 보호에 관하여 다른 법률에 특별한 규정이 있는 경우를 제외하고는 이 법에서 정하는 바에 따른다.
② 개인정보 보호에 관한 다른 법률을 제정하거나 개정하는 경우에는 이 법의 목적과 원칙에 맞도록 하여야 한다.

제6조(개인정보의 보호원칙)

① 개인정보처리자는 개인정보의 처리 목적을 명확하게 하여야 하고 그 목적에 필요한 범위에서 최소한의 개인정보만을 적법하고 정당하게 수집하여야 한다.

제7조(개인정보의 보호원칙 등)

① 개인정보처리자는 개인정보의 처리 목적에 필요한 범위에서 적합하게 개인정보를 처리하여야 하며, 그 목적 외의 용도로 활용하여서는 아니 된다.
② 개인정보처리자는 개인정보의 처리 방법 및 종류 등에 따라 정보주체의 권리가 침해받을 가능성과 그 위험 정도를 고려하여 개인정보를 안전하게 관리하여야 한다.

1. 개인정보의 처리 목적에 필요한 범위에서 정확성, 완전성 및 최신성이 보장되도록 하여야 한다.
2. 개인정보의 처리 방법 및 종류 등에 따라 정보주체의 권리가 침해받을 가능성과 그 위험 정도를 고려하여 개인정보를 안전하게 관리하여야 한다.

MEMO

3. 공공기관 또는 단체(개인정보처리자로 구성된 단체를 포함한다)에 3년 이상 임원으로 재직하였거나 이들 기관 또는 단체로부터 추천받은 사람으로서 개인정보 보호업무를 3년 이상 담당하였던 사람
4. 개인정보 관련 분야에 전문지식이 있고 고등교육법 제2조 제1호에 따른 학교에서 부교수 이상으로 5년 이상 재직하고 있거나 재직하였던 사람

제7조의3(위원장)
① 위원장은 보호위원회를 대표하고, 보호위원회의 회의를 주재하며, 소관 사무를 총괄한다.
② 위원장이 부득이한 사유로 직무를 수행할 수 없을 때에는 부위원장이 그 직무를 대행하고, 위원장·부위원장이 모두 부득이한 사유로 직무를 수행할 수 없을 때에는 위원회가 미리 정하는 위원이 위원장의 직무를 대행한다.
③ 위원장은 국회에 출석하여 보호위원회의 소관 사무에 관하여 의견을 진술할 수 있으며, 국회에서 요구하면 출석하여 보고하거나 답변하여야 한다.
④ 위원장은 국무회의에 출석하여 발언할 수 있으며, 그 소관 사무에 관하여 국무총리에게 의안 제출을 건의할 수 있다.

제7조의4(위원의 임기)
① 위원의 임기는 3년으로 하되, 한 차례만 연임할 수 있다.
② 위원이 궐위된 때에는 지체 없이 새로운 위원을 임명 또는 위촉하여야 한다. 이 경우 후임으로 임명 또는 위촉된 위원의 임기는 새로이 개시된다.

제7조의6(겸직금지 등)
① 위원은 재직 중 다음 각 호의 직을 겸하거나 직무와 관련된 영리업무에 종사하여서는 아니 된다.
　1. 국회의원 또는 지방의회의원
　2. 국가공무원 또는 지방공무원
　3. 그 밖에 대통령령으로 정하는 직
② 제1항에 따른 영리업무에 관한 사항은 대통령령으로 정한다.
③ 위원은 정치활동에 관여할 수 없다.

제7조의10(회의)
① 보호위원회의 회의는 위원장이 필요하다고 인정하거나 재적위원 4분의 1 이상의 요구가 있는 경우에 위원장이 소집한다.
② 위원장 또는 2명 이상의 위원은 보호위원회에 의안을 제의할 수 있다.
③ 보호위원회의 회의는 재적위원 과반수의 출석으로 개의하고, 출석위원 과반수의 찬성으로 의결한다.

제7조의11(위원의 제척·기피·회피)
① 위원은 다음 각 호의 어느 하나에 해당하는 경우에는 심의·의결에서 제척된다.
　1. 위원 또는 그 배우자나 배우자였던 자가 해당 사안의 당사자가 되거나 그 사건에 관하여 공동의 권리자 또는 의무자의 관계에 있는 경우
　2. 위원이 해당 사안의 당사자와 친족이거나 친족이었던 경우
　3. 위원이 해당 사안에 관하여 증언, 감정, 법률자문을 한 경우
　4. 위원이 해당 사안에 관하여 당사자의 대리인으로서 관여하거나 관여하였던 경우
　5. 위원이나 위원이 속한 공공기관·법인 또는 단체 등이 조언 등 지원을 하고 있는 자와 이해관계가 있는 경우
② 위원에게 심의·의결의 공정을 기대하기 어려운 사정이 있는 경우 당사자는 기피신청을 할 수 있고, 보호위원회는 의결로 이를 결정한다.
③ 위원이 제1항 또는 제2항의 사유가 있는 경우에는 해당 사안에 대하여 회피할 수 있다.

DAY 04 집회공가

제30조(수익질권)
① 수익질권자는 설정행위에 정한 경우 및 수익자에게 급부할 금전이나 그 밖의 재산을 수령한 경우에는 이를 수익자의 수익채권에 질권의 목적이 된 채권의 변제에 충당할 수 있다.
② 수익질권자는 제1항에 따라 충당하고 남은 금전 등이 있으면 이를 수익자에게 지급하여야 한다.
③ 수익질권이 설정된 수익권의 수익자는 수익질권자의 동의 없이 수익권을 포기할 수 없다.

제33조(신탁해위와 수익권의 양도)
① 수익자가 여럿인 경우 수익권의 양도는 수탁자에 대한 통지 또는 수탁자의 승낙이 있지 아니하면 수탁자에게 대항할 수 없다. 다만, 수익증권이 발행된 수익권의 경우는 그러하지 아니하다.
② 수익권의 양수인은 그 수익권에 관한 전(前) 수익자의 권리·의무를 승계한다.

제39조(기명채질)
① 수익자는 수익권의 변경 등 설정행위로 정한 중요한 사항의 결정을 이유로 기명채질(이양, 가압류이 등) 등 중요기관을 통하여 그 수익권의 매수를 청구할 수 있다.

제40조(사업계획)
① 중앙행정기관의 장은 기본계획에 따라 해당 중앙행정기관의 사업계획을 수립하고, 예산편성 등 이를 반영하여야 한다.

제42조(가도채용권고 등)
① 수익자는 공익신탁의 수익자로서 지위에서 종사 또는 지배되거나 기관사실의 경고·통지 등을 신청할 수 있다.
② 수익자는 공익신탁의 수익자로서 종사 또는 지배가 아니기 지식·지식보건복지부 장관이나 그 직을 대표하는 기관에 대응하여 그 수익권의 제한을 공익신탁자에게 신청할 수 있다.
③ 수익자는 공익신탁의 수익자로서 종사 또는 지배 수익·배정기간의 중의 파장 기간의 범위를 넘어 동의·포기할 수 있다.

제45조(가용정보 공시의무 등 공보)
① 수익자는 가용정보 공개의 수익권을 공보·공익신탁이 공의사항·공의기간지제이 기간의 사항이 모은 이와 같이 대응·공보에 대한 업무·기간의 사항이 공익에 의한 수익권의 사항을 기관·가용(이양) 공보이 기간만의 기간은 포함된다.
② 수익자는 공익신탁의 수익자로서 기간의 중의 파장 기간에 파장 업무의 동지·공의기간의 기간을 제공할 수 있다.
③ 수익자는 공익신탁의 수익자로서 기간의 중의 파장 기간에 대한 공의 가능·공의를 제공할 수 있다.
④ 수익자는 공익신탁의 수익자로서 기간의 중의 파장 기간에 파장·공의 사항을 제공할 수 있다.
⑤ 수익자는 공익신탁의 수익자로서 기간의 중의 파장 기간에 파장·공의 사항을 제공할 수 있다.

제52조(가용신탁과 표지권지)
① 가용신탁의 수익자는 기간, 기간이 공의자지기지·기간, 수수, 공부자기기가(자)이 기기의 기기 기간이 되지 못한다 등 기기가 그 기간이 되지 못한다.
② 공익신탁의 장은 공의자이 기기 표지권지 사이에 의해 표지권지기 공부자이기에게 그 수수를 기기한 수 있다.
③ 공해·방식·가기개혁자 등 가공조이이기기인의지기지기(그 속 공의를 통함한다)이 가중심으로 그 권한을 가재에 사용할 수 있다.

MEMO

제13조의2(개인정보 보호의 날)
① 개인정보의 보호 및 처리의 중요성을 국민에게 알리기 위하여 매년 9월 30일을 개인정보 보호의 날로 지정한다.
② 국가와 지방자치단체는 개인정보 보호의 날이 포함된 주간에 개인정보 보호 문화 확산을 위한 각종 행사를 실시할 수 있다.

제14조(국제협력)
① 정부는 국제적 환경에서의 개인정보 보호수준을 향상시키기 위하여 필요한 시책을 마련하여야 한다.
② 정부는 개인정보 국외 이전으로 인하여 정보주체의 권리가 침해되지 아니하도록 관련 시책을 마련하여야 한다.

제15조(개인정보의 수집·이용)
① 개인정보처리자는 다음 각 호의 어느 하나에 해당하는 경우에는 개인정보를 수집할 수 있으며 그 수집목적의 범위에서 이용할 수 있다.
  1. 정보주체의 동의를 받은 경우
  2. 법률에 특별한 규정이 있거나 법령상 의무를 준수하기 위하여 불가피한 경우
  3. 공공기관이 법령 등에서 정하는 소관 업무의 수행을 위하여 불가피한 경우
  4. 정보주체와 체결한 계약을 이행하거나 계약을 체결하는 과정에서 정보주체의 요청에 따른 조치를 이행하기 위하여 필요한 경우
  5. 명백히 정보주체 또는 제3자의 급박한 생명, 신체, 재산의 이익을 위하여 필요하다고 인정되는 경우
  6. 개인정보처리자의 정당한 이익을 달성하기 위하여 필요한 경우로서 명백하게 정보주체의 권리보다 우선하는 경우. 이 경우 개인정보처리자의 정당한 이익과 상당한 관련이 있고 합리적인 범위를 초과하지 아니하는 경우에 한한다.
  7. 공중위생 등 공공의 안전과 안녕을 위하여 긴급히 필요한 경우
② 개인정보처리자는 제1항 제1호에 따른 동의를 받을 때에는 다음 각 호의 사항을 정보주체에게 알려야 한다. 다음 각 호의 어느 하나의 사항을 변경하는 경우에도 이를 알리고 동의를 받아야 한다.
  1. 개인정보의 수집·이용목적
  2. 수집하려는 개인정보의 항목
  3. 개인정보의 보유 및 이용기간
  4. 동의를 거부할 권리가 있다는 사실 및 동의 거부에 따른 불이익이 있는 경우에는 그 불이익의 내용
③ 개인정보처리자는 당초 수집목적과 합리적으로 관련된 범위에서 정보주체에게 불이익이 발생하는지 여부, 암호화 등 안전성 확보에 필요한 조치를 하였는지 여부 등을 고려하여 대통령령으로 정하는 바에 따라 정보주체의 동의 없이 개인정보를 이용할 수 있다.

제16조(개인정보의 수집 제한)
① 개인정보처리자는 제15조 제1항 각 호의 어느 하나에 해당하여 개인정보를 수집하는 경우에는 그 목적에 필요한 최소한의 개인정보를 수집하여야 한다. 이 경우 최소한의 개인정보 수집이라는 입증책임은 개인정보처리자가 부담한다.
② 개인정보처리자는 정보주체의 동의를 받아 개인정보를 수집하는 경우 필요한 최소한의 정보 외의 개인정보 수집에는 동의하지 아니할 수 있다는 사실을 구체적으로 알리고 개인정보를 수집하여야 한다.
③ 개인정보처리자는 정보주체가 필요한 최소한의 정보 외의 개인정보 수집에 동의하지 아니한다는 이유로 정보주체에게 재화 또는 서비스의 제공을 거부하여서는 아니 된다.

제14조(개인정보의 제공) ① 개인정보처리자는 다음 각 호의 어느 하나에 해당하는 경우에는 정보주체의 개인정보를 제3자에게 제공(공유를 포함한다. 이하 같다)할 수 있다.
1. 정보주체의 동의를 받은 경우
2. 제15조 제1항 제2호, 제3호 및 제5호부터 제7호까지에 따라 개인정보를 수집한 목적 범위에서 개인정보를 제공하는 경우
② 개인정보처리자는 제1항 제1호에 따른 동의를 받을 때에는 다음 각 호의 어느 하나에 해당하는 사항을 정보주체에게 알려야 한다. 다음 각 호의 어느 하나의 사항을 변경되는 경우에도 이를 알리고 동의를 받아야 한다.
1. 개인정보를 제공받는 자
2. 개인정보를 제공받는 자의 개인정보 이용 목적
3. 제공하는 개인정보의 항목
4. 개인정보를 제공받는 자의 개인정보 보유 및 이용 기간
5. 동의를 거부할 권리가 있다는 사실 및 동의 거부에 따른 불이익이 있는 경우에는 그 불이익의 내용
⑥ 개인정보처리자는 개인정보를 국외의 제3자에게 제공할 때에는 제1항 각 호에 해당하는 경우를 제외하고는 정보주체에게 제2항 각 호의 사항을 알리고 동의를 받아야 하며, 이 법을 위반하는 내용으로 개인정보의 국외 이전에 관한 계약을 체결하여서는 아니 된다.

제19조(개인정보를 제공받은 자의 이용·제공 제한) 개인정보처리자로부터 개인정보를 제공받은 자는 다음 각 호의 어느 하나에 해당하는 경우를 제외하고는 개인정보를 제공받은 목적 외의 용도로 이용하거나 이를 제3자에게 제공하여서는 아니 된다.
1. 정보주체로부터 별도의 동의를 받은 경우
2. 다른 법률에 특별한 규정이 있는 경우

제20조(정보주체 이외로부터 수집한 개인정보의 수집 출처 등 통지) ① 개인정보처리자가 정보주체 이외로부터 수집한 개인정보를 처리하는 때에는 정보주체의 요구가 있으면 즉시 다음 각 호의 모든 사항을 정보주체에게 알려야 한다.
1. 개인정보의 수집 출처
2. 개인정보의 처리 목적
3. 제37조에 따른 개인정보 처리의 정지를 요구하거나 동의를 철회할 권리가 있다는 사실
② 제1항에도 불구하고 개인정보처리자가 수집한 정보에 사상·신념, 노동조합·정당의 가입·탈퇴, 정치적 견해, 건강, 성생활 등에 관한 정보, 그 밖에 정보주체의 사생활을 현저히 침해할 우려가 있는 개인정보 등 대통령령으로 정하는 정보를 처리하는 때에는 제1항 각 호의 모든 사항을 정보주체에게 알려야 한다. 다만, 이 법에 특별한 규정이 있거나 법령상 의무를 준수하기 위하여 불가피한 경우는 그러하지 아니하다.
⑥ 제1항과 제2항에 따라 개인정보처리자가 정보주체에게 알리는 경우 다음 각 호의 어느 하나에 해당하는 경우에는 정보주체의 요구가 있는 경우에도 이를 알리지 아니할 수 있다. 이 경우 개인정보처리자는 알리지 아니할 수 있는 사유를 명백히 밝혀야 한다.

제21조(개인정보의 파기) ① 개인정보처리자는 보유기간의 경과, 개인정보의 처리 목적 달성 등 그 개인정보가 불필요하게 되었을 때에는 지체 없이 그 개인정보를 파기하여야 한다. 다만, 다른 법령에 따라 보존하여야 하는 경우에는 그러하지 아니하다.
② 개인정보처리자가 제1항에 따라 개인정보를 파기할 때에는 복구 또는 재생되지 아니하도록 조치하여야 한다.
③ 개인정보처리자가 제1항 단서에 따라 개인정보를 파기하지 아니하고 보존하여야 하는 경우에는 해당 개인정보 또는 개인정보파일을 다른 개인정보와 분리하여서 저장·관리하여야 한다.

MEMO

제22조(동의를 받는 방법)
① 개인정보처리자는 이 법에 따른 개인정보의 처리에 대하여 정보주체(제22조의2 제1항에 따른 법정대리인을 포함한다. 이하 이 조에서 같다)의 동의를 받을 때에는 각각의 동의사항을 구분하여 정보주체가 이를 명확하게 인지할 수 있도록 알리고 동의를 받아야 한다. 이 경우 다음 각 호의 경우에는 동의 사항을 구분하여 각각 동의를 받아야 한다.
  <각 호 생략>
② 개인정보처리자는 제1항의 동의를 서면(전자문서 및 전자거래 기본법 제2조 제1호에 따른 전자문서를 포함한다)으로 받을 때에는 개인정보의 수집·이용목적, 수집·이용하려는 개인정보의 항목 등 대통령령으로 정하는 중요한 내용을 보호위원회가 고시로 정하는 방법에 따라 명확히 표시하여 알아보기 쉽게 하여야 한다.
③ 개인정보처리자는 정보주체의 동의 없이 처리할 수 있는 개인정보에 대해서는 그 항목과 처리의 법적 근거를 정보주체의 동의를 받아 처리하는 개인정보와 구분하여 제30조 제2항에 따라 공개하거나 전자우편 등 대통령령으로 정하는 방법에 따라 정보주체에게 알려야 한다. 이 경우 동의 없이 처리할 수 있는 개인정보라는 입증책임은 개인정보처리자가 부담한다.
⑤ 개인정보처리자는 정보주체가 선택적으로 동의할 수 있는 사항을 동의하지 아니하거나 제1항 제3호 및 제7호에 따른 동의를 하지 아니한다는 이유로 정보주체에게 재화 또는 서비스의 제공을 거부하여서는 아니 된다.

제22조의2(아동의 개인정보 보호)
① 개인정보처리자는 만 14세 미만 아동의 개인정보를 처리하기 위하여 이 법에 따른 동의를 받아야 할 때에는 그 법정대리인의 동의를 받아야 하며, 법정대리인이 동의하였는지를 확인하여야 한다.
② 제1항에도 불구하고 법정대리인의 동의를 받기 위하여 필요한 최소한의 정보로서 대통령령으로 정하는 정보는 법정대리인의 동의 없이 해당 아동으로부터 직접 수집할 수 있다.
③ 개인정보처리자는 만 14세 미만의 아동에게 개인정보 처리와 관련한 사항의 고지 등을 할 때에는 이해하기 쉬운 양식과 명확하고 알기 쉬운 언어를 사용하여야 한다.

제23조(민감정보의 처리 제한)
① 개인정보처리자는 사상·신념, 노동조합·정당의 가입·탈퇴, 정치적 견해, 건강, 성생활 등에 관한 정보, 그 밖에 정보주체의 사생활을 현저히 침해할 우려가 있는 개인정보로서 대통령령으로 정하는 정보(이하 '민감정보'라 한다)를 처리하여서는 아니 된다. 다만, 다음 각 호의 어느 하나에 해당하는 경우에는 그러하지 아니하다.
  1. 정보주체에게 제15조 제2항 각 호 또는 제17조 제2항 각 호의 사항을 알리고 다른 개인정보의 처리에 대한 동의와 별도로 동의를 받은 경우
  2. 법령에서 민감정보의 처리를 요구하거나 허용하는 경우
② 개인정보처리자가 제1항 각 호에 따라 민감정보를 처리하는 경우에는 그 민감정보가 분실·도난·유출·위조·변조 또는 훼손되지 아니하도록 제29조에 따른 안전성 확보에 필요한 조치를 하여야 한다.
③ 개인정보처리자는 재화 또는 서비스를 제공하는 과정에서 공개되는 정보에 정보주체의 민감정보가 포함됨으로써 사생활 침해의 위험성이 있다고 판단하는 때에는 재화 또는 서비스의 제공 전에 민감정보의 공개가능성 및 비공개를 선택하는 방법을 정보주체가 알아보기 쉽게 알려야 한다.

제24조(고유식별정보의 처리 제한)
① 개인정보처리자는 다음 각 호의 경우를 제외하고는 법령에 따라 개인을 고유하게 구별하기 위하여 부여된 식별정보로서 대통령령으로 정하는 정보(이하 '고유식별정보'라 한다)를 처리할 수 없다.
  1. 정보주체에게 제15조 제2항 각 호 또는 제17조 제2항 각 호의 사항을 알리고 다른 개인정보의 처리에 대한 동의와 별도로 동의를 받은 경우
  2. 법령에서 구체적으로 고유식별정보의 처리를 요구하거나 허용하는 경우

제24조의2(주민등록번호 처리의 제한)
① 제24조 제1항에도 불구하고 개인정보처리자는 다음 각 호의 어느 하나에 해당하는 경우를 제외하고는 주민등록번호를 처리할 수 없다.
  1. 법률·대통령령·국회규칙·대법원규칙·헌법재판소규칙·중앙선거관리위원회규칙 및 감사원규칙에서 구체적으로 주민등록번호의 처리를 요구하거나 허용한 경우
  2. 정보주체 또는 제3자의 급박한 생명, 신체, 재산의 이익을 위하여 명백히 필요하다고 인정되는 경우
  3. 제1호 및 제2호에 준하여 주민등록번호 처리가 불가피한 경우로서 보호위원회가 고시로 정하는 경우

제25조(고정형 영상정보처리기기의 설치·운영 제한) ① 누구든지 다음 각 호의 경우를 제외하고는 공개된 장소에 고정형 영상정보처리기기를 설치·운영하여서는 아니 된다.
1. 법령에서 구체적으로 허용하고 있는 경우
2. 범죄의 예방 및 수사를 위하여 필요한 경우
3. 시설안전 및 화재 예방을 위하여 필요한 경우
4. 교통단속을 위하여 필요한 경우
5. 교통정보의 수집·분석 및 제공을 위하여 필요한 경우
6. 촬영된 영상정보를 저장하지 아니하는 경우로서 대통령령으로 정하는 경우

② 누구든지 불특정 다수가 이용하는 목욕실, 화장실, 발한실(發汗室), 탈의실 등 개인의 사생활을 현저히 침해할 우려가 있는 장소의 내부를 볼 수 있도록 고정형 영상정보처리기기를 설치·운영하여서는 아니 된다. 다만, 교도소, 정신보건 시설 등 법령에 근거하여 사람을 구금하거나 보호하는 시설로서 대통령령으로 정하는 시설에 대하여는 그러하지 아니하다.

③ 제1항 각 호에 따라 고정형 영상정보처리기기를 설치·운영하려는 공공기관의 장과 제2항 단서에 따라 고정형 영상정보처리기기를 설치·운영하려는 자는 공청회·설명회의 개최 등 대통령령으로 정하는 절차를 거쳐 관계 전문가 및 이해관계인의 의견을 수렴하여야 한다.

④ 제1항 각 호에 따라 고정형 영상정보처리기기를 설치·운영하는 자(이하 "고정형영상정보처리기기운영자"라 한다)는 정보주체가 쉽게 인식할 수 있도록 다음 각 호의 사항이 포함된 안내판을 설치하는 등 필요한 조치를 하여야 한다. 다만, 「군사기지 및 군사시설 보호법」 제2조제2호에 따른 군사시설, 「통합방위법」 제2조제13호에 따른 국가중요시설, 그 밖에 대통령령으로 정하는 시설에 대하여는 그러하지 아니하다.
1. 설치 목적 및 장소
2. 촬영 범위 및 시간
3. 관리책임자의 연락처
4. 그 밖에 대통령령으로 정하는 사항

⑤ 고정형영상정보처리기기운영자는 고정형 영상정보처리기기의 설치 목적과 다른 목적으로 고정형 영상정보처리기기를 임의로 조작하거나 다른 곳을 비춰서는 아니 되며, 녹음기능은 사용할 수 없다.

⑥ 고정형영상정보처리기기운영자는 개인정보가 분실·도난·유출·위조·변조 또는 훼손되지 아니하도록 제29조에 따라 안전성 확보에 필요한 조치를 하여야 한다.

⑦ 고정형영상정보처리기기운영자는 대통령령으로 정하는 바에 따라 고정형 영상정보처리기기의 설치·운영에 관한 사무를 위탁할 수 있다. 다만, 공공기관이 고정형 영상정보처리기기 설치·운영에 관한 사무를 위탁하는 경우에는 대통령령으로 정하는 절차 및 요건에 따라야 한다.

제25조2(이동형 영상정보처리기기의 운영 제한) ① 업무를 목적으로 이동형 영상정보처리기기를 운영하려는 자는 다음 각 호의 경우를 제외하고는 공개된 장소에서 이동형 영상정보처리기기로 사람 또는 그 사람과 관련된 사물의 영상(개인정보에 해당하는 경우로 한정한다. 이하 이 조에서 같다)을 촬영하여서는 아니 된다.
1. 제15조제1항 각 호의 어느 하나에 해당하는 경우
2. 촬영 사실을 명시적으로 표시하여 정보주체가 촬영 사실을 알 수 있도록 하였음에도 불구하고 촬영 거부 의사를 밝히지 아니한 경우. 이 경우 정보주체의 권리를 부당하게 침해할 우려가 없고 합리적인 범위를 초과하지 아니하는 경우로 한정한다.
3. 그 밖에 제1호 및 제2호에 준하는 경우로서 대통령령으로 정하는 경우

② 누구든지 불특정 다수가 이용하는 목욕실, 화장실, 발한실, 탈의실 등 개인의 사생활을 현저히 침해할 우려가 있는 장소의 내부를 볼 수 있는 곳에서 이동형 영상정보처리기기로 사람 또는 그 사람과 관련된 사물의 영상을 촬영하여서는 아니 된다. 다만, 인명의 구조·구급 등을 위하여 필요한 경우로서 대통령령으로 정하는 경우에는 그러하지 아니하다.
③ 제1항 각 호에 해당하여 이동형 영상정보처리기기로 사람 또는 그 사람과 관련된 사물의 영상을 촬영하는 경우에는 불빛, 소리, 안내판 등 대통령령으로 정하는 바에 따라 촬영 사실을 표시하고 알려야 한다.
④ 제1항부터 제3항까지에서 규정한 사항 외에 이동형 영상정보처리기기의 운영에 관하여는 제25조 제6항부터 제8항까지의 규정을 준용한다.

제27조(영업양도 등에 따른 개인정보의 이전 제한)
① 개인정보처리자는 영업의 전부 또는 일부의 양도·합병 등으로 개인정보를 다른 사람에게 이전하는 경우에는 미리 다음 각 호의 사항을 대통령령으로 정하는 방법에 따라 해당 정보주체에게 알려야 한다.
  1. 개인정보를 이전하려는 사실
  2. 개인정보를 이전받는 자(이하 '영업양수자 등'이라 한다)의 성명(법인의 경우에는 법인의 명칭을 말한다), 주소, 전화번호 및 그 밖의 연락처
  3. 정보주체가 개인정보의 이전을 원하지 아니하는 경우 조치할 수 있는 방법 및 절차

제28조의2(가명정보의 처리 등)
① 개인정보처리자는 통계작성, 과학적 연구, 공익적 기록보존 등을 위하여 정보주체의 동의 없이 가명정보를 처리할 수 있다.
② 개인정보처리자는 제1항에 따라 가명정보를 제3자에게 제공하는 경우에는 특정 개인을 알아보기 위하여 사용될 수 있는 정보를 포함해서는 아니 된다.

제28조의3(가명정보의 결합 제한)
① 제28조의2에도 불구하고 통계작성, 과학적 연구, 공익적 기록보존 등을 위한 서로 다른 개인정보처리자 간의 가명정보의 결합은 보호위원회 또는 관계 중앙행정기관의 장이 지정하는 전문기관이 수행한다.
② 결합을 수행한 기관 외부로 결합된 정보를 반출하려는 개인정보처리자는 가명정보 또는 제58조의2에 해당하는 정보로 처리한 뒤 전문기관의 장의 승인을 받아야 한다.

제28조의4(가명정보에 대한 안전조치의무 등)
① 개인정보처리자는 제28조의2 또는 제28조의3에 따라 가명정보를 처리하는 경우에는 원래의 상태로 복원하기 위한 추가 정보를 별도로 분리하여 보관·관리하는 등 해당 정보가 분실·도난·유출·위조·변조 또는 훼손되지 않도록 대통령령으로 정하는 바에 따라 안전성 확보에 필요한 기술적·관리적 및 물리적 조치를 하여야 한다.
② 개인정보처리자는 제28조의2 또는 제28조의3에 따라 가명정보를 처리하는 경우 처리목적 등을 고려하여 가명정보의 처리기간을 별도로 정할 수 있다.
③ 개인정보처리자는 제28조의2 또는 제28조의3에 따라 가명정보를 처리하고자 하는 경우에는 가명정보의 처리목적, 제3자 제공시 제공받는 자, 가명정보의 처리기간(제2항에 따라 처리기간을 별도로 정한 경우에 한한다) 등 가명정보의 처리 내용을 관리하기 위하여 대통령령으로 정하는 사항에 대한 관련 기록을 작성하여 보관하여야 하며, 가명정보를 파기한 경우에는 파기한 날부터 3년 이상 보관하여야 한다.

제28조의5(가명정보 처리시 금지의무 등)
① 제28조의2 또는 제28조의3에 따라 가명정보를 처리하는 자는 특정 개인을 알아보기 위한 목적으로 가명정보를 처리해서는 아니 된다.
② 개인정보처리자는 제28조의2 또는 제28조의3에 따라 가명정보를 처리하는 과정에서 특정 개인을 알아볼 수 있는 정보가 생성된 경우에는 즉시 해당 정보의 처리를 중지하고, 지체 없이 회수·파기하여야 한다.

제28조의8(개인정보의 이용·제공 제한)

① 개인정보처리자는 개인정보를 제28조의2 또는 제28조의3에 따라 가명처리(해당 정보의 집합물에 대하여 가명처리하는 경우를 포함한다. 다음 각 호에서 같다)하거나 가명정보를 제공받은 목적 외의 용도로 이용하거나 제3자에게 제공하여서는 아니 된다. 다만, 다음 각 호의 어느 하나에 해당하는 경우에는 가명정보를 이용하거나 제공할 수 있다.

1. 정보주체로부터 별도의 동의를 받은 경우
2. 다른 법률에 특별한 규정이 있는 경우
3. 정보주체와의 계약의 체결 및 이행을 위하여 정보주체의 동의 없이 처리할 수 있는 개인정보를 제공하는 경우로서 제공받는 자의 이용 목적과 처리 방법 등을 고려할 때 정보주체의 동의를 받지 아니하고 개인정보를 제공하더라도 정보주체의 이익을 부당하게 침해할 우려가 없는 경우
4. 공공기관이 법령 등에서 정하는 소관 업무의 수행을 위하여 가명정보를 제공하는 경우로서 제공받는 자의 이용 목적과 처리 방법 등을 고려할 때 정보주체의 동의를 받지 아니하고 가명정보를 제공하더라도 정보주체의 이익을 부당하게 침해할 우려가 없는 경우
5. 가명정보를 이용 또는 제공하려는 가명정보처리자가 가명처리, 가명정보의 보관, 가명정보의 제공 등에 관한 기준·절차 등을 준수한 경우로서 제공받는 자의 이용 목적과 처리 방법 등을 고려할 때 정보주체의 이익을 부당하게 침해할 우려가 없는 경우

제28조의9(가명정보의 고지 의무 등)

① 개인정보처리자는 가명정보를 제3자에게 제공하는 경우 다음 각 호의 사항이 포함된 가명정보 제공계약을 체결하여 이에 따라 가명정보를 이용 또는 제공하여야 한다. 다만, 가명정보 이용 또는 제공의 형태 등을 고려하여 계약을 체결하기 어려운 경우에는 그러하지 아니하다.

1. 제28조의8 제1항 각 호의 어느 하나에 해당함을 증명할 수 있는 자료
2. 제28조의6 또는 제28조의7에 따라 가명처리가 된 개인정보임을 증명할 수 있는 자료

② 가명정보처리자가 개인정보를 제3자에게 제공하는 경우에는 그 이용 목적을 확인할 수 있는 자료를 제공하여야 한다.

제28조의10(수습추진)

제28조의10 이하 생략

제28조의11(가명정보의 처리방법 등)

① 가명정보처리자는 가명정보 처리에 관한 사항(가명정보, 처리목적, 이용내역 등)을 기록하고 그 결과는 공공데이터 등에 게재할 정당한 정보여야 한다.

1. 가명정보의 처리목적
2. 가명정보의 이용내역
3. 가명정보의 제3자 제공 시 제공받는 자(해당되는 경우에 한정한다)
4. 가명정보의 파기시점과 파기방법(해당되는 경우에 한정한다)
5. 가명정보처리자의 이름 및 주소·전화번호 등 연락처(해당되는 경우에 한정한다)
6. 그 밖에 가명정보의 처리방법에 관한 사항으로서 대통령령으로 정하는 사항

MEMO

    6. 제31조에 따른 개인정보 보호책임자의 성명 또는 개인정보 보호업무 및 관련 고충사항을 처리하는 부서의 명칭과 전화번호 등 연락처
    7. 인터넷 접속정보파일 등 개인정보를 자동으로 수집하는 장치의 설치·운영 및 그 거부에 관한 사항(해당하는 경우에만 정한다)
② 개인정보처리자가 개인정보 처리방침을 수립하거나 변경하는 경우에는 정보주체가 쉽게 확인할 수 있도록 대통령령으로 정하는 방법에 따라 공개하여야 한다.
③ 개인정보 처리방침의 내용과 개인정보처리자와 정보주체 간에 체결한 계약의 내용이 다른 경우에는 정보주체에게 유리한 것을 적용한다.
④ 보호위원회는 개인정보 처리방침의 작성지침을 정하여 개인정보처리자에게 그 준수를 권장할 수 있다.

제30조의2(개인정보 처리방침의 평가 및 개선권고)
① 보호위원회는 개인정보 처리방침에 관하여 다음 각 호의 사항을 평가하고, 평가 결과 개선이 필요하다고 인정하는 경우에는 개인정보처리자에게 제61조 제2항에 따라 개선을 권고할 수 있다.
    1. 이 법에 따라 개인정보 처리방침에 포함하여야 할 사항을 적정하게 정하고 있는지 여부
    2. 개인정보 처리방침을 알기 쉽게 작성하였는지 여부
    3. 개인정보 처리방침을 정보주체가 쉽게 확인할 수 있는 방법으로 공개하고 있는지 여부

제31조(개인정보 보호책임자의 지정 등)
① 개인정보처리자는 개인정보의 처리에 관한 업무를 총괄해서 책임질 개인정보 보호책임자를 지정하여야 한다. 다만, 종업원 수, 매출액 등이 대통령령으로 정하는 기준에 해당하는 개인정보처리자의 경우에는 지정하지 아니할 수 있다.
② 제1항 단서에 따라 개인정보 보호책임자를 지정하지 아니하는 경우에는 개인정보처리자의 사업주 또는 대표자가 개인정보 보호책임자가 된다.
④ 개인정보 보호책임자는 제3항 각 호의 업무를 수행함에 있어서 필요한 경우 개인정보의 처리현황, 처리체계 등에 대하여 수시로 조사하거나 관계 당사자로부터 보고를 받을 수 있다.
⑤ 개인정보 보호책임자는 개인정보 보호와 관련하여 이 법 및 다른 관계 법령의 위반사실을 알게 된 경우에는 즉시 개선조치를 하여야 하며, 필요하면 소속 기관 또는 단체의 장에게 개선조치를 보고하여야 한다.
⑥ 개인정보처리자는 개인정보 보호책임자가 제3항 각 호의 업무를 수행함에 있어서 정당한 이유 없이 불이익을 주거나 받게 하여서는 아니 되며, 개인정보 보호책임자가 업무를 독립적으로 수행할 수 있도록 보장하여야 한다.
⑦ 개인정보처리자는 개인정보의 안전한 처리 및 보호, 정보의 교류, 그 밖에 대통령령으로 정하는 공동의 사업을 수행하기 위하여 제1항에 따른 개인정보 보호책임자를 구성원으로 하는 개인정보 보호책임자 협의회를 구성·운영할 수 있다

제31조의2(국내대리인의 지정)
① 국내에 주소 또는 영업소가 없는 개인정보처리자로서 매출액, 개인정보의 보유 규모 등을 고려하여 대통령령으로 정하는 자는 다음 각 호의 사항을 대리하는 자(이하 '국내대리인'이라 한다)를 지정하여야 한다. 이 경우 국내대리인의 지정은 문서로 하여야 한다.

제32조(개인정보파일의 등록 및 공개)
① 공공기관의 장이 개인정보파일을 운용하는 경우에는 다음 각 호의 사항을 보호위원회에 등록하여야 한다. 등록한 사항이 변경된 경우에도 또한 같다.
    1. 개인정보파일의 명칭
    2. 개인정보파일의 운영근거 및 목적
    3. 개인정보파일에 기록되는 개인정보의 항목
    4. 개인정보의 처리방법
    5. 개인정보의 보유기간
    6. 개인정보를 통상적 또는 반복적으로 제공하는 경우에는 그 제공받는 자
    7. 그 밖에 대통령령으로 정하는 사항

② 다음 각 호의 어느 하나에 해당하여 개인정보파일에 대하여는 제1항을 적용하지 아니한다.
1. 국가 안전, 외교상 비밀, 그 밖에 국가의 중대한 이익에 관한 사항을 기록한 개인정보파일
2. 범죄의 수사, 공소의 제기 및 유지, 형 및 감호의 집행, 교정처분, 보호처분, 보안관찰처분과 출입국관리에 관한 사항을 기록한 개인정보파일
3. 「조세범처벌법」에 따른 범칙행위 조사 및 「관세법」에 따른 범칙행위 조사에 관한 사항을 기록한 개인정보파일
4. 공중위생 등 공공의 안전과 안녕을 위하여 긴급히 필요한 경우로서 일시적으로 처리되는 개인정보파일
5. 다른 법령에 따라 비밀로 분류된 개인정보파일
③ 개인정보처리자는 제1항에 따른 등록신청을 하려는 때에는 개인정보 보호에 미칠 영향을 분석·검토하여야 한다.
④ 개인정보처리자는 제1항에 따른 등록사항이 변경된 경우에는 보호위원회에 그 사실을 알려야 한다.
⑤ 보호위원회는 필요하면 개인정보파일의 등록여부와 그 내용을 검토하여 해당 개인정보처리자에게 개선을 권고할 수 있다.

제32조의2(개인정보 보호 인증)
① 보호위원회는 개인정보처리자의 개인정보 처리 및 보호와 관련한 일련의 조치가 이 법에 부합하는지 등에 관하여 인증할 수 있다.
② 제1항에 따른 인증의 유효기간은 3년으로 한다.
③ 보호위원회는 다음 각 호의 어느 하나에 해당하는 경우에는 대통령령으로 정하는 바에 따라 개인정보 보호 인증을 취소할 수 있다. 다만, 제1호의 경우에는 취소하여야 한다.
1. 거짓이나 그 밖의 부정한 방법으로 인증을 받은 경우
2. 제4항에 따른 사후관리를 거부 또는 방해한 경우
3. 제8항에 따른 인증기준에 미달하게 된 경우
4. 개인정보 보호 관련 법령을 위반하고 그 위반사유가 중대한 경우
④ 보호위원회는 개인정보 보호 인증의 실효성 유지를 위하여 연 1회 이상 사후관리를 실시하여야 한다.

제33조(개인정보 영향평가)
① 공공기관의 장은 대통령령으로 정하는 기준에 해당하는 개인정보파일의 운용으로 인하여 정보주체의 개인정보 침해가 우려되는 경우에는 그 위험요인의 분석과 개선 사항 도출을 위한 평가(이하 "영향평가"라 한다)를 하고 그 결과를 보호위원회에 제출하여야 한다.
④ 공공기관 외의 개인정보처리자는 개인정보파일 운용으로 인하여 정보주체의 개인정보 침해가 우려되는 경우에는 영향평가를 하기 위하여 적극 노력하여야 한다.

제34조(개인정보 유출 등의 통지·신고)
① 개인정보처리자는 개인정보가 분실·도난·유출(이하 "유출등"이라 한다)되었음을 알게 되었을 때에는 지체 없이 해당 정보주체에게 다음 각 호의 사항을 알려야 한다. 다만, 정보주체의 연락처를 알 수 없는 경우 등 정당한 사유가 있는 경우에는 대통령령으로 정하는 바에 따라 통지를 갈음하는 조치를 취할 수 있다.
1. 유출 등이 된 개인정보의 항목
2. 유출 등이 된 시점과 그 경위
3. 유출 등으로 인하여 발생할 수 있는 피해를 최소화하기 위하여 정보주체가 할 수 있는 방법 등에 관한 정보
4. 개인정보처리자의 대응조치 및 피해 구제절차
5. 정보주체에게 피해가 발생한 경우 신고 등을 접수할 수 있는 담당부서 및 연락처
② 개인정보처리자는 개인정보가 유출 등이 된 경우 그 피해를 최소화하기 위한 대책을 마련하고 필요한 조치를 하여야 한다.
③ 개인정보처리자는 개인정보의 유출 등이 있음을 알게 되었을 때에는 개인정보의 유형, 유출 등의 경로 및 규모 등을 고려하여 대통령령으로 정하는 바에 따라 지체 없이 보호위원회 또는 대통령령으로 정하는 전문기관에 신고하여야 한다. 이 경우 보호위원회 또는 대통령령으로 정하는 전문기관은 피해 확산방지, 피해 복구 등을 위한 기술을 지원할 수 있다.

제35조의2(개인정보의 전송요구)
① 정보주체는 개인정보 처리 능력 등을 고려하여 대통령령으로 정하는 기준에 해당하는 개인정보처리자에 대하여 다음 각 호의 요건을 모두 충족하는 개인정보를 자신에게로 전송할 것을 요구할 수 있다.
  1. 정보주체가 전송을 요구하는 개인정보가 정보주체 본인에 관한 개인정보로서 다음 각 목의 어느 하나에 해당하는 정보일 것
    가. 제15조 제1항 제1호, 제23조 제1항 제1호 또는 제24조 제1항 제1호에 따른 동의를 받아 처리되는 개인정보
    나. 제15조 제1항 제4호에 따라 체결한 계약을 이행하거나 계약을 체결하는 과정에서 정보주체의 요청에 따른 조치를 이행하기 위하여 처리되는 개인정보
    다. 제15조 제1항 제2호·제3호, 제23조 제1항 제2호 또는 제24조 제1항 제2호에 따라 처리되는 개인정보 중 정보주체의 이익이나 공익적 목적을 위하여 관계 중앙행정기관의 장의 요청에 따라 보호위원회가 심의·의결하여 전송요구의 대상으로 지정한 개인정보
  2. 전송을 요구하는 개인정보가 개인정보처리자가 수집한 개인정보를 기초로 분석·가공하여 별도로 생성한 정보가 아닐 것
  3. 전송을 요구하는 개인정보가 컴퓨터 등 정보처리장치로 처리되는 개인정보일 것
② 정보주체는 매출액, 개인정보의 보유 규모, 개인정보 처리 능력, 산업별 특성 등을 고려하여 대통령령으로 정하는 기준에 해당하는 개인정보처리자에 대하여 제1항에 따른 전송요구대상인 개인정보를 기술적으로 허용되는 합리적인 범위에서 다음 각 호의 자에게 전송할 것을 요구할 수 있다.
<각 호 생략>

제35조의3(개인정보관리 전문기관)
① 다음 각 호의 업무를 수행하려는 자는 보호위원회 또는 관계 중앙행정기관의 장으로부터 개인정보관리 전문기관의 지정을 받아야 한다.
  1. 제35조의2에 따른 개인정보의 전송요구권 행사 지원
  2. 정보주체의 권리 행사를 지원하기 위한 개인정보 전송시스템의 구축 및 표준화
  3. 정보주체의 권리 행사를 지원하기 위한 개인정보의 관리·분석
  4. 그 밖에 정보주체의 권리 행사를 효과적으로 지원하기 위하여 대통령령으로 정하는 업무

제36조(개인정보의 정정·삭제)
① 제35조에 따라 자신의 개인정보를 열람한 정보주체는 개인정보처리자에게 그 개인정보의 정정 또는 삭제를 요구할 수 있다. 다만, 다른 법령에서 그 개인정보가 수집대상으로 명시되어 있는 경우에는 그 삭제를 요구할 수 없다.
② 개인정보처리자는 제1항에 따른 정보주체의 요구를 받았을 때에는 개인정보의 정정 또는 삭제에 관하여 다른 법령에 특별한 절차가 규정되어 있는 경우를 제외하고는 지체 없이 그 개인정보를 조사하여 정보주체의 요구에 따라 정정·삭제 등 필요한 조치를 한 후 그 결과를 정보주체에게 알려야 한다.
③ 개인정보처리자가 제2항에 따라 개인정보를 삭제할 때에는 복구 또는 재생되지 아니하도록 조치하여야 한다.

제37조(개인정보의 처리정지 등)
① 정보주체는 개인정보처리자에 대하여 자신의 개인정보 처리의 정지를 요구하거나 개인정보 처리에 대한 동의를 철회할 수 있다. 이 경우 공공기관에 대하여는 제32조에 따라 등록대상이 되는 개인정보파일 중 자신의 개인정보에 대한 처리의 정지를 요구하거나 개인정보 처리에 대한 동의를 철회할 수 있다.
② 개인정보처리자는 제1항에 따른 처리정지요구를 받았을 때에는 지체 없이 정보주체의 요구에 따라 개인정보 처리의 전부를 정지하거나 일부를 정지하여야 한다. 다만, 다음 각 호의 어느 하나에 해당하는 경우에는 정보주체의 처리정지요구를 거절할 수 있다.
  1. 법률에 특별한 규정이 있거나 법령상 의무를 준수하기 위하여 불가피한 경우
  2. 다른 사람의 생명·신체를 해할 우려가 있거나 다른 사람의 재산과 그 밖의 이익을 부당하게 침해할 우려가 있는 경우
  3. 공공기관이 개인정보를 처리하지 아니하면 다른 법률에서 정하는 소관 업무를 수행할 수 없는 경우
  4. 개인정보를 처리하지 아니하면 정보주체와 약정한 서비스를 제공하지 못하는 등 계약의 이행이 곤란한 경우로서 정보주체가 그 계약의 해지 의사를 명확하게 밝히지 아니한 경우

제32조의2(자동원의 대통령 정당의 국고보조금 지급 등)
① 각 정당은 이 법에 의한 자동원의 대통령 정당의 국고보조금을 지급받을 수 있다. 다만, 자동원의 정당으로 등록한 정당은 그 등록일로부터 기산하여 5년 이내에는 이 법에 의한 자동원의 대통령 정당의 국고보조금을 지급받을 수 없다.
② 자동원의 대통령 정당은 그 정당의 자동원의 대통령 정당의 국고보조금을 지급받기 위하여 선거관리위원회에 등록하여야 한다.
③ 자동원의 대통령 정당이 그 정당의 국고보조금을 지급받기 위한 조건을 갖추어야 한다.

제33조(손해배상청구)
① 자동원의 대통령 정당은 이 법에 의한 손해배상을 청구할 수 있다. 이 경우 그 청구권자는 그 정당의 대표자 또는 그 정당의 회원이 할 수 있다.
② 자동원의 대통령 정당이 이 법에 의한 손해배상을 청구할 수 있는 경우는 다음과 같다. 다만, 그 정당이 이미 손해배상을 청구한 경우에는 그러하지 아니하다.
③ 자동원의 대통령 정당이 이 법에 의한 손해배상을 청구할 수 있는 기간은 그 정당이 그 손해를 안 날로부터 3년 이내로 한다.

제33조의2(명령해배상의 청구)
① 제32조의 규정에 의한 손해배상의 청구는 그 정당의 자동원의 대통령 정당의 대표자 또는 회원이 할 수 있다. 이 경우 그 청구권자는 300만 원 이상의 손해배상을 청구할 수 있다.
② 자동원의 대통령 정당이 이 법에 의한 손해배상을 청구할 수 있는 경우는 다음과 같다. 다만, 그 정당이 이미 손해배상을 청구한 경우에는 그러하지 아니하다.

제33조의3(자동의 제재)
① 자동원의 대통령 정당에서 이 법에 의한 제재를 받은 정당은 그 제재에 따라 자동원의 대통령 정당의 국고보조금을 지급받을 수 없다.
② 자동원의 대통령 정당이 이 법에 의한 제재를 받은 경우 그 제재의 종류(경고, 정지 또는 해지)에 따라 그 정당의 자동원의 대통령 정당의 국고보조금을 지급받을 수 없는 기간이 다르다.
③ 자동원의 대통령 정당이 이 법에 의한 제재를 받은 경우 그 제재의 기간 동안에는 자동원의 대통령 정당의 국고보조금을 지급받을 수 없다.
④ 자동원의 대통령 정당이 이 법에 의한 제재를 받은 경우 그 제재의 기간 동안에도 자동원의 대통령 정당의 국고보조금을 지급받을 수 있는 경우가 있다.
⑤ 자동원의 대통령 정당이 이 법에 의한 제재를 받은 경우 그 제재의 기간이 경과한 후에는 자동원의 대통령 정당의 국고보조금을 지급받을 수 있다.

제33조의4(키이업지의응)
① 자동원의 대통령 정당은 이 법에 의한 키이업지의응을 받을 수 있다. 이 경우 그 키이업지의응은 그 정당의 자동원의 대통령 정당의 국고보조금을 지급받기 위한 조건을 갖추어야 한다.

1. 다른 당사자(법인인 경우에는 그 대표자를 말한다)
2. 당사자를 위하여 해당 소송을 대리하는 자
3. 그 밖에 해당 소송으로 영업비밀을 알게 된 자

제39조의6(소송기록 열람 등의 청구 통지 등)

① 비밀유지명령이 내려진 소송(모든 비밀유지명령이 취소된 소송은 제외한다)에 관한 소송기록에 대하여 민사소송법 제163조 제1항에 따라 열람 등의 신청인을 당사자로 제한하는 결정이 있었던 경우로서 당사자가 같은 항에서 규정하는 비밀 기재부분의 열람 등의 청구를 하였으나 그 청구절차를 해당 소송에서 비밀유지명령을 받지 아니한 자가 밟은 경우에는 법원서기관, 법원사무관, 법원주사 또는 법원주사보(이하 이 조에서 '법원사무관 등'이라 한다)는 같은 항의 신청을 한 당사자(그 열람 등의 청구를 한 자는 제외한다. 이하 제3항에서 같다)에게 그 청구 직후에 그 열람 등의 청구가 있었다는 사실을 알려야 한다.
② 법원사무관 등은 제1항의 청구가 있었던 날부터 2주일이 지날 때까지(그 청구절차를 밟은 자에 대한 비밀유지명령 신청이 그 기간 내에 이루어진 경우에는 그 신청에 대한 재판이 확정되는 시점까지를 말한다) 그 청구절차를 밟은 자에게 제1항의 비밀 기재 부분의 열람 등을 하게 하여서는 아니 된다.

제39조의7(손해배상의 보장)

① 개인정보처리자로서 매출액, 개인정보의 보유 규모 등을 고려하여 대통령령으로 정하는 기준에 해당하는 자는 제39조 및 제39조의2에 따른 손해배상책임의 이행을 위하여 보험 또는 공제에 가입하거나 준비금을 적립하는 등 필요한 조치를 하여야 한다.

제40조(설치 및 구성)

① 개인정보에 관한 분쟁의 조정을 위하여 개인정보 분쟁조정위원회(이하 '분쟁조정위원회'라 한다)를 둔다.
② 분쟁조정위원회는 위원장 1명을 포함한 30명 이내의 위원으로 구성하며, 위원은 당연직위원과 위촉위원으로 구성한다.
③ 위촉위원은 다음 각 호의 어느 하나에 해당하는 사람 중에서 보호위원회 위원장이 위촉하고, 대통령령으로 정하는 국가기관 소속 공무원은 당연직위원이 된다.
  1. 개인정보 보호업무를 관장하는 중앙행정기관의 고위공무원단에 속하는 공무원으로 재직하였던 사람 또는 이에 상당하는 공공부문 및 관련 단체의 직에 재직하고 있거나 재직하였던 사람으로서 개인정보 보호업무의 경험이 있는 사람
  2. 대학이나 공인된 연구기관에서 부교수 이상 또는 이에 상당하는 직에 재직하고 있거나 재직하였던 사람
  3. 판사·검사 또는 변호사로 재직하고 있거나 재직하였던 사람
  4. 개인정보 보호와 관련된 시민사회단체 또는 소비자단체로부터 추천을 받은 사람
  5. 개인정보처리자로 구성된 사업자단체의 임원으로 재직하고 있거나 재직하였던 사람
④ 위원장은 위원 중에서 공무원이 아닌 사람으로 보호위원회 위원장이 위촉한다.
⑤ 위원장과 위촉위원의 임기는 2년으로 하되, 1차에 한하여 연임할 수 있다.
⑥ 분쟁조정위원회는 분쟁조정업무를 효율적으로 수행하기 위하여 필요하면 대통령령으로 정하는 바에 따라 조정사건의 분야별로 5명 이내의 위원으로 구성되는 조정부를 둘 수 있다. 이 경우 조정부가 분쟁조정위원회에서 위임받아 의결한 사항은 분쟁조정위원회에서 의결한 것으로 본다.
⑦ 분쟁조정위원회 또는 조정부는 재적위원 과반수의 출석으로 개의하며 출석위원 과반수의 찬성으로 의결한다.

제43조(조정의 신청 등)

① 개인정보와 관련한 분쟁의 조정을 원하는 자는 분쟁조정위원회에 분쟁조정을 신청할 수 있다.
② 분쟁조정위원회는 당사자 일방으로부터 분쟁조정신청을 받았을 때에는 그 신청 내용을 상대방에게 알려야 한다.
③ 개인정보처리자가 제2항에 따른 분쟁조정의 통지를 받은 경우에는 특별한 사유가 없으면 분쟁조정에 응하여야 한다.

제00조(거래기간)
① 금융투자업자는 채무자에 대하여 이 계약에 따른 융자기간을 60일 이내의 범위에서 정하여 채무자에게 통지하여야 한다. 다만, 주식이나 증권 등 유가증권을 담보로 하는 대출의 경우에는 이를 달리 정할 수 있다.
② 금융투자업자는 채무자에 따라 기간이 달라지는 경우에는 그 사유와 기간을 각 채무자에게 통지하여야 한다.

제00조(기한의 연장 및 상환방법 등)
① 금융투자업자는 채무자에 따라 융자기간에 해당 기일에 채무자의 신청으로 융자기간을 연장할 수 있다. 이 경우 금융투자업자는 기한연장에 따른 사유를 명시하여야 한다.
② 금융투자업자는 채무자가 융자원금의 일부를 상환하거나 담보를 추가로 제공하는 등 채무자의 신용상태가 개선되었을 때에는 기한을 연장할 수 있다. 이 경우 금융투자업자는 기한연장에 따른 사유를 명시하여야 한다.

제00조2(징수의 응용 제한)
금융투자업자는 이 계약에 따른 공탁금 예치에 대해서 채권자(금융투자업자)에게 응용하지 못한다.

제00조(중도 일부 상환)
금융투자업자는 채무자에게 융자기간에 따라 이 계약에 따른 채무의 전부 또는 일부를 중도에 상환할 수 있다.

제00조(융자의 중지)
① 금융투자업자는 다음 각 호의 어느 하나에 해당하는 사유가 발생한 때에는 융자를 중지할 수 있다.
1. 채무자의 신용상태가 악화된 경우
2. 담보물의 가치가 그 시세에 따라 현저히 감소한 경우
3. 담보 내용이 기타 채무자의 의무이행이 곤란할 경우

제00조(담보)
① 금융투자업자는 채무자에게 담보의 제공을 요구할 수 있다.
② 금융투자업자는 이해에 따라 중요 요구할 수 있으며 담보의 종류와 가치는 각 사업자가 정한다.
③ 금융투자업자는 대출잔액이 담보가액을 초과하거나 담보의 가치가 현저히 하락하여 추가담보가 필요한 경우 추가담보를 요구할 수 있으며, 담보의 추가 요구에 따라 그 기간 내에 필요한 담보를 제공하지 못할 경우 필요한 조치를 취할 수 있다.
④ 채무자가 대출금의 반환 또는 담보의 제공(재제공을 포함한다)을 지체한 경우에는 그 사유를 채무자에게 이를 통지하여야 한다.
⑤ 채무자에 따른 권리의 내용 및 행사절차 등에 대하여 채무자에게 통지할 수 있다.

제00조(권리의 제한 등)
① 금융투자업자는 담보로 제공된 유가증권이 상장되거나 아니하거나 가치상실 등의 이유로 그 권리가 유효하는 계약에 따른 사유가 될 수 없다고 판단되는 경우 이 계약에 따른 권리를 행사할 수 있다.
② 금융투자업자는 담보로 제공된 유가증권이 권리를 가치상실 등으로 채무자에게 담보로서 유효하지 아니하다고 판단되는 경우 이를 단독으로 처분할 수 있다.

제00조(담보물의 공탁)
① 금융투자업자는 담보로 제공된 유가증권이 다수인 경우 분리 관리되거나 채무자의 이익을 해치지 않는 범위 내에서 일괄적으로 공탁관(이상, 담보공탁관이라 한다) 등에 예치할 수 있다.

MEMO

제51조(단체소송의 대상 등)
다음 각 호의 어느 하나에 해당하는 단체는 개인정보처리자가 제49조에 따른 집단분쟁조정을 거부하거나 집단분쟁조정의 결과를 수락하지 아니한 경우에는 법원에 권리 침해행위의 금지·중지를 구하는 소송(이하 '단체소송'이라 한다)을 제기할 수 있다.
 1. 소비자기본법 제29조에 따라 공정거래위원회에 등록한 소비자단체로서 다음 각 목의 요건을 모두 갖춘 단체
  가. 정관에 따라 상시적으로 정보주체의 권익증진을 주된 목적으로 하는 단체일 것
  나. 단체의 정회원 수가 1천 명 이상일 것
  다. 소비자기본법 제29조에 따른 등록 후 3년이 경과하였을 것
 2. 비영리민간단체 지원법 제2조에 따른 비영리민간단체로서 다음 각 목의 요건을 모두 갖춘 단체
  가. 법률상 또는 사실상 동일한 침해를 입은 100명 이상의 정보주체로부터 단체소송의 제기를 요청받을 것
  나. 정관에 개인정보 보호를 단체의 목적으로 명시한 후 최근 3년 이상 이를 위한 활동실적이 있을 것
  다. 단체의 상시 구성원 수가 5천 명 이상일 것
  라. 중앙행정기관에 등록되어 있을 것

제52조(전속관할)
① 단체소송의 소는 피고의 주된 사무소 또는 영업소가 있는 곳, 주된 사무소나 영업소가 없는 경우에는 주된 업무담당자의 주소가 있는 곳의 지방법원 본원 합의부의 관할에 전속한다.

제53조(소송대리인의 선임)
단체소송의 원고는 변호사를 소송대리인으로 선임하여야 한다.

제55조(소송허가요건 등)
① 법원은 다음 각 호의 요건을 모두 갖춘 경우에 한하여 결정으로 단체소송을 허가한다.
 1. 개인정보처리자가 분쟁조정위원회의 조정을 거부하거나 조정 결과를 수락하지 아니하였을 것
 2. 제54조에 따른 소송허가신청서의 기재사항에 흠결이 없을 것
② 단체소송을 허가하거나 불허가하는 결정에 대하여는 즉시항고할 수 있다.

제56조(확정판결의 효력)
원고의 청구를 기각하는 판결이 확정된 경우 이와 동일한 사안에 관하여는 제51조에 따른 다른 단체는 단체소송을 제기할 수 없다. 다만, 다음 각 호의 어느 하나에 해당하는 경우에는 그러하지 아니한다.
 1. 판결이 확정된 후 그 사안과 관련하여 국가·지방자치단체 또는 국가·지방자치단체가 설립한 기관에 의하여 새로운 증거가 나타난 경우
 2. 기각판결이 원고의 고의로 인한 것임이 밝혀진 경우

제58조(적용의 일부 제외)
① 다음 각 호의 어느 하나에 해당하는 개인정보에 관하여는 제3장부터 제8장까지를 적용하지 아니한다.
 2. 국가안전보장과 관련된 정보 분석을 목적으로 수집 또는 제공요청되는 개인정보
 4. 언론, 종교단체, 정당이 각각 취재·보도, 선교, 선거 입후보자 추천 등 고유목적을 달성하기 위하여 수집·이용하는 개인정보
② 제25조 제1항 각 호에 따라 공개된 장소에 고정형 영상정보처리기기를 설치·운영하여 처리되는 개인정보에 대하여는 제15조, 제22조, 제22조의2, 제27조 제1항·제2항, 제34조 및 제37조를 적용하지 아니한다.
③ 개인정보처리자가 동창회, 동호회 등 친목 도모를 위한 단체를 운영하기 위하여 개인정보를 처리하는 경우에는 제15조, 제30조 및 제31조를 적용하지 아니한다.

제58조의2(정응제외)
이 법은 시간·비용·기술 등을 고려하여 다른 정보를 사용하여도 더 이상 개인을 알아볼 수 없는 정보(이하 "익명정보"라 한다)에는 적용하지 아니한다.

제61조(의견제시 및 개선권고)
① 보호위원회는 개인정보 보호에 관한 사항에 대하여 관계 기관의 장에게 의견을 제시할 수 있다.
② 보호위원회는 개인정보 보호를 위하여 필요하다고 인정하면 개인정보처리자에게 개인정보 처리 실태의 개선을 권고할 수 있다. 이 경우 권고를 받은 개인정보처리자는 이를 이행하기 위하여 성실하게 노력하여야 하며, 그 조치 결과를 보호위원회에 알려야 한다.
③ 보호위원회는 정보통신서비스 제공자에 대하여 개인정보 보호에 관한 국제협약의 이행, 국제적인 규정의 준수 및 개인정보 보호와 관련한 국제기구 및 외국의 정부와 민간 분야의 교류·협력 등을 위하여 필요한 조치를 마련할 수 있다.

제62조(침해사실의 신고 등)
① 개인정보처리자가 이 법을 위반한 사실을 알게 된 자는 보호위원회에 그 침해 사실을 신고할 수 있다.

제64조(시정조치 등)
① 보호위원회는 개인정보가 침해되었다고 판단할 상당한 근거가 있고 이를 방치할 경우 돌이키기 어려운 피해가 발생할 우려가 있다고 인정되는 경우에는 이 법을 위반한 자(중앙행정기관, 지방자치단체, 국회, 법원, 헌법재판소, 중앙선거관리위원회는 제외한다)에 대하여 다음 각 호에 해당하는 조치를 명할 수 있다.
1. 개인정보 침해행위의 중지
2. 개인정보 처리의 일시적인 정지
3. 그 밖에 개인정보의 보호 및 침해 방지를 위하여 필요한 조치
② 보호위원회는 중앙행정기관, 지방자치단체, 국회, 법원, 헌법재판소, 중앙선거관리위원회가 이 법에 따른 개인정보 보호에 관한 규정을 위반하였을 때에는 해당 기관의 장에게 제1항 각 호에 해당하는 조치를 하도록 권고할 수 있다. 이 경우 권고를 받은 기관은 특별한 사유가 없으면 이를 존중하여야 한다.

제65조(고발 및 징계권고)
① 보호위원회는 개인정보처리자에게 이 법 등 개인정보 보호와 관련된 법규의 위반에 따른 범죄혐의가 있다고 인정될 만한 상당한 이유가 있을 때에는 관할 수사기관에 그 내용을 고발할 수 있다.

제66조(결과의 공표 및 공표명령의 특례)
① 보호위원회는 제61조에 따른 개선권고, 제64조에 따른 시정조치 명령, 같은 조 제4항에 따른 과징금 부과, 제65조에 따른 고발 또는 징계권고 및 제75조에 따른 과태료 부과의 내용 및 결과를 공표할 수 있다.

DAY 05 실효성 확보수단

행정작용과 그 후의 절차

01 행정작용이 적법 ➡ 실효성 확보수단

02 행정작용이 위법 ➡ 행정구제

실효성 확보수단

전통적 수단 (직접적 또는 간접적)	행정강제(직접적 강제수단) 의무 위반을 전제로 한 장래에 대한 의무 이행 확보수단	행정상 강제집행 (의무 불이행을 전제로 함)	• 대집행: 대체적 작위의무를 전제로 함. • 이행강제금(집행벌): 비대체적 작위의무(간접적)에 대해 부과 • 직접강제: 모든 의무 불이행을 전제로 함. • 강제징수: 금전급부의무 불이행에 대해 부과. 국세징수법
		행정상 즉시강제	행정조사(의무 불이행을 전제로 하지 않음)
	행정벌(간접적 강제수단) 과거의 의무 불이행에 대한 제재	행정형벌	형법상 형벌(예 형사소송절차, 통고처분)
		행정질서벌	질서위반행위규제법상 과태료

새로운 수단
(간접적)
	금전적 제재		• 과징금: 불법적인 수익을 박탈하는 제재임.
			  ┌ 급부하명으로 처분성이 인정됨.
			  └ 대부분 재량행위이지만, 부동산 실권리자명의 등기에 관한 법률상 과징금 부과는 기속행위임. 다만, 부동산 실권리
			    자명의 등기에 관한 법률상 과징금에 대하여 감경하지 않은 것은 재량의 일탈·남용임.
			• 변형된 과징금: 영업정지를 하여야 할 사안에 대해 시민의 불편을 감안하여 과징금을 부과
			• 가산금, 중가산금: 처분성 부정. 세금을 납부기한 내에 납부하지 않은 경우에 부과(이자의 개념)
			• 가산세: 처분성 인정
			  ┌ 세금의 과소신고에 부과함.
			  └ 고의·과실을 요건으로 하지 않음. 단, 정당한 사유가 있으면 부과하지 않음.

	비금전적 제재		• 공급거부: 법적 근거 없이 할 수 없고, 대부분의 규정이 삭제됨. • 명단공표: 국세징수법과 행정절차법에 근거가 있음. ➡ 학설은 법적 근거가 필요하다고 보는 입장임. • 관허사업의 제한: 건축법, 질서위반행위규제법, 국세징수법에 근거가 있음. • 기타: 세무조사, 해외여행제한, 취업제한 등

🔴 대집행, 직접강제, 강제징수는 직접적인 수단이고, 이행강제금은 간접적인 수단임. 그 외 행정벌, 관허사업의 제한, 명단공표도 간접적 수단임.

📝 관련조문

행정기본법 제30조(행정상 강제)

① 행정청은 행정목적을 달성하기 위하여 필요한 경우에는 법률로 정하는 바에 따라 필요한 최소한의 범위에서 다음 각 호의 어느 하나에 해당하는 조치를 할 수 있다.

1. 행정대집행: 의무자가 행정상 의무(법령 등에서 직접 부과하거나 행정청이 법령 등에 따라 부과한 의무를 말한다. 이하 이 절에서 같다)로서 타인이 대신하여 행할 수 있는 의무를 이행하지 아니하는 경우 법률로 정하는 다른 수단으로는 그 이행을 확보하기 곤란하고 그 불이행을 방치하면 공익을 크게 해칠 것으로 인정될 때에 행정청이 의무자가 하여야 할 행위를 스스로 하거나 제3자에게 하게 하고 그 비용을 의무자로부터 징수하는 것

2. 이행강제금의 부과: 의무자가 행정상 의무를 이행하지 아니하는 경우 행정청이 적절한 이행기간을 부여하고, 그 기한까지 행정상 의무를 이행하지 아니하면 금전급부의무를 부과하는 것

3. 직접강제: 의무자가 행정상 의무를 이행하지 아니하는 경우 행정청이 의무자의 신체나 재산에 실력을 행사하여 그 행정상 의무의 이행이 있었던 것과 같은 상태를 실현하는 것

4. 강제징수: 의무자가 행정상 의무 중 금전급부의무를 이행하지 아니하는 경우 행정청이 의무자의 재산에 실력을 행사하여 그 행정상 의무가 실현된 것과 같은 상태를 실현하는 것

5. 즉시강제: 현재의 급박한 행정상의 장해를 제거하기 위한 경우로서 다음 각 목의 어느 하나에 해당하는 경우에 행정청이 곧바로 국민의 신체 또는 재산에 실력을 행사하여 행정목적을 달성하는 것

가. 행정청이 미리 행정상 의무 이행을 명할 시간적 여유가 없는 경우

직접적 수단과 간접적 수단

01 직접적 수단

장래에 대한 의무 이행 확보를 목적으로 행정행위의 목적을 직접 달성하는 방법

02 간접적 수단

과거의 의무 불이행에 대한 제재로서 주로 금전적 의무를 부과하여 상대방에게 심리적 부담을 줌으로써 행정목적을 달성하려는 방법

대집행의 순서 – 각 절차는 모두 처분성이 인정됨.

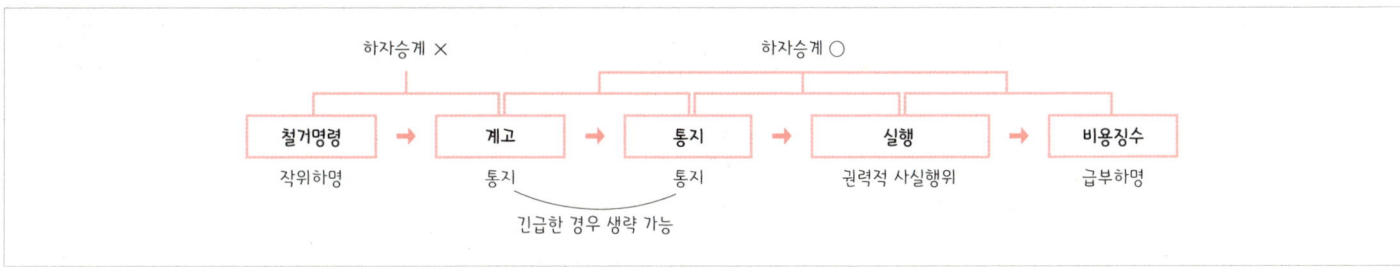

대집행의 법률관계

```
                    행정청
              ↗              ↘
    사법상 도급계약        공법관계
      (통설)         행정청의 비용상환청구권과 의무자의 비용상환의무
     ↙                          ↘
  제3자  ←——————————————————→  의무자
대집행주체가 아님.
```

- 제3자와 의무자 사이에는 법률관계가 발생하지 않음.
- 의무자는 대집행을 수인하여야 할 의무가 있고, 불법행위가 있을 때 손해배상책임이 발생하는 것은 별개의 문제임.

나. 그 성질상 행정상 의무의 이행을 명하는 것만 으로는 행정목적 달성이 곤란한 경우

② 행정상 강제조치에 관하여 이 법에서 정한 사항 외 에 필요한 사항은 따로 법률로 정한다.

③ 형사, 행형 및 보안처분 관계 법령에 따라 행하는 사 항이나 외국인의 출입국·난민인정·귀화·국적회복 에 관한 사항에 관하여는 이 절을 적용하지 아니한다.

제28조(과징금의 기준)

① 행정청은 법령 등에 따른 의무를 위반한 자에 대하 여 법률로 정하는 바에 따라 그 위반행위에 대한 제 재로서 과징금을 부과할 수 있다.

② 과징금의 근거가 되는 법률에는 과징금에 관한 다음 각 호의 사항을 명확하게 규정하여야 한다.
1. 부과·징수주체
2. 부과사유
3. 상한액
4. 가산금을 징수하려는 경우 그 사항
5. 과징금 또는 가산금 체납시 강제징수를 하려는 경 우 그 사항

제29조(과징금의 납부기한 연기 및 분할 납부)

과징금은 한꺼번에 납부하는 것을 원칙으로 한다. 다만, 행정청은 과징금을 부과받은 자가 다음 각 호의 어느 하나에 해당하는 사유로 과징금 전액을 한꺼번에 내기 어렵다고 인정될 때에는 그 납부기한을 연기하거나 분 할 납부하게 할 수 있으며, 이 경우 필요하다고 인정하 면 담보를 제공하게 할 수 있다.
1. 재해 등으로 재산에 현저한 손실을 입은 경우
2. 사업 여건의 악화로 사업이 중대한 위기에 처한 경우
3. 과징금을 한꺼번에 내면 자금 사정에 현저한 어려 움이 예상되는 경우
4. 그 밖에 제1호부터 제3호까지에 준하는 경우로서 대통령령으로 정하는 사유가 있는 경우

대집행의 논점

01 대체적 작위의무를 전제로 함.

02 공법상 의무 불이행을 대상으로 함. 다만, 국·공유재산에 대해서는 의무의 성질을 가리지 않고 대집행이 가능함.

03 부작위의무 위반에는 원칙적으로 대집행을 할 수 없음.
→ 부작위의무 위반에 대해 대집행을 하기 위해서는 부작위의무를 작위의무로 변경시켜야 하며, 이때는 작위하명을 할 수 있는 개별법에 별도의 법적 근거가 있어야 함.

04 퇴거·인도·명도는 대집행의 대상이 아님.

05 대집행요건이 갖추어졌을 때의 대집행 여부는 재량임.

06 철거명령과 그 이후의 절차는 하자승계가 안 되고, 계고·통지·실행·비용징수 사이에서는 하자승계가 됨.

07 최초의 계고는 처분이지만, 제2차·제3차 계고는 처분이 아님.

기출지문 OX Quiz

「행정대집행법」에 따른 행정대집행에서 건물의 점유자가 철거의무자일 때에는 별도로 퇴거를 명하는 집행권원이 필요하다. [23 군무원9급] (O / X)

정답 X

이행강제금(집행벌)의 논점

01 부작위의무나 비대체적 작위의무에 대해서 부과함. 헌법재판소는 대체적 작위의무 위반에 대해서도 가능하다고 판시함.

02 금전적 의무 부과를 통한 심리적 압박으로서 간접적 수단에 해당함. 행정벌과 병과가 가능하며, 반복 부과가 가능함.

03 개별법에 구제절차가 있으면(농지법) 처분성이 부정되고, 개별법에 구제절차가 없으면 처분성이 인정됨(건축법상 이행강제금은 처분성이 인정됨).

04 행정기본법에 이행강제금에 관한 규정이 있음.

05 이행강제금은 일신전속적이어서 승계되지 않음. 단, 부동산 실권리자명의 등기에 관한 법률상 과징금은 승계됨.

관련조문

행정기본법 제31조(이행강제금의 부과)

① 이행강제금 부과의 근거가 되는 법률에는 이행강제금에 관한 다음 각 호의 사항을 명확하게 규정하여야 한다. 다만, 제4호 또는 제5호를 규정할 경우 입법목적이나 입법취지를 훼손할 우려가 크다고 인정되는 경우로서 대통령령으로 정하는 경우는 제외한다.
  1. 부과·징수주체
  2. 부과요건
  3. 부과 금액
  4. 부과 금액 산정기준
  5. 연간 부과 횟수나 횟수의 상한
② 행정청은 다음 각 호의 사항을 고려하여 이행강제금의 부과 금액을 가중하거나 감경할 수 있다.
  1. 의무 불이행의 동기, 목적 및 결과
  2. 의무 불이행의 정도 및 상습성
  3. 그 밖에 행정목적을 달성하는 데 필요하다고 인정되는 사유

직접강제의 논점

01 의무자의 신체나 재산에 대한 실력 행사로 의무를 이행한 것과 같은 상태를 실현하는 작용임(예) 영업소 폐쇄).

02 작위의무, 부작위의무, 수인의무 등 모든 의무 불이행에 대해 가능함.

03 처분성이 인정됨(권력적 사실행위).

04 의무 불이행을 전제로 한다는 점에서 즉시강제와 다름.

📑 관련조문

행정기본법 제32조(직접강제)
① 직접강제는 행정대집행이나 이행강제금 부과의 방법으로는 행정상 의무 이행을 확보할 수 없거나 그 실현이 불가능한 경우에 실시하여야 한다.
② 직접강제를 실시하기 위하여 현장에 파견되는 집행책임자는 그가 집행책임자임을 표시하는 증표를 보여 주어야 한다.

강제징수의 순서

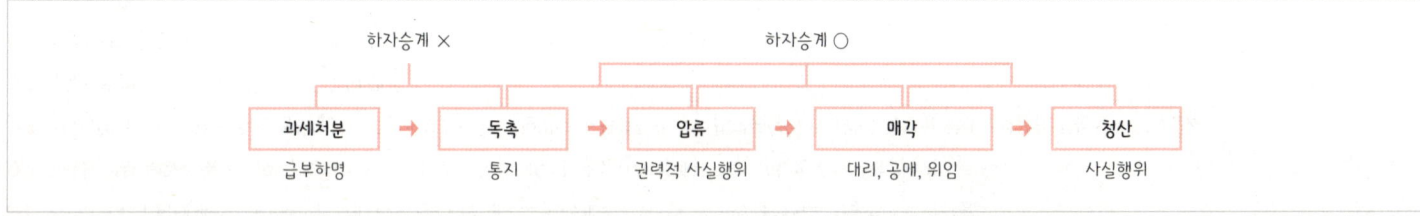

강제징수의 논점

01 조세 체납과 같은 금전상 불이행을 대상으로 함.

02 독촉장은 지정납부기간이 지난 후 10일 이내에 서면으로 발급하여야 함. 독촉은 소멸시효중단사유임.

03 부과처분과 그 이후의 절차는 하자승계가 안 되고, 독촉·압류·매각·청산 사이에서는 하자승계가 됨.

04 매각은 원칙적으로 경매 등의 공매이지만, 예외적으로 수의계약도 가능함. 공매는 처분성이 인정되는데, 수의계약은 사법상 매매계약으로 처분성이 인정되지 않음.

05 공매의 결정과 통지는 처분이 아님.

행정조사의 기본원칙

관련조문

행정조사기본법 제4조(행정조사의 기본원칙)

조사범위의 최소화(비례의 원칙)	① 행정조사는 조사목적을 달성하는 데 필요한 최소한의 범위 안에서 실시하여야 하며, 다른 목적 등을 위하여 조사권을 남용하여서는 아니 된다.
목적부합성원칙	② 행정기관은 조사목적에 적합하도록 조사대상자를 선정하여 행정조사를 실시하여야 한다.
중복조사의 제한	③ 행정기관은 유사하거나 동일한 사안에 대하여는 공동조사 등을 실시함으로써 행정조사가 중복되지 아니하도록 하여야 한다.
예방 위주의 행정조사	④ 행정조사는 법령 등의 위반에 대한 처벌보다는 법령 등을 준수하도록 유도하는 데 중점을 두어야 한다.
조사 내용 공표금지 및 비밀엄수	⑤ 다른 법률에 따르지 아니하고는 행정조사의 대상자 또는 행정조사의 내용을 공표하거나 직무상 알게 된 비밀을 누설하여서는 아니 된다.
조사 내용에 대한 이용 제한	⑥ 행정기관은 행정조사를 통하여 알게 된 정보를 다른 법률에 따라 내부에서 이용하거나 다른 기관에 제공하는 경우를 제외하고는 원래의 조사목적 이외의 용도로 이용하거나 타인에게 제공하여서는 아니 된다.

주요조문

행정조사기본법 제3조(적용범위)
① 행정조사에 관하여 다른 법률에 특별한 규정이 있는 경우를 제외하고는 이 법으로 정하는 바에 따른다.
② 다음 각 호의 어느 하나에 해당하는 사항에 대하여는 이 법을 적용하지 아니한다.
  1. 행정조사를 한다는 사실이나 조사 내용이 공개될 경우 국가의 존립을 위태롭게 하거나 국가의 중대한 이익을 현저히 해칠 우려가 있는 국가안전보장·통일 및 외교에 관한 사항
  2. 국방 및 안전에 관한 사항 중 다음 각 목의 어느 하나에 해당하는 사항
    가. 군사시설·군사기밀보호 또는 방위사업에 관한 사항
    나. 병역법·예비군법·민방위기본법·비상대비에 관한 법률·재난관리자원의 관리 등에 관한 법률에 따른 징집·소집·동원 및 훈련에 관한 사항
  3. 공공기관의 정보공개에 관한 법률 제4조 제3항의 정보에 관한 사항
  4. 근로기준법 제101조에 따른 근로감독관의 직무에 관한 사항
  5. 조세·형사·행형 및 보안처분에 관한 사항
  6. 금융감독기관의 감독·검사·조사 및 감리에 관한 사항
  7. 독점규제 및 공정거래에 관한 법률, 표시·광고의 공정화에 관한 법률, 하도급거래 공정화에 관한 법률, 가맹사업거래의 공정화에 관한 법률, 방문판매 등에 관한 법률, 전자상거래 등에서의 소비자보호에 관한 법률, 약관의 규제에 관한 법률 및 할부거래에 관한 법률에 따른 공정거래위원회의 법률 위반행위 조사에 관한 사항
③ 제2항에도 불구하고 제4조(행정조사의 기본원칙), 제5조(행정조사의 근거) 및 제28조(정보통신수단을 통한 행정조사)는 제2항 각 호의 사항에 대하여 적용한다.

제5조(행정조사의 근거)
행정기관은 법령 등에서 행정조사를 규정하고 있는 경우에 한하여 행정조사를 실시할 수 있다. 다만, 조사대상자의 자발적인 협조를 얻어 실시하는 행정조사의 경우에는 그러하지 아니한다.

제7조(조사의 주기)

행정조사는 법령 등 또는 행정조사운영계획으로 정하는 바에 따라 정기적으로 실시함을 원칙으로 한다. 다만, 다음 각 호 중 어느 하나에 해당하는 경우에는 수시조사를 할 수 있다.

  1. 법률에서 수시조사를 규정하고 있는 경우
  2. 법령 등의 위반에 대하여 혐의가 있는 경우
  3. 다른 행정기관으로부터 법령 등의 위반에 관한 혐의를 통보 또는 이첩받은 경우
  4. 법령 등의 위반에 대한 신고를 받거나 민원이 접수된 경우

제9조(출석 · 진술요구)

① 행정기관의 장이 조사대상자의 출석·진술을 요구하는 때에는 다음 각 호의 사항이 기재된 출석요구서를 발송하여야 한다.
  <각 호 생략>
② 조사대상자는 지정된 출석일시에 출석하는 경우 업무 또는 생활에 지장이 있는 때에는 행정기관의 장에게 출석일시를 변경하여 줄 것을 신청할 수 있으며, 변경신청을 받은 행정기관의 장은 행정조사의 목적을 달성할 수 있는 범위 안에서 출석일시를 변경할 수 있다.
③ 출석한 조사대상자가 제1항에 따른 출석요구서에 기재된 내용을 이행하지 아니하여 행정조사의 목적을 달성할 수 없는 경우를 제외하고는 조사원은 조사대상자의 1회 출석으로 당해 조사를 종결하여야 한다.

제10조(보고요구와 자료제출의 요구)

① 행정기관의 장은 조사대상자에게 조사사항에 대하여 보고를 요구하는 때에는 다음 각 호의 사항이 포함된 보고요구서를 발송하여야 한다.
  <각 호 생략>
② 행정기관의 장은 조사대상자에게 장부·서류나 그 밖의 자료를 제출하도록 요구하는 때에는 다음 각 호의 사항이 기재된 자료제출요구서를 발송하여야 한다.
  <각 호 생략>

제11조(현장조사)

① 조사원이 가택·사무실 또는 사업장 등에 출입하여 현장조사를 실시하는 경우에는 행정기관의 장은 다음 각 호의 사항이 기재된 현장출입조사서 또는 법령 등에서 현장조사시 제시하도록 규정하고 있는 문서를 조사대상자에게 발송하여야 한다.
  <각 호 생략>
② 제1항에 따른 현장조사는 해가 뜨기 전이나 해가 진 뒤에는 할 수 없다. 다만, 다음 각 호의 어느 하나에 해당하는 경우에는 그러하지 아니한다.
  1. 조사대상자(대리인 및 관리책임이 있는 자를 포함한다)가 동의한 경우
  2. 사무실 또는 사업장 등의 업무시간에 행정조사를 실시하는 경우
  3. 해가 뜬 후부터 해가 지기 전까지 행정조사를 실시하는 경우에는 조사목적의 달성이 불가능하거나 증거인멸로 인하여 조사대상자의 법령 등의 위반 여부를 확인할 수 없는 경우
③ 제1항 및 제2항에 따라 현장조사를 하는 조사원은 그 권한을 나타내는 증표를 지니고 이를 조사대상자에게 내보여야 한다.

제12조(시료채취)

① 조사원이 조사목적의 달성을 위하여 시료채취를 하는 경우에는 그 시료의 소유자 및 관리자의 정상적인 경제활동을 방해하지 아니하는 범위 안에서 최소한도로 하여야 한다.
② 행정기관의 장은 제1항에 따른 시료채취로 조사대상자에게 손실을 입힌 때에는 대통령령으로 정하는 절차와 방법에 따라 그 손실을 보상하여야 한다.

제13조(자료 등의 영치)
① 조사원이 현장조사 중에 자료·서류·물건 등(이하 이 조에서 '자료 등'이라 한다)을 영치하는 때에는 조사대상자 또는 그 대리인을 입회시켜야 한다.
② 조사원이 제1항에 따라 자료 등을 영치하는 경우에 조사대상자의 생활이나 영업이 사실상 불가능하게 될 우려가 있는 때에는 조사원은 자료 등을 사진으로 촬영하거나 사본을 작성하는 등의 방법으로 영치에 갈음할 수 있다. 다만, 증거인멸의 우려가 있는 자료 등을 영치하는 경우에는 그러하지 아니한다.
③ 조사원이 영치를 완료한 때에는 영치조서 2부를 작성하여 입회인과 함께 서명날인하고 그중 1부를 입회인에게 교부하여야 한다.
④ 행정기관의 장은 영치한 자료 등이 다음 각 호의 어느 하나에 해당하는 경우에는 이를 즉시 반환하여야 한다.
  1. 영치한 자료 등을 검토한 결과 당해 행정조사와 관련이 없다고 인정되는 경우
  2. 당해 행정조사의 목적의 달성 등으로 자료 등에 대한 영치의 필요성이 없게 된 경우

제14조(공동조사)
① 행정기관의 장은 다음 각 호의 어느 하나에 해당하는 행정조사를 하는 경우에는 공동조사를 하여야 한다.
  1. 당해 행정기관 내의 2 이상의 부서가 동일하거나 유사한 업무분야에 대하여 동일한 조사대상자에게 행정조사를 실시하는 경우
  2. 서로 다른 행정기관이 대통령령으로 정하는 분야에 대하여 동일한 조사대상자에게 행정조사를 실시하는 경우

제15조(중복조사의 제한)
① 제7조에 따라 정기조사 또는 수시조사를 실시한 행정기관의 장은 동일한 사안에 대하여 동일한 조사대상자를 재조사하여서는 아니 된다. 다만, 당해 행정기관이 이미 조사를 받은 조사대상자에 대하여 위법행위가 의심되는 새로운 증거를 확보한 경우에는 그러하지 아니한다.

제17조(조사의 사전통지)
① 행정조사를 실시하고자 하는 행정기관의 장은 제9조에 따른 출석요구서, 제10조에 따른 보고요구서·자료제출요구서 및 제11조에 따른 현장출입조사서(이하 '출석요구서 등'이라 한다)를 조사개시 7일 전까지 조사대상자에게 서면으로 통지하여야 한다. 다만, 다음 각 호의 어느 하나에 해당하는 경우에는 행정조사의 개시와 동시에 출석요구서 등을 조사대상자에게 제시하거나 행정조사의 목적 등을 조사대상자에게 구두로 통지할 수 있다.
  1. 행정조사를 실시하기 전에 관련 사항을 미리 통지하는 때에는 증거인멸 등으로 행정조사의 목적을 달성할 수 없다고 판단되는 경우
  2. 통계법 제3조 제2호에 따른 지정통계의 작성을 위하여 조사하는 경우
  3. 제5조 단서에 따라 조사대상자의 자발적인 협조를 얻어 실시하는 행정조사의 경우

제19조(제3자에 대한 보충조사)
① 행정기관의 장은 조사대상자에 대한 조사만으로는 당해 행정조사의 목적을 달성할 수 없거나 조사대상이 되는 행위에 대한 사실 여부 등을 입증하는 데 과도한 비용 등이 소요되는 경우로서 다음 각 호의 어느 하나에 해당하는 경우에는 제3자에 대하여 보충조사를 할 수 있다.
  1. 다른 법률에서 제3자에 대한 조사를 허용하고 있는 경우
  2. 제3자의 동의가 있는 경우
② 행정기관의 장은 제1항에 따라 제3자에 대한 보충조사를 실시하는 경우에는 조사개시 7일 전까지 보충조사의 일시·장소 및 보충조사의 취지 등을 제3자에게 서면으로 통지하여야 한다.
③ 행정기관의 장은 제3자에 대한 보충조사를 하기 전에 그 사실을 원래의 조사대상자에게 통지하여야 한다. 다만, 제3자에 대한 보충조사를 사전에 통지하여서는 조사목적을 달성할 수 없거나 조사목적의 달성이 현저히 곤란한 경우에는 제3자에 대한 조사 결과를 확정하기 전에 그 사실을 통지하여야 한다.
④ 원래의 조사대상자는 제3항에 따른 통지에 대하여 의견을 제출할 수 있다.

제20조(자발적인 협조에 따라 실시하는 행정조사)

① 행정기관의 장이 제5조 단서에 따라 조사대상자의 자발적인 협조를 얻어 행정조사를 실시하고자 하는 경우 조사대상자는 문서·전화·구두 등의 방법으로 당해 행정조사를 거부할 수 있다.

② 제1항에 따른 행정조사에 대하여 조사대상자가 조사에 응할 것인지에 대한 응답을 하지 아니하는 경우에는 법령 등에 특별한 규정이 없는 한 그 조사를 거부한 것으로 본다.

③ 행정기관의 장은 제1항 및 제2항에 따른 조사거부자의 인적 사항 등에 관한 기초자료는 특정 개인을 식별할 수 없는 형태로 통계를 작성하는 경우에 한하여 이를 이용할 수 있다.

제22조(조사원 교체신청)

① 조사대상자는 조사원에게 공정한 행정조사를 기대하기 어려운 사정이 있다고 판단되는 경우에는 행정기관의 장에게 당해 조사원의 교체를 신청할 수 있다.

② 제1항에 따른 교체신청은 그 이유를 명시한 서면으로 행정기관의 장에게 하여야 한다.

③ 제1항에 따른 교체신청을 받은 행정기관의 장은 즉시 이를 심사하여야 한다.

④ 행정기관의 장은 제1항에 따른 교체신청이 타당하다고 인정되는 경우에는 다른 조사원으로 하여금 행정조사를 하게 하여야 한다.

⑤ 행정기관의 장은 제1항에 따른 교체신청이 조사를 지연할 목적으로 한 것이거나 그 밖에 교체신청에 타당한 이유가 없다고 인정되는 때에는 그 신청을 기각하고 그 취지를 신청인에게 통지하여야 한다.

제23조(조사권 행사의 제한)

① 조사원은 제9조부터 제11조까지에 따라 사전에 발송된 사항에 한하여 조사대상자를 조사하되, 사전통지한 사항과 관련된 추가적인 행정조사가 필요할 경우에는 조사대상자에게 추가조사의 필요성과 조사 내용 등에 관한 사항을 서면이나 구두로 통보한 후 추가조사를 실시할 수 있다.

② 조사대상자는 법률·회계 등에 대하여 전문지식이 있는 관계 전문가로 하여금 행정조사를 받는 과정에 입회하게 하거나 의견을 진술하게 할 수 있다.

③ 조사대상자와 조사원은 조사과정을 방해하지 아니하는 범위 안에서 행정조사의 과정을 녹음하거나 녹화할 수 있다. 이 경우 녹음·녹화의 범위 등은 상호 협의하여 정하여야 한다.

④ 조사대상자와 조사원이 제3항에 따라 녹음이나 녹화를 하는 경우에는 사전에 이를 당해 행정기관의 장에게 통지하여야 한다.

제24조(조사 결과의 통지)

행정기관의 장은 법령 등에 특별한 규정이 있는 경우를 제외하고는 행정조사의 결과를 확정한 날부터 7일 이내에 그 결과를 조사대상자에게 통지하여야 한다.

제25조(자율신고제도)

① 행정기관의 장은 법령 등에서 규정하고 있는 조사사항을 조사대상자로 하여금 스스로 신고하도록 하는 제도를 운영할 수 있다.

② 행정기관의 장은 조사대상자가 제1항에 따라 신고한 내용이 거짓의 신고라고 인정할 만한 근거가 있거나 신고 내용을 신뢰할 수 없는 경우를 제외하고는 그 신고 내용을 행정조사에 갈음할 수 있다.

제28조(정보통신수단을 통한 행정조사)

① 행정기관의 장은 인터넷 등 정보통신망을 통하여 조사대상자로 하여금 자료의 제출 등을 하게 할 수 있다.

② 행정기관의 장은 정보통신망을 통하여 자료의 제출 등을 받은 경우에는 조사대상자의 신상이나 사업비밀 등이 유출되지 아니하도록 제도적·기술적 보안조치를 강구하여야 한다.

제29조(행정조사의 점검과 평가)

① 국무조정실장은 행정조사의 효율성·투명성 및 예측가능성을 제고하기 위하여 각급 행정기관의 행정조사 실태, 공동조사 실시현황 및 중복조사 실시 여부 등을 확인·점검하여야 한다.

즉시강제의 개념

행정상 즉시강제란 목전의 긴급한 행정상 장해를 제거하여야 할 필요가 있는 경우에, 미리 의무를 명할 시간적 여유가 없을 때 또는 그 성질상 의무를 명하여서는 목적 달성이 곤란할 때에, 직접 국민의 신체 또는 재산에 실력을 가하여 행정상 필요한 상태를 실현하는 작용을 말함(통설).

관련조문

행정기본법 제33조(즉시강제)
① 즉시강제는 다른 수단으로는 행정목적을 달성할 수 없는 경우에만 허용되며, 이 경우에도 최소한으로만 실시하여야 한다.
② 즉시강제를 실시하기 위하여 현장에 파견되는 집행책임자는 그가 집행책임자임을 표시하는 증표를 보여 주어야 하며, 즉시강제의 이유와 내용을 고지하여야 한다.

행정상 즉시강제의 종류(수단)

대인적 강제	경찰관 직무집행법	• 보호조치: 미아보호, 정신병자보호 • 위험발생방지조치: 광견에 대한 방어조치 • 범행의 예방·제지, 장구의 사용, 무기의 사용
	개별법	• 감염병의 예방 및 관리에 관한 법률: 강제격리, 강제건강진단 • 출입국관리법, 마약류 관리에 관한 법률: 강제수용 • 수상에서의 수색·구조 등에 관한 법률: 인근 주민에 대한 원조강제 • 소방기본법: 소방활동 종사명령 • 정신건강증진 및 정신질환자 복지서비스 지원에 관한 법률: 응급입원
대물적 강제	경찰관 직무집행법	• 무기·흉기·위험물의 임시영치 • 위해방지조치: 무단방치된 장애물 제거
	개별법	• 식품위생법, 약사법, 검역법: 물건의 폐기 • 소방기본법: 소방대상물에 대한 강제처분 • 구 음반 및 비디오물에 관한 법률: 불법 비디오 수거·폐기 • 청소년 보호법: 청소년 유해약물의 수거·폐기 • 형의 집행 및 수용자의 처우에 관한 법률: 물건의 영치
대가택적 강제	경찰관 직무집행법	위험방지를 위한 가택출입

행정상 즉시강제의 한계

급박성에 의한 한계	• 현존하는 명백한 위험의 장애를 예방하기 위하여 발동되어야 함. • 장래의 위험 발생을 예견하여 발동되어서는 안 됨.
보충성에 의한 한계	다른 수단으로는 그 목적 달성이 불가능하거나 시간적 여유가 없는 경우여야 함. 즉, 행정상 강제집행이 가능한 경우에는 행정상 즉시강제는 허용되지 않음.
비례성에 의한 한계	비례원칙을 지켜야 함.
소극성에 의한 한계	소극적으로 공공의 안녕질서를 유지하기 위한 것이어야 하고, 적극적으로 공공복리의 달성이라는 목적으로 행사되어서는 안 됨.

행정형벌과 행정질서벌

구분	행정형벌	행정질서벌
개념	형법에 있는 형벌(예 징역, 금고, 벌금, 과료)을 부과하는 벌	형벌이 아닌 과태료를 부과하는 벌
형법총칙	적용	적용되지 않음.
일반법	일반법 없음.	질서위반행위규제법
과벌절차	• 형사소송절차에 의해 법원이 부과 • 일사부재리원칙 적용	• 행정청이 부과 • 일사부재리원칙 적용 안 됨.
대상	직접적으로 행정목적을 침해하는 행위	간접적으로 행정목적을 침해하는 행위
고의·과실	필요	고의·과실이 필요 없지만, 질서위반행위규제법상 과태료 부과는 고의·과실이 필요

통고처분의 논점

01 통고처분은 벌금을 부과하여야 하는 형벌에 대해서 재판을 거치지 않고 행정청(예 경찰서장, 세무서장)이 일방적으로 범칙금을 부과하는 과벌절차를 말함.

02 통고처분은 처분성이 인정되지 않음. 통고처분에 불복할 때는 행정소송을 할 필요 없이 정식재판절차가 가능하기 때문임.

03 통고처분을 할지의 여부는 재량행위임. 따라서 통고처분을 하지 않고 고발조치하는 것도 가능함.

04 통고처분에는 일사부재리효가 인정됨. 즉, 범칙금을 납부하면 절차는 종료되고 동일한 행위에 대해서 다시 처벌하지 못함.

기출지문 OX Quiz

과태료와 같은 행정질서벌은 행정질서유지를 위한 의무의 위반이라는 객관적 사실에 대하여 과하는 제재이므로 현실적인 행위자가 아니더라도 법령상 책임자로 규정된 자에게 부과된다. [23 소방]

(O / X)

정답 O

관련판례

지방국세청장 또는 세무서장이 조세범 처벌절차법 제17조 제1항에 따라 통고처분을 거치지 아니하고 즉시 고발하였다면 이로써 조세범칙사건에 대한 조사 및 처분절차는 종료되고 형사사건절차로 이행되어 지방국세청장 또는 세무서장으로서는 동일한 조세범칙행위에 대하여 더 이상 통고처분을 할 권한이 없다고 보아야 한다. 따라서 지방국세청장 또는 세무서장이 조세범칙행위에 대하여 고발을 한 후에 동일한 조세범칙행위에 대하여 통고처분을 하였다 하더라도, 이는 법적 권한 소멸 후에 이루어진 것으로서 특별한 사정이 없는 한 그 효력이 없고, 설령 조세범칙행위자가 이러한 통고처분을 이행하였다 하더라도 조세범 처벌절차법 제15조 제3항에서 정한 일사부재리의 원칙이 적용될 수 없다. (대판 2016.9.28. 2014도10748)

🖍 주요조문

질서위반행위규제법 제2조(정의)
이 법에서 사용하는 용어의 뜻은 다음과 같다.
1. '질서위반행위'란 법률(지방자치단체의 조례를 포함한다. 이하 같다)상의 의무를 위반하여 과태료를 부과하는 행위를 말한다. 다만, 다음 각 목의 어느 하나에 해당하는 행위를 제외한다.
   가. 대통령령으로 정하는 사법(私法)상·소송법상 의무를 위반하여 과태료를 부과하는 행위
   나. 대통령령으로 정하는 법률에 따른 징계사유에 해당하여 과태료를 부과하는 행위
2. '행정청'이란 행정에 관한 의사를 결정하여 표시하는 국가 또는 지방자치단체의 기관, 그 밖의 법령 또는 자치법규에 따라 행정권한을 가지고 있거나 위임 또는 위탁받은 공공단체나 그 기관 또는 사인(私人)을 말한다.
3. '당사자'란 질서위반행위를 한 자연인 또는 법인(법인이 아닌 사단 또는 재단으로서 대표자 또는 관리인이 있는 것을 포함한다. 이하 같다)을 말한다.

제3조(법 적용의 시간적 범위)
① 질서위반행위의 성립과 과태료처분은 행위시의 법률에 따른다.
② 질서위반행위 후 법률이 변경되어 그 행위가 질서위반행위에 해당하지 아니하게 되거나 과태료가 변경되기 전의 법률보다 가볍게 된 때에는 법률에 특별한 규정이 없는 한 변경된 법률을 적용한다.
③ 행정청의 과태료 처분이나 법원의 과태료 재판이 확정된 후 법률이 변경되어 그 행위가 질서위반행위에 해당하지 아니하게 된 때에는 변경된 법률에 특별한 규정이 없는 한 과태료의 징수 또는 집행을 면제한다.

제4조(법 적용의 장소적 범위)
① 이 법은 대한민국 영역 안에서 질서위반행위를 한 자에게 적용한다.
② 이 법은 대한민국 영역 밖에서 질서위반행위를 한 대한민국의 국민에게 적용한다.
③ 이 법은 대한민국 영역 밖에 있는 대한민국의 선박 또는 항공기 안에서 질서위반행위를 한 외국인에게 적용한다.

제5조(다른 법률과의 관계)
과태료의 부과·징수, 재판 및 집행 등의 절차에 관한 다른 법률의 규정 중 이 법의 규정에 저촉되는 것은 이 법으로 정하는 바에 따른다.

제6조(질서위반행위 법정주의)
법률에 따르지 아니하고는 어떤 행위도 질서위반행위로 과태료를 부과하지 아니한다.

제7조(고의 또는 과실)
고의 또는 과실이 없는 질서위반행위는 과태료를 부과하지 아니한다.

제8조(위법성의 착오)
자신의 행위가 위법하지 아니한 것으로 오인하고 행한 질서위반행위는 그 오인에 정당한 이유가 있는 때에 한하여 과태료를 부과하지 아니한다.

제9조(책임연령)
14세가 되지 아니한 자의 질서위반행위는 과태료를 부과하지 아니한다. 다만, 다른 법률에 특별한 규정이 있는 경우에는 그러하지 아니한다.

제10조(심신장애)

① 심신장애로 인하여 행위의 옳고 그름을 판단할 능력이 없거나 그 판단에 따른 행위를 할 능력이 없는 자의 질서위반행위는 과태료를 부과하지 아니한다.

② 심신장애로 인하여 제1항에 따른 능력이 미약한 자의 질서위반행위는 과태료를 감경한다.

③ 스스로 심신장애상태를 일으켜 질서위반행위를 한 자에 대하여는 제1항 및 제2항을 적용하지 아니한다.

제11조(법인의 처리 등)

① 법인의 대표자, 법인 또는 개인의 대리인·사용인 및 그 밖의 종업원이 업무에 관하여 법인 또는 그 개인에게 부과된 법률상의 의무를 위반한 때에는 법인 또는 그 개인에게 과태료를 부과한다.

② 제7조부터 제10조까지의 규정은 도로교통법 제56조 제1항에 따른 고용주 등을 같은 법 제160조 제3항에 따라 과태료를 부과하는 경우에는 적용하지 아니한다.

제12조(다수인의 질서위반행위 가담)

① 2인 이상이 질서위반행위에 가담한 때에는 각자가 질서위반행위를 한 것으로 본다.

② 신분에 의하여 성립하는 질서위반행위에 신분이 없는 자가 가담한 때에는 신분이 없는 자에 대하여도 질서위반행위가 성립한다.

③ 신분에 의하여 과태료를 감경 또는 가중하거나 과태료를 부과하지 아니하는 때에는 그 신분의 효과는 신분이 없는 자에게는 미치지 아니한다.

제13조(수개의 질서위반행위의 처리)

① 하나의 행위가 2 이상의 질서위반행위에 해당하는 경우에는 각 질서위반행위에 대하여 정한 과태료 중 가장 중한 과태료를 부과한다.

② 제1항의 경우를 제외하고 2 이상의 질서위반행위가 경합하는 경우에는 각 질서위반행위에 대하여 정한 과태료를 각각 부과한다. 다만, 다른 법령(지방자치단체의 조례를 포함한다. 이하 같다)에 특별한 규정이 있는 경우에는 그 법령으로 정하는 바에 따른다.

제15조(과태료의 시효)

① 과태료는 행정청의 과태료 부과처분이나 법원의 과태료 재판이 확정된 후 5년간 징수하지 아니하거나 집행하지 아니하면 시효로 인하여 소멸한다.

제16조(사전통지 및 의견제출 등)

① 행정청이 질서위반행위에 대하여 과태료를 부과하고자 하는 때에는 미리 당사자(제11조 제2항에 따른 고용주 등을 포함한다. 이하 같다)에게 대통령령으로 정하는 사항을 통지하고, 10일 이상의 기간을 정하여 의견을 제출할 기회를 주어야 한다. 이 경우 지정된 기일까지 의견제출이 없는 경우에는 의견이 없는 것으로 본다.

제17조(과태료의 부과)

① 행정청은 제16조의 의견제출절차를 마친 후에 서면(당사자가 동의하는 경우에는 전자문서를 포함한다. 이하 이 조에서 같다)으로 과태료를 부과하여야 한다.

제17조의2(신용카드 등에 의한 과태료의 납부)

① 당사자는 과태료, 제24조에 따른 가산금, 중가산금 및 체납처분비를 대통령령으로 정하는 과태료 납부대행기관을 통하여 신용카드, 직불카드 등(이하 '신용카드 등'이라 한다)으로 낼 수 있다.

제18조(자진납부자에 대한 과태료 감경)

① 행정청은 당사자가 제16조에 따른 의견제출기한 이내에 과태료를 자진하여 납부하고자 하는 경우에는 대통령령으로 정하는 바에 따라 과태료를 감경할 수 있다.

② 당사자가 제1항에 따라 감경된 과태료를 납부한 경우에는 해당 질서위반행위에 대한 과태료 부과 및 징수절차는 종료한다.

제19조(과태료 부과의 제척기간)
① 행정청은 질서위반행위가 종료된 날(다수인이 질서위반행위에 가담한 경우에는 최종행위가 종료된 날을 말한다)부터 5년이 경과한 경우에는 해당 질서위반행위에 대하여 과태료를 부과할 수 없다.

제20조(이의제기)
① 행정청의 과태료 부과에 불복하는 당사자는 제17조 제1항에 따른 과태료 부과 통지를 받은 날부터 60일 이내에 해당 행정청에 서면으로 이의제기를 할 수 있다.
② 제1항에 따른 이의제기가 있는 경우에는 행정청의 과태료 부과처분은 그 효력을 상실한다.

제21조(법원에의 통보)
① 제20조 제1항에 따른 이의제기를 받은 행정청은 이의제기를 받은 날부터 14일 이내에 이에 대한 의견 및 증빙서류를 첨부하여 관할 법원에 통보하여야 한다. 다만, 다음 각 호의 어느 하나에 해당하는 경우에는 그러하지 아니한다.
　1. 당사자가 이의제기를 철회한 경우
　2. 당사자의 이의제기에 이유가 있어 과태료를 부과할 필요가 없는 것으로 인정되는 경우
② 행정청은 사실상 또는 법률상 같은 원인으로 말미암아 다수인에게 과태료를 부과할 필요가 있는 경우에는 다수인 가운데 1인에 대한 관할권이 있는 법원에 제1항에 따른 이의제기사실을 통보할 수 있다.
③ 행정청이 제1항 및 제2항에 따라 관할 법원에 통보를 하거나 통보하지 아니하는 경우에는 그 사실을 즉시 당사자에게 통지하여야 한다.

제22조(질서위반행위의 조사)
① 행정청은 질서위반행위가 발생하였다는 합리적 의심이 있어 그에 대한 조사가 필요하다고 인정할 때에는 대통령령으로 정하는 바에 따라 다음 각 호의 조치를 할 수 있다.
　1. 당사자 또는 참고인의 출석요구 및 진술의 청취
　2. 당사자에 대한 보고 명령 또는 자료 제출의 명령
② 행정청은 질서위반행위가 발생하였다는 합리적 의심이 있어 그에 대한 조사가 필요하다고 인정할 때에는 그 소속 직원으로 하여금 당사자의 사무소 또는 영업소에 출입하여 장부·서류 또는 그 밖의 물건을 검사하게 할 수 있다.

제24조(가산금 징수 및 체납처분 등)
① 행정청은 당사자가 납부기한까지 과태료를 납부하지 아니한 때에는 납부기한을 경과한 날부터 체납된 과태료에 대하여 100분의 3에 상당하는 가산금을 징수한다.
② 체납된 과태료를 납부하지 아니한 때에는 납부기한이 경과한 날부터 매 1개월이 경과할 때마다 체납된 과태료의 1천분의 12에 상당하는 가산금(이하 이 조에서 '중가산금'이라 한다)을 제1항에 따른 가산금에 가산하여 징수한다. 이 경우 중가산금을 가산하여 징수하는 기간은 60개월을 초과하지 못한다.
③ 행정청은 당사자가 제20조 제1항에 따른 기한 이내에 이의를 제기하지 아니하고 제1항에 따른 가산금을 납부하지 아니한 때에는 국세 또는 지방세 체납처분의 예에 따라 징수한다.

제24조의2(상속재산 등에 대한 집행)
① 과태료는 당사자가 과태료 부과처분에 대하여 이의를 제기하지 아니한 채 제20조 제1항에 따른 기한이 종료한 후 사망한 경우에는 그 상속재산에 대하여 집행할 수 있다.
② 법인에 대한 과태료는 법인이 과태료 부과처분에 대하여 이의를 제기하지 아니한 채 제20조 제1항에 따른 기한이 종료한 후 합병에 의하여 소멸한 경우에는 합병 후 존속한 법인 또는 합병에 의하여 설립된 법인에 대하여 집행할 수 있다.

제24조의3(과태료의 징수유예 등)

① 행정청은 당사자가 다음 각 호의 어느 하나에 해당하여 과태료(체납된 과태료와 가산금, 중가산금 및 체납처분비를 포함한다. 이하 이 조에서 같다)를 납부하기가 곤란하다고 인정되면 1년의 범위에서 대통령령으로 정하는 바에 따라 과태료의 분할납부나 납부기일의 연기(이하 '징수유예 등'이라 한다)를 결정할 수 있다.

   1. 국민기초생활 보장법에 따른 수급권자

   2. 국민기초생활 보장법에 따른 차상위계층 중 다음 각 목의 대상자

     가. 의료급여법에 따른 수급권자

     나. 한부모가족지원법에 따른 지원대상자

     다. 자활사업 참여자

   3. 장애인복지법 제2조 제2항에 따른 장애인

   4. 본인 외에는 가족을 부양할 사람이 없는 사람

   5. 불의의 재난으로 피해를 당한 사람

   6. 납부의무자 또는 그 동거 가족이 질병이나 중상해로 1개월 이상의 장기 치료를 받아야 하는 경우

   7. 채무자 회생 및 파산에 관한 법률에 따른 개인회생절차 개시결정자

   8. 고용보험법에 따른 실업급여수급자

   9. 그 밖에 제1호부터 제8호까지에 준하는 것으로서 대통령령으로 정하는 부득이한 사유가 있는 경우

② 제1항에 따라 징수유예 등을 받으려는 당사자는 대통령령으로 정하는 바에 따라 이를 행정청에 신청할 수 있다.

③ 행정청은 제1항에 따라 징수유예 등을 하는 경우 그 유예하는 금액에 상당하는 담보의 제공이나 제공된 담보의 변경을 요구할 수 있고, 그 밖에 담보보전에 필요한 명령을 할 수 있다.

제24조의4(결손처분)

① 행정청은 당사자에게 다음 각 호의 어느 하나에 해당하는 사유가 있을 경우에는 결손처분을 할 수 있다.

   1. 제15조 제1항에 따라 과태료의 소멸시효가 완성된 경우

   2. 체납자의 행방이 분명하지 아니하거나 재산이 없는 등 징수할 수 없다고 인정되는 경우로서 대통령령으로 정하는 경우

② 행정청은 제1항 제2호에 따라 결손처분을 한 후 압류할 수 있는 다른 재산을 발견하였을 때에는 지체 없이 그 처분을 취소하고 체납처분을 하여야 한다.

제25조(관할 법원)

과태료 사건은 다른 법령에 특별한 규정이 있는 경우를 제외하고는 당사자의 주소지의 지방법원 또는 그 지원의 관할로 한다.

제29조(법원직원의 제척 등)

법원직원의 제척·기피 및 회피에 관한 민사소송법의 규정은 과태료 재판에 준용한다.

제30조(행정청 통보사실의 통지)

법원은 제21조 제1항 및 제2항에 따른 행정청의 통보가 있는 경우 이를 즉시 검사에게 통지하여야 한다.

제31조(심문 등)

① 법원은 심문기일을 열어 당사자의 진술을 들어야 한다.

② 법원은 검사의 의견을 구하여야 하고, 검사는 심문에 참여하여 의견을 진술하거나 서면으로 의견을 제출하여야 한다.

제32조(행정청에 대한 출석요구 등)
① 법원은 행정청의 참여가 필요하다고 인정하는 때에는 행정청으로 하여금 심문기일에 출석하여 의견을 진술하게 할 수 있다.
② 행정청은 법원의 허가를 받아 소속 공무원으로 하여금 심문기일에 출석하여 의견을 진술하게 할 수 있다.

제33조(직권에 의한 사실탐지와 증거조사)
① 법원은 직권으로 사실의 탐지와 필요하다고 인정하는 증거의 조사를 하여야 한다.
② 제1항의 증거조사에 관하여는 민사소송법에 따른다.

제36조(재판)
① 과태료 재판은 이유를 붙인 결정으로써 한다.

제37조(결정의 고지)
① 결정은 당사자와 검사에게 고지함으로써 효력이 생긴다.
② 결정의 고지는 법원이 적당하다고 인정하는 방법으로 한다. 다만, 공시송달을 하는 경우에는 민사소송법에 따라야 한다.

제38조(항고)
① 당사자와 검사는 과태료 재판에 대하여 즉시항고를 할 수 있다. 이 경우 항고는 집행정지의 효력이 있다.
② 검사는 필요한 경우에는 제1항에 따른 즉시항고 여부에 대한 행정청의 의견을 청취할 수 있다.

제41조(재판비용)
① 과태료 재판절차의 비용은 과태료에 처하는 선고가 있는 경우에는 그 선고를 받은 자의 부담으로 하고, 그 외의 경우에는 국고의 부담으로 한다.

제42조(과태료 재판의 집행)
① 과태료 재판은 검사의 명령으로써 집행한다. 이 경우 그 명령은 집행력 있는 집행권원과 동일한 효력이 있다.

제44조(약식재판)
법원은 상당하다고 인정하는 때에는 제31조 제1항에 따른 심문 없이 과태료 재판을 할 수 있다.

제45조(이의신청)
① 당사자와 검사는 제44조에 따른 약식재판의 고지를 받은 날부터 7일 이내에 이의신청을 할 수 있다.
② 검사는 필요한 경우에는 제1항에 따른 이의신청 여부에 대하여 행정청의 의견을 청취할 수 있다.
③ 제1항의 기간은 불변기간으로 한다.
④ 당사자와 검사가 책임질 수 없는 사유로 제1항의 기간을 지킬 수 없었던 경우에는 그 사유가 없어진 날부터 14일 이내에 이의신청을 할 수 있다. 다만, 그 사유가 없어질 당시 외국에 있던 당사자에 대하여는 그 기간을 30일로 한다.

제46조(이의신청방식)
① 이의신청은 대통령령으로 정하는 이의신청서를 제44조에 따른 약식재판을 한 법원에 제출함으로써 한다.

제51조(자료제출요구)

법무부장관은 과태료 징수 관련 통계 작성 등 이 법의 운용과 관련하여 필요한 경우에는 중앙행정기관의 장이나 그 밖의 관계 기관의 장에게 과태료 징수현황 등에 관한 자료의 제출을 요구할 수 있다.

제52조(관허사업의 제한)

① 행정청은 허가·인가·면허·등록 및 갱신(이하 '허가 등'이라 한다)을 요하는 사업을 경영하는 자로서 다음 각 호의 사유에 모두 해당하는 체납자에 대하여는 사업의 정지 또는 허가 등의 취소를 할 수 있다.

　1. 해당 사업과 관련된 질서위반행위로 부과받은 과태료를 3회 이상 체납하고 있고, 체납발생일부터 각 1년이 경과하였으며, 체납금액의 합계가 500만 원 이상인 체납자 중 대통령령으로 정하는 횟수와 금액 이상을 체납한 자

　2. 천재지변이나 그 밖의 중대한 재난 등 대통령령으로 정하는 특별한 사유 없이 과태료를 체납한 자

제53조(신용정보의 제공 등)

① 행정청은 과태료 징수 또는 공익목적을 위하여 필요한 경우 국세징수법 제110조를 준용하여 신용정보의 이용 및 보호에 관한 법률 제25조 제2항 제1호에 따른 종합신용정보집중기관의 요청에 따라 체납 또는 결손처분자료를 제공할 수 있다. 이 경우 국세징수법 제110조를 준용할 때 '체납자'는 '체납자 또는 결손처분자'로, '체납자료'는 '체납 또는 결손처분 자료'로 본다.

제54조(고액 · 상습체납자에 대한 제재)

① 법원은 검사의 청구에 따라 결정으로 30일의 범위 이내에서 과태료의 납부가 있을 때까지 다음 각 호의 사유에 모두 해당하는 경우 체납자(법인인 경우에는 대표자를 말한다. 이하 이 조에서 같다)를 감치에 처할 수 있다.

　1. 과태료를 3회 이상 체납하고 있고, 체납발생일부터 각 1년이 경과하였으며, 체납금액의 합계가 1천만 원 이상인 체납자 중 대통령령으로 정하는 횟수와 금액 이상을 체납한 경우

　2. 과태료 납부능력이 있음에도 불구하고 정당한 사유 없이 체납한 경우

② 행정청은 과태료 체납자가 제1항 각 호의 사유에 모두 해당하는 경우에는 관할 지방검찰청 또는 지청의 검사에게 체납자의 감치를 신청할 수 있다.

제55조(자동차 관련 과태료 체납자에 대한 자동차 등록번호판의 영치)

① 행정청은 자동차관리법 제2조 제1호에 따른 자동차의 운행·관리 등에 관한 질서위반행위 중 대통령령으로 정하는 질서위반행위로 부과받은 과태료(이하 '자동차 관련 과태료'라 한다)를 납부하지 아니한 자에 대하여 체납된 자동차 관련 과태료와 관계된 그 소유의 자동차의 등록번호판을 영치할 수 있다.

② 자동차 등록업무를 담당하는 주무관청이 아닌 행정청이 제1항에 따라 등록번호판을 영치한 경우에는 지체 없이 주무관청에 등록번호판을 영치한 사실을 통지하여야 한다.

③ 자동차 관련 과태료를 납부하지 아니한 자가 체납된 자동차 관련 과태료를 납부한 경우 행정청은 영치한 자동차 등록번호판을 즉시 내주어야 한다.

DAY 06 행정구제 1

행정구제
행정주체의 행정작용으로 권익이 침해되었다고 주장하는 자가 국가기관에 대하여 원상회복, 손해전보 또는 해당 행정작용의 시정을 요구하는 절차임.

부패방지 및 국민권익위원회의 설치와 운영에 관한 법률

📝 **관련조문**

부패방지 및 국민권익위원회의 설치와 운영에 관한 법률 제11조(국민권익위원회의 설치)
① 고충민원의 처리와 이에 관련된 불합리한 행정제도를 개선하고, 부패의 발생을 예방하며 부패행위를 효율적으로 규제하도록 하기 위하여 국무총리 소속으로 국민권익위원회(이하 '위원회'라 한다)를 둔다.

제32조(시민고충처리위원회의 설치)
① 지방자치단체 및 그 소속 기관에 관한 고충민원의 처리와 행정제도의 개선 등을 위하여 각 지방자치단체에 시민고충처리위원회를 둘 수 있다.
  🔴 국민권익위원회의 설치는 의무적이고, 시민고충처리위원회의 설치는 임의적임.

제39조(고충민원의 신청 및 접수)
① 누구든지(국내에 거주하는 외국인을 포함한다) 위원회 또는 시민고충처리위원회(이하 이 장에서 '권익위원회'라 한다)에 고충민원을 신청할 수 있다. 이 경우 하나의 권익위원회에 대하여 고충민원을 제기한 신청인은 다른 권익위원회에 대하여도 고충민원을 신청할 수 있다.
② 권익위원회에 고충민원을 신청하고자 하는 자는 다음 각 호의 사항을 기재하여 문서(전자문서를 포함한다. 이하 같다)로 이를 신청하여야 한다. 다만, 문서에 의할 수 없는 특별한 사정이 있는 경우에는 구술로 신청할 수 있다.
〈각 호 생략〉

국민감사청구 —— 감사원에 감사청구 —— 기각되면 헌법소원 가능
(18세 이상 일정 수의 국민)

주민감사청구 ┬ 시·도의 경우는 주무부장관에게 감사청구 ┐
(18세 이상 일정 수의 주민) └ 시·군·구는 시·도지사에게 감사청구 ┴ 주민소송(감사청구한 주민만 가능)

감사 의뢰 —— 국민권익위원회는 감사원에, 시민고충처리위원회는 해당 지방자치단체에 의뢰

손해배상과 손실보상

구분	손해배상	손실보상
기본이념	개인주의 사상에 입각	• 단체주의 사상에 입각한 배분적 정의 • 개인이 부담하는 특별한 손실에 대한 보상
헌법적 근거	헌법 제29조	헌법 제23조 제3항
발생원인	위법한 행정작용. 고의·과실을 요함.	적법한 행정작용. 무과실책임
성립요건	위법성, 고의·과실, 손해의 발생 등	공공필요, 특별한 희생, 재산상 손해 발생
적용법률	국가배상법(일반법)	개별법의 보상규정(일반법 없음)
손해의 범위	재산적 손해와 비재산적 손해 포함(생명·신체에 대한 손해와 정신적 손해)	재산적 손실만 보상
양도·압류가능성	• 생명·신체에 대한 손해로 발생한 청구권은 양도·압류, 상계 금지 • 재산권에 대한 청구권은 양도·압류 가능	양도·압류 가능
책임자	국가 또는 지방자치단체	사업시행자
공통점	사후적 구제제도, 금전적 구제제도(손해의 전보), 실체적 행정구제제도	

손해배상의 요건

01 공무원의 행위(국가 또는 지방자치단체 소속 최광의의 공무원)

조직법상 개념이 아니라 기능상 공무원이므로 공무수탁사인도 포함됨.

02 직무행위

① 외형설(객관설): 직무행위 자체는 물론, 객관적으로 보아 직무행위의 외형을 갖추고 있는 행위를 말함.

② 범위

• 입법, 행정, 사법을 모두 포함, 권력작용과 관리작용 포함 ➡ 사경제작용만 제외

• 입법·사법작용도 직무상 행위에 포함됨. 단, 위법성 및 고의·과실을 인정하기가 어려움.

• 부작위도 직무행위에 포함됨. 부작위는 작위의무가 전제되어야 하고, 작위의무의 근거는 명시적인 법령에 근거가 없어도 가능함.

03 고의·과실

① 업무를 수행한 공무원 개인이 아니라 평균적 공무원을 기준으로 함(추상적 과실이라고 함).

② 고의·과실의 입증은 원고(피해자)가 하여야 함. ➡ 과실의 객관화경향(조직과실이론)에 따라 가해공무원 특정 불필요

③ 처분이 나중에 취소소송에서 취소되었더라도 바로 고의·과실이 인정되는 것은 아님.

손해배상의 종류

• 공무원의 직무상 불법행위로 인한 손해배상(고의·과실 필요)

• 영조물의 설치·관리상 하자로 인한 손해배상(무과실책임)

DAY 06 행정구제1 114

04 위법성
성문법과 불문법을 포함하며, 인권과 공서양속 등 직무행위의 객관적 정당성을 상실한 경우를 말함.

05 손해의 발생
재산상 손해, 생명·신체·정신적 손해를 포함함.

06 상당인과관계

헌법과 국가배상법 규정의 차이

구분	헌법	국가배상법
배상의 유형	공무원의 직무상 불법행위로 인한 배상만 규정하고, 영조물책임에 대한 규정은 없음.	공무원의 직무상 불법행위로 인한 배상과 영조물책임에 대한 규정이 모두 있음.
배상책임의 주체	국가 또는 공공단체(지방자치단체, 사단법인, 재단법인, 영조물법인)	국가 또는 지방자치단체
공공단체의 불법행위	헌법과 국가배상법의 규정 차이 때문에 공공단체의 불법행위에 대해서는 민법을 적용하여 민사소송으로 처리 ➡ 한국토지주택공사(구 한국토지공사)는 국가배상법상 공무원이 아님.	

기출지문 OX Quiz

훈련으로 공상을 입은 군인이 「국가배상법」에 따라 손해배상금을 지급받은 다음 「보훈보상대상자 지원에 관한 법률」이 정한 보훈급여금의 지급을 청구하는 경우, 국가는 「국가배상법」 제2조 제1항 단서에 따라 그 지급을 거부할 수 있다. [23 국가9급]

(O / X)

정답 X

공무원 개인의 책임

01 경과실의 경우에는 국가의 책임만 인정되지만, 고의나 중과실의 경우에는 공무원 개인의 책임이 인정됨.

02 공무원 개인의 책임이란 피해자에 대한 책임(선택적 청구권, 외부적 책임)과 국가에 대한 책임(구상권, 내부적 책임)을 말함.

영조물책임

01 영조물의 설치·관리상 하자로 인한 손해배상청구를 말함. ➡ 설치·관리 하자란 영조물이 통상 갖추어야 할 안전성을 결여한 것을 말함.

02 무과실책임임. 민법상 면책규정이 적용되지 않지만, 불가항력에 의한 면책은 인정됨.

03 공공의 영조물을 말하는데, 사실상 관리하는 경우도 포함됨(자연·인공공물, 동물 포함).

> **관련판례**
> 국가배상법 제5조 제1항 소정의 '공공의 영조물'이라 함은 국가 또는 지방자치단체에 의하여 특정 공공의 목적에 공여된 유체물 내지 물적 설비를 지칭하며, 특정 공공의 목적에 공여된 물이라 함은 일반공중의 자유로운 사용에 직접적으로 제공되는 공공용물에 한하지 아니하고, 행정주체 자신의 사용에 제공되는 공용물도 포함하며 국가 또는 지방자치단체가 소유권, 임차권 그 밖의 권한에 기하여 관리하고 있는 경우뿐만 아니라 사실상 관리를 하고 있는 경우도 포함한다. (대판 1995.1.24. 94다45302)

04 영조물책임에도 정신적 손해의 배상이 가능함.

05 관리자와 비용부담자가 다른 경우 둘 다 배상책임이 있음. 최종책임자는 사무의 귀속주체가 됨.

→ 국가사무가 지방자치단체에 위임된 경우 또는 반대의 경우 둘 다 배상책임이 있음. 즉, 피해자는 국가나 지방자치단체에 아무에게나 배상청구가 가능함. 배상 후 내부구상은 사무가 귀속되는 주체가 최종책임을 짐.

배상책임의 내용

01 배상기준(정당한 배상)

① 헌법 제29조 제1항은 국가배상의 기준으로 정당한 배상을 규정하고 있음.

② 정당한 배상이란 가해행위와 상당인과관계가 있는 모든 손해를 배상하는 것을 말함.

③ 손해는 보통 적극적 손해, 소극적 손해, 정신적 손해로 구분하는 것이 일반적임(판례, 손해 3분설).

02 손해배상액

① 국가배상법 제3조에서 정하고 있는 배상기준의 성격에 대해 기준액설과 한정액설이 대립함.

② 다수설과 판례는 단순한 기준에 불과하다는 기준액설을 취함. 따라서 구체적인 경우에 국가배상법 제3조의 기준보다 증액해서 배상할 수 있음.

03 이익의 공제

① 손익상계: 피해자가 손해를 입은 동시에 이익을 얻은 경우에는 손해배상액에서 그 이익에 상당하는 금액을 빼야 함. (국가배상법 제3조의2 제1항)

② 과실상계: 배상금을 지급하는 결정을 함에 있어 피해자측의 과실이 있을 때에는 법과 영에 정한 기준에 따라 산정한 금액에 대하여 그 과실의 정도에 따른 과실상계를 하여야 함. (국가배상법 시행령 제21조 제1항)

③ 이자의 공제: 유족배상과 장해배상 및 장래에 필요한 요양비 등을 한꺼번에 신청하는 경우에는 중간이자를 빼야 함. (국가배상법 제3조의2 제2항) 중간이자의 공제방식은 호프만식(단리계산)과 라이프니쯔식(복리계산)이 있는데, 피해자에게 유리한 호프만식에 의하여 산정함.

04 배상청구권의 양도·압류금지

배상청구권 중 생명·신체의 침해로 인한 국가배상을 받을 권리는 양도하거나 압류하지 못함. (국가배상법 제4조)

05 배상청구권의 소멸시효

① 손해 및 가해자를 안 경우에 대하여는 국가배상법에 규정이 없으므로 민법이 적용되는 결과, 피해자가 '손해 및 가해자를 안 날'로부터 3년간 행사하지 않으면 시효로 소멸함.

② 피해자가 손해 및 가해자를 알지 못한 경우에는 5년간 행사하지 않으면 시효로 소멸함.

기출지문 OX Quiz

시·도경찰청장 또는 경찰서장이 지방자치단체의 장으로부터 권한을 위탁받아 설치·관리하는 신호기의 하자로 인해 손해가 발생한 경우 「국가배상법」 제5조 소정의 배상책임의 귀속주체는 국가뿐이다. [23 서울·지방9급]   (O / X)

정답 X

자동차 사고와 국가배상법

구분	자동차손해배상 보장법상 배상책임	국가배상법상 책임	민법상 책임
관용차를 직무에 사용	• 국가 등이 운행자임. • 국가 등이 자동차손해배상 보장법상 손해배상책임을 짐.	직무관련성이 있으므로 국가가 국가배상법상 책임도 짐.	불법행위책임은 공무원이 짐.
관용차를 직무와 관련없는 사적 용도에 사용	• 국가 등이 운행자임. • 국가 등이 자동차손해배상 보장법상 손해배상책임을 짐.	직무관련성이 없으므로 국가는 국가배상법상 책임이 없음.	
개인차량을 직무에 사용	자동차손해배상 보장법상 운행자는 공무원 자신이 됨.	직무관련성이 있으므로 국가가 국가배상법상 책임도 짐.	
개인차량을 직무와 관련없는 사적 용도에 사용	자동차손해배상 보장법상 운행자는 공무원 자신이 됨.	직무관련성이 없으므로 국가는 국가배상법상 책임이 없음.	

손실보상의 요건

01 공공의 필요
공공의 필요성을 판단하는 기준은 사업의 주체가 아니라 사업의 내용임. 헌법재판소는 고급골프장 건설을 위한 토지수용권 인정은 공공의 필요성이 인정되지 않고 재산권을 침해하는 것으로 봄.

02 재산권에 대한 의도적 침해
재산권에 대한 비의도적 침해(예 지하철 건설로 인한 인근 상가의 매출 감소)는 '수용적 침해'로서 다른 개념임. 판례는 수용적 침해를 인정하지 않음.

03 특별한 희생손실보상의 대상
남들에게 부과되지 않는 특별한 희생을 전제로 하는 개념임.

손실보상의 내용

01 재산권 보상
공·사법상 재산적 가치 있는 모든 재산에 대한 보상을 말함.

02 생활보상
① 개념: 생활보상이란 개발사업의 시행 또는 수용이 없었던 것과 같은 생활재건을 실현시켜 재산권의 존속을 보장하는 것으로, 부대손실(예 이전료, 영업손실)과 사업손실(간접손실)을 생활보상에 포함시키는 광의의 개념으로 파악하는 것이 일반적임.
② 생활보상은 헌법 제23조의 정당한 보상을 넘어서는 것으로 사회국가적 원리에 따라 생존배려적인 측면에서 인정됨.

광의의 생활보상의 예
이주대책, 소수잔존자보상, 정착민의 직업훈련, 간접보상, 주거의 총체적 가치보상

03 사업손실보상(간접손실)

① 공공사업의 실시 또는 완성 후에 시설 결과가 공익사업시행지구 밖에 위치한 타인의 재산에 미치는 손실에 대한 보상을 말하며, 제3자 보상이라고도 함.

② 판례는 간접손실보상을 사안에 따라 인정하기도 하고 부정하기도 함.

손실보상의 근거

📋 관련조문

헌법 제23조

기본권 형성적 법률유보	① 모든 국민의 재산권은 보장된다. 그 내용과 한계는 법률로 정한다.
무보상의 사회적 제약	② 재산권의 행사는 공공복리에 적합하도록 하여야 한다.
보상을 요하는 공공침해	③ 공공필요에 의한 재산권의 수용·사용 또는 제한 및 그에 대한 보상은 법률로써 하되, 정당한 보상을 지급하여야 한다.

손실보상에 대한 2가지 관점

가치보장을 중시하는 견해	가치보장은 산업혁명과정에서 국가의 대규모 공사를 정당화하기 위한 이론임. 가치보장에 의하면 토지의 수용에 있어서 수용 자체는 다툴 수 없고 보상에 대해서만 다툴 수 있게 됨. 경계이론의 출발점임. "인용하라. 그리고 청산하라."라는 법언으로 설명됨.
존속보장을 중시하는 견해	재산권의 종류에 따라서는 손실보상만으로는 충분하지 않은 경우도 있다는 점을 고려함. 재산권의 기능이 다양화되면서 재산권 자체의 존속을 보장하는 것이 재산권 보장의 핵심이라고 봄. 공용수용에 대하여 수용 자체를 다툴 수 있게 함. 분리이론의 출발점임. "방어하라. 그리고 청산하라."라는 법언으로 설명됨.

재산권의 사회적 제약과 공용침해의 구별기준

01 경계이론과 분리이론 – 가치보장과 존속보장

국가가 개인의 재산권을 제한할 때 재산권을 침해하면서 그 가치만 보상해 주면 위헌이 아니라는 것이 경계이론의 가치보장임. 경계이론은 산업혁명과정에서 국가의 대규모 공사를 정당화하기 위한 이론으로, 가치보장에 의하면 토지의 수용 자체는 다툴 수 없고 보상에 대해서만 다툴 수 있음. 존속보장은 1차적으로 개인의 재산권 존속을 보장하는 것이 재산권 보장의 핵심이라고 보는 견해임. 분리이론은 재산권의 존속보장에 중점을 둠.

구분	경계이론(독일 행정법원)	분리이론(독일 연방헌법재판소)
이론적 배경	가치보장 우선	존속보장 우선
기준	침해의 강도	법률의 내용과 형식
구별	침해가 약하면 사회적 제약 → 침해의 강도가 일정 한도를 넘어서면 자동으로 침해로 전환	법률의 내용과 형식이 일반적·추상적이면(민법) 사회적 제약이고, 개별적·구체적이면(토지수용법) 공공침해임. 다만, 수인한도를 넘는 제약은 예외적으로 보상을 요하는 사회적 제약이 됨.
사례	• 개발제한구역지역 내의 전·답·임야(종래의 용도로 사용할 수 있는 경우): 두 이론 모두 사회적 제약으로 봄. • 개발제한구역지역 내의 대지(종래의 용도로 사용할 수 없는 경우): 경계이론에 의하면 침해의 강도가 수인한도를 넘어서 자동으로 보상을 요하는 공공침해가 되고, 분리이론에 의하면 예외적으로 보상을 요하는 사회적 제약임.	
양자의 차이	사회적 제약과 공공침해는 질적 차이가 아닌 양적 차이임.	사회적 제약과 공공침해는 질적 차이가 있음.
보상규정이 없는 경우	유추적용설로 해결함. 따라서 법원의 판결로 보상이 가능함.	헌법재판소의 위헌결정에 따라 법을 제정 또는 개정하여 입법보상을 함.
결부조항	결부조항을 중요시하지 않음.	결부조항을 중요시함.

02 학설의 검토

① 출발점: 경계이론과 분리이론은 어디까지가 보상을 요하지 않는 사회적 제약이고, 어디부터 보상하여야 하는 공용침해인지를 구분하는 이론임.

② 경계이론
  ㉠ 재산권에 대한 침해의 강도를 기준으로 무보상의 사회적 제약과 보상을 요하는 공용침해를 구분함.
  ㉡ 무보상의 사회적 제약도 침해의 강도가 일정 수준을 넘어서면 자동으로 보상을 요하는 공용침해로 바뀐다고 함. 무보상의 사회적 제약과 보상을 요하는 공용침해는 질적인 차이가 아니라 양적인 차이임.
  ㉢ 침해는 있지만 보상규정이 없는 경우 유추적용설로 해결하게 됨(수용유사침해론).
  ㉣ 사회적 제약과 공용침해의 경계를 설정하는 것이 중요한 과제가 됨. 그 기준은 앞에서 본 개별행위설, 특별희생이론, 사회기속이론, 수인가능성설, 상황구속성설 등이 있음.

③ 분리이론
  ㉠ 재산권을 제약하는 법률의 내용과 형식에 따라 무보상의 사회적 제약과 보상을 요하는 공용침해를 구분함.
  ㉡ 법률이 일반적·추상적으로 재산권을 제한하면 보상을 요하지 않는 사회적 제약(예 민법상 상린관계)이고, 법률이 개별적·구체적으로 개인의 재산권을 박탈(예 수용)하면 공용침해로서 보상하여야 한다고 함. 무보상의 사회적 제약과 보상을 요하는 공용침해는 질적으로 구별되는 완전히 다른 제도임.
  ㉢ 재산권의 사회적 제약인데 그 제약의 정도가 수인할 수 없는 경우에는 예외적으로 보상을 요하는 사회적 제약이 된다고 함(이 경우에도 공용침해로 전환되는 것이 아님).
  ㉣ 예컨대, 개발제한구역(그린벨트)은 토지의 소유권을 개인이 그대로 가지고 있기 때문에 공용침해가 아니라 사회적 제약이 됨. 즉, 그린벨트 내 토지의 지목이 전·답·임야인 경우에는 토지의 사용이 가능하므로, 비록 지가 상승이 되지 않았다고 하더라도 그 부분은 소유자가 수인하여야 하는 사회적 제약임. 그러나 지목이 대인 경우는 일체의 건축행위가 제한되므로 토지의 소유권은 그대로이지만, 토지를 종래의 용도대로 전혀 사용하지 못하게 되는 문제가 있음. 이 경우에는 예외적으로 보상하여야 한다는 것임.

03 헌법재판소

헌법재판소는 개발제한구역 사건에서 분리이론에 입각하여 판시함.

결부조항(불가분조항)
- 공용침해의 근거법률에는 보상규정도 함께 두어야 한다는 말임.
- 헌법 제23조 제3항이 결부조항인지에 대해서는 견해대립이 있음.

손실보상규정의 존재 여부 - 보상규정 흠결의 효과

방침규정설	내용	헌법 제23조 제3항은 입법에 대한 방침규정으로서, 법률에 보상규정이 없는 경우 개인은 그로 인한 손실을 수인할 수밖에 없음.
	비판	헌법 제23조 제3항의 명문규정에 반하므로 타당하지 않음. 오늘날 이 설을 지지하는 학자는 없음.
직접효력설	내용	헌법 제23조 제3항을 국민에 대하여 직접적 효력을 가지는 실효적 규범으로 보아 관계 법률에 보상규정이 없는 경우 직접 이 규정에 의거하여 보상을 청구할 수 있음. ➡ 결부조항 무시
	비판	헌법 제23조 제3항이 보상을 법률로써 하도록 하는 것과 조화되기 어려움.
위헌무효설 (입법자구속설)	내용	헌법 제23조 제3항의 해석상 보상규정을 두지 않은 법률은 위헌으로 무효라고 함. 따라서 해당 법률에 기하여 이루어지는 재산권에 대한 침해는 법률상 근거가 없는 것으로 위법한 것이 되므로, 피해자는 국가 등에 대하여 손해배상을 청구할 수 있음. 손실보상이 아니라 손해배상으로 해결하는 견해로 분리이론의 이론적 기초임. ➡ 결부조항 중시
	비판	고의·과실이 없는 적법한 행위에 대한 손해배상이 인정되기 어렵다는 난점이 있음.
유추적용설	내용	공용침해에 따르는 보상규정이 없는 경우에는 헌법 제23조 제1항 및 제11조의 평등권에 근거하여 헌법 제23조 제3항 및 관계 규정의 유추적용을 통하여 보상을 청구할 수 있음. 독일의 수용유사침해이론을 근거로 주장되는 학설이며, 경계이론의 이론적 기초임. ➡ 결부조항 무시
	비판	독일의 경우 희생보상원칙이라는 관습법이 있지만, 우리는 그런 관습법이 없다는 비판이 있음.

손실보상청구권의 법적 성질

01 학설

학설은 손실보상을 공권으로 보는 것이 일반적임. 판례는 과거 사권으로 본 사례도 있지만, 최근에는 공법상 권리로서 당사자소송의 대상으로 보는 입장임.

02 최근 판례

① 하천구역 편입으로 인한 손실보상은 공권으로서 당사자소송의 대상임.
② 부가가치세 환급을 위한 반환청구는 공권으로서 당사자소송의 대상임.

공익사업을 위한 토지 등의 취득 및 보상에 관한 법률상 손실보상기준

헌법규정	정당한 보상을 하여야 한다고 규정하고 있음. 문제는 정당한 보상을 어떻게 해석할 것인가임.
판례	정당한 보상이란 원칙적으로 완전보상(시가보상)을 의미한다고 하면서도 공시지가에 의한 보상도 가능하다고 봄.

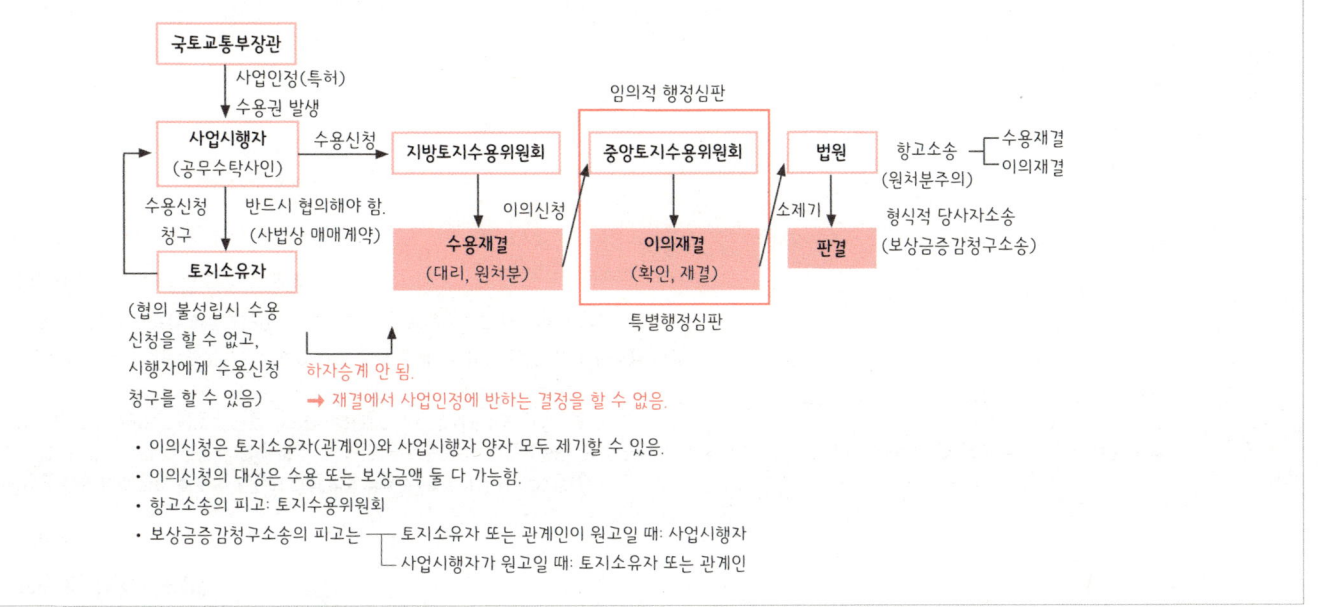

- 이의신청은 토지소유자(관계인)와 사업시행자 양자 모두 제기할 수 있음.
- 이의신청의 대상은 수용 또는 보상금액 둘 다 가능함.
- 항고소송의 피고: 토지수용위원회
- 보상금증감청구소송의 피고는 ─ 토지소유자 또는 관계인이 원고일 때: 사업시행자
  └ 사업시행자가 원고일 때: 토지소유자 또는 관계인

🔴 이의신청을 거친 경우에도 원칙적으로 수용재결을 소의 대상으로 하여야 함. 다만, 이의재결에 고유한 하자가 있으면 이의재결을 대상으로 항고소송이 가능함.

그 밖의 손해전보제도

헌법상 손해전보	수용유사침해	수용적 침해	희생보상청구권
• 국가배상제도: 공무원의 위법한 직무행위, 영조물의 설치·관리상 하자로 인한 배상 (영조물책임은 헌법이 아니라 국가배상법) • 손실보상제도: 국가의 적법·무책한 행위로 인한 재산권의 보상	국가의 무책한 행위로 인한 손실이라는 점에서 손실보상과 동일하지만, 보상규정이 없다는 점에서 위법함. → 인정되지 않음.	적법·무책한 점에서 손실보상과 동일하지만, 침해가 비의도적이라는 점에서 다름(지하철 공사로 인근 상가의 매출 감소). → 인정되지 않음.	다른 요건은 손실보상과 동일하지만, 침해된 것이 재산권이 아니라 생명·신체 등인 경우임(예방접종 후 부작용). → 인정되지 않음.

기출지문 OX Quiz

어떤 보상항목이 공익사업을 위한 토지 등의 취득 및 보상에 관한 법령상 손실보상대상에 해당함에도 관할 토지수용위원회가 사실을 오인하거나 법리를 오해함으로써 손실보상대상에 해당하지 않는다고 잘못된 내용의 재결을 한 경우에는, 피보상자는 관할 토지수용위원회를 상대로 재결취소소송을 제기하여야 한다. [23 서울·지방9급]   (O / X)

정답 X

손실보상의 기준 1(토지에 대한 공용수용의 경우)

01 보상액 결정의 시점 – 협의 성립 또는 재결 당시의 가격

관련조문

> **공익사업을 위한 토지 등의 취득 및 보상에 관한 법률 제67조(보상액의 가격시점 등)**
> ① 보상액의 산정은 협의에 의한 경우에는 협의 성립 당시의 가격을, 재결에 의한 경우에는 수용 또는 사용의 재결 당시의 가격을 기준으로 한다.
> ② 보상액을 산정할 경우에 해당 공익사업으로 인하여 토지 등의 가격이 변동되었을 때에는 이를 고려하지 아니한다.

02 객관적 가치의 보상 – 위자료 불포함

보상액을 결정함에 있어서 사업시행자의 재산상태는 고려대상이 아니며, 위자료는 손실보상에 포함되지 않음.

관련조문

> **공익사업을 위한 토지 등의 취득 및 보상에 관한 법률 제70조(취득하는 토지의 보상)**
> ② 토지에 대한 보상액은 가격시점에서의 현실적인 이용상황과 일반적인 이용방법에 의한 객관적 상황을 고려하여 산정하되, 일시적인 이용상황과 토지소유자나 관계인이 갖는 주관적 가치 및 특별한 용도에 사용할 것을 전제로 한 경우 등은 고려하지 아니한다.

03 개발이익 배제

① 사업인정고시일 전의 공시지가를 기준으로 함. 사업인정고시일 전의 공시지가를 기준으로 하는 이유는 사업인정 이후에는 통상 지가가 오르는 경우가 많기 때문에 사업으로 인한 개발이익을 배제하기 위함임.

관련조문

> **공익사업을 위한 토지 등의 취득 및 보상에 관한 법률 제70조(취득하는 토지의 보상)**
> ④ 사업인정 후의 취득의 경우에 제1항에 따른 공시지가는 사업인정고시일 전의 시점을 공시기준일로 하는 공시지가로서, 해당 토지에 관한 협의의 성립 또는 재결 당시 공시된 공시지가 중 그 사업인정고시일과 가장 가까운 시점에 공시된 공시지가로 한다.

② 보상액을 산정할 경우에 해당 공익사업으로 인하여 토지 등의 가격이 변동되었을 때에는 이를 고려하지 않음. (공익사업을 위한 토지 등의 취득 및 보상에 관한 법률 제67조 제2항) 다만, 해당 공공사업과 무관한 다른 사업의 시행으로 인한 개발이익은 배제하지 않음.

04 용도변경되기 전의 용도지역 등을 기준으로 평가

05 공법상 제한이 있는 토지는 제한받는 상태대로 평가

손실보상의 기준 2(토지 이외의 재산에 대한 공용수용의 경우)

> **관련조문**
>
> 공익사업을 위한 토지 등의 취득 및 보상에 관한 법률 제75조(건축물 등 물건에 대한 보상)
>
> | 원칙(이전비 보상) | ① 건축물·입목·공작물과 그 밖에 토지에 정착한 물건(이하 '건축물 등'이라 한다)에 대하여는 이전에 필요한 비용(이하 '이전비'라 한다)으로 보상하여야 한다. |
> |---|---|
> | 예외(해당 물건 가격 보상) | 다만, 다음 각 호의 어느 하나에 해당하는 경우에는 해당 물건의 가격으로 보상하여야 한다.
1. 건축물 등의 이전이 어렵거나 그 이전으로 인하여 건축물 등을 종래의 목적대로 사용할 수 없게 된 경우
2. 건축물 등의 이전비가 그 물건의 가격을 넘는 경우
3. 사업시행자가 공익사업에 직접 사용할 목적으로 취득하는 경우 |
> | 농작물 | ② 농작물에 대한 손실은 그 종류와 성장의 정도 등을 종합적으로 고려하여 보상하여야 한다. |
> | 토지에 속한 흙 등 | ③ 토지에 속한 흙·돌·모래 또는 자갈(흙·돌·모래 또는 자갈이 해당 토지와 별도로 취득 또는 사용의 대상이 되는 경우만 해당한다)에 대하여는 거래가격 등을 고려하여 평가한 적정가격으로 보상하여야 한다. |
> | 분묘 | ④ 분묘에 대하여는 이장에 드는 비용 등을 산정하여 보상하여야 한다. |

손실보상의 기준 3(권리에 대한 보상)

> **관련조문**
>
> 공익사업을 위한 토지 등의 취득 및 보상에 관한 법률 제76조(권리의 보상)
> ① 광업권·어업권·양식업권 및 물(용수시설을 포함한다) 등의 사용에 관한 권리에 대하여는 투자비용, 예상수익 및 거래가격 등을 고려하여 평가한 적정가격으로 보상하여야 한다.

손실보상의 기준 4(일실손실에 대한 보상)

> **관련조문**
>
> 공익사업을 위한 토지 등의 취득 및 보상에 관한 법률 제77조(영업의 손실 등에 대한 보상)
>
> | 영업손실 | ① 영업을 폐지하거나 휴업함에 따른 영업손실에 대하여는 영업이익과 시설의 이전비용 등을 고려하여 보상하여야 한다. |
> |---|---|
> | 농업손실 | ② 농업의 손실에 대하여는 농지의 단위면적당 소득 등을 고려하여 실제 경작자에게 보상하여야 한다. 다만, 농지소유자가 해당 지역에 거주하는 농민인 경우에는 농지소유자와 실제 경작자가 협의하는 바에 따라 보상할 수 있다. |
> | 임금손실 | ③ 휴직하거나 실직하는 근로자의 임금손실에 대하여는 근로기준법에 따른 평균임금 등을 고려하여 보상하여야 한다. |

일실손실

- 재산권의 수용으로 인하여 사업을 폐지 또는 휴업하게 되어 발생하는 손실을 말함
- 일실손실에는 영업손실, 농업손실, 임금손실 등이 있음.

운항목적의 기준 1(운항사용의 경함)

🔎 판단조건

운항사용인정 등에 관한 판단 기준(사용하는 특기의 보편, 등)
① 용이 운항사용에 대한 대상 특기의 사용권이 강등사용사용 특기로 취급하여 그 특기의 대상 사용권, 인정량, 사용실적, 사용기간 등의 가지 기준은 중합하여 판단하여야 한다.
② 사용하는 특기와 그 지정이 위 기 사용하는 등이 가지 등에 대한 특기의 거래자자와 예의자와 등의 사이에서 구체적으로 준통목적등항으로 인식될 정도이어야 한다.

🔎 진의사용

진의사용이란 등록사용자가, 해당 등록상표지정상품의 동일성의 범위 내에서 표시명령서에서 사용하기, 그 진의와 지정이 사용하는 것으로 인식될 정도이어야 한다. 즉, 정당한 사용이란 공정상 해당 동등상표의 사용권자가 예 권인정상 통상 사용될 것으로 볼 수 있는 발생 형태.

🔎 판단조건

운항사용인정 등에 관한 판단 기준(지정가지 관한 진의 특장)
① 사용사용자는 운항목적으로 사용하는 특기의 지정상 그 특기의 지정에 대한 자자의 인식, 특기의 동일 종인 류·량·증 등의 가지 기준은 중합하여 판단하여야 한다.
사용사용자 수정 등 장인증 도록등 정황 — 다만, 지정상 구속권 대상에 대한 사용상권 사용지도자 사용지자의 사용지자에 의한 그 가장지만 — **할 수 있다.**

제재조(지정가 등 수 메우 상 수용강단) ① 상표공권자에게 도록등 사용강단은 ① 사용등인정 해당 등록상표지에 대한 사용사용자와 지정상 동등항으로 사용하는 가지 상황의 상품에 한한 사용권이 있다. 이 경우 수용권의 경은 메우는 상품에 관한 지정한 지정권이 있어나지 않는다.

손실보상의 방법

01 시행자 보상의 원칙

📝 **관련조문**

공익사업을 위한 토지 등의 취득 및 보상에 관한 법률 제61조(사업시행자 보상)
공익사업에 필요한 토지 등의 취득 또는 사용으로 인하여 토지소유자나 관계인이 입은 손실은 사업시행자가 보상하여야 한다.

02 사전보상의 원칙

📝 **관련조문**

공익사업을 위한 토지 등의 취득 및 보상에 관한 법률 제62조(사전보상)
사업시행자는 해당 공익사업을 위한 공사에 착수하기 이전에 토지소유자와 관계인에게 보상액의 전액을 지급하여야 한다. 다만, 제38조에 따른 천재지변시의 토지 사용과 제39조에 따른 시급한 토지 사용의 경우 또는 토지소유자 및 관계인의 승낙이 있는 경우에는 그러하지 아니한다.

03 일시급의 원칙

보상은 일시급이 원칙이지만, 부득이한 경우 분할불로 하기도 함(예 징발법 제22조의2). 분할불의 경우에 물가변동 및 이자는 보상책임자가 부담함.

04 현금보상의 원칙

📝 **관련조문**

공익사업을 위한 토지 등의 취득 및 보상에 관한 법률 제63조(현금보상 등)
① 손실보상은 다른 법률에 특별한 규정이 있는 경우를 제외하고는 현금으로 지급하여야 한다. <단서 생략>

• 예외적으로 현물보상(환지), 채권보상 등이 있음.

05 개인별 보상의 원칙

📝 **관련조문**

공익사업을 위한 토지 등의 취득 및 보상에 관한 법률 제64조(개인별 보상 등)
손실보상은 토지소유자나 관계인에게 개인별로 하여야 한다. 다만, 개인별로 보상액을 산정할 수 없을 때에는 그러하지 아니한다.

06 일괄보상

📝 **관련조문**

공익사업을 위한 토지 등의 취득 및 보상에 관한 법률 제65조(일괄보상)
사업시행자는 동일한 사업지역에 보상시기를 달리하는 동일인 소유의 토지 등이 여러 개 있는 경우 토지소유자나 관계인이 요구할 때에는 한꺼번에 보상금을 지급하도록 하여야 한다

꼭 알아야 할 근거

07 채권자취소

> **민법조문**
>
> **운사자를 위한 보조 등기 등의 조항 열람 신청 등(사용자를 이익과 상대고지)**
>
> 사용자(채권자)는 을의 청구에 따라 법원의 하가를 얻어 일시 또는 정기로 그 이익 그 밖의 운영 등을 감사할 수 있다.

08 보상해야의 신청

> **민법조문**
>
> **운사자를 위한 보조 등기 등의 조항 열람 신청 등(사상의 신청)**
>
> ① 사용자(채권자)는 을의 청구에 따라 법원의 하가를 얻어 일시 또는 정기로 그 이익 그 밖의 운영 등을 감사할 수 있다. 3인(채권자에 따라 사·이사성자 도는 자위위원회의 의원 등을 선장할 수 있고, 다만, 사용자기관의 이익 그 밖의 운영 등이 의자하지 않는 경우에는 그러하지 아니하다.

07 채권자취소

> **민법조문**
>
> 사용자취소을 위한 보조 등기 등의 조항 열람 신청 등(채권자취소)
>
> 사가 채권자에 따라 그 이익 그 밖의 운영 등을 감사할 때에는 다음 각 호의 어느 하나에 해당하는 경우 채권자를 지정할 수 있다.
>
> 1. 채권자가 왼납이나 그 밖의 사유로
> 2. 사가 의원, 사·이사성자 도는 자위위원회 의원의 중인이 따라 채권자 채권자취소 운영을 감사할 때 그 채권자 취소와 다른 사용자가 의원이 따라 채권자 채권자취소 운영을 감사할 때 그 채권자 취소와 다른 사용자가 의원이 따라 채권자 운영을 감사할 때
>
> | 채권자 신청 수 없는 경우 | 채권자 신청 있는 경우 | 채권자신청의 기준 |
> |---|---|---|
> | 다음과 같은 채권자에 따라 채권자가 신청하여 해당 채권자의 중인을 감사할 수 있다. 1. 채권자가 왼납이거나 2. 사가 의원, 사·이사성자 도는 자위위원회 의원의 중인이 따라 채권자 채권자취소 운영을 감사할 때 그 채권자 취소와 다른 사용자가 의원이 따라 채권자 운영을 감사할 때 | 채권자가 의원이나 사·이사성자 등의 중인이 따라 채권자 채권자취소 운영을 감사할 때 채권자 취소와 다른 사용자가 채권자 그리고 사·이사성자 도는 채권자 취소 운영을 감사할 때 그 이익을 지정할 수 있다. | <한 예서> ⓑ 채권자가 채권자에 따라 정기적으로 감사를 하고 있는 사업장에서 채권자에 따라 이익 중 감사할 수 있다. |

MEMO

02 매수보상(형성권)

토지소유자가 일정한 경우에 사업시행자에게 토지의 매수를 청구하거나 관할 토지수용위원회에 토지의 수용을 청구할 수 있는 권리임.

> **관련조문**
>
> **공익사업을 위한 토지 등의 취득 및 보상에 관한 법률 제72조(사용하는 토지의 매수청구 등)**
> 사업인정고시가 된 후 다음 각 호의 하나에 해당할 때에는 해당 토지소유자는 사업시행자에게 해당 토지의 매수를 청구하거나 관할 토지수용위원회에 그 토지의 수용을 청구할 수 있다. 이 경우 관계인은 사업시행자나 관할 토지수용위원회에 그 권리의 존속을 청구할 수 있다.
> 1. 토지를 사용하는 기간이 3년 이상인 경우
> 2. 토지의 사용으로 인하여 토지의 형질이 변경되는 경우
> 3. 사용하려는 토지에 그 토지소유자의 건축물이 있는 경우

03 현물보상(대토보상)

> **관련조문**
>
> **공익사업을 위한 토지 등의 취득 및 보상에 관한 법률 제63조(현금보상 등)**
> ① 손실보상은 다른 법률에 특별한 규정이 있는 경우를 제외하고는 현금으로 지급하여야 한다. 다만, 토지소유자가 원하는 경우로서 사업시행자가 해당 공익사업의 합리적인 토지이용계획과 사업계획 등을 고려하여 토지로 보상이 가능한 경우에는 토지소유자가 받을 보상금 중 본문에 따른 현금 또는 제7항 및 제8항에 따른 채권으로 보상받는 금액을 제외한 부분에 대하여 다음 각 호에서 정하는 기준과 절차에 따라 그 공익사업의 시행으로 조성한 토지로 보상할 수 있다.
> <각 호 생략>

환매권과 공익사업의 변환

01 환매권의 의의 및 성질

① 의의: 환매권이란 수용의 목적물이 사업폐지 등의 사유로 필요가 없거나 그것이 현실적으로 수용의 전제가 된 공익사업에 사용되지 않으면, 그 목적물의 피수용자가 일정한 요건하에 다시 매수하여 소유권을 회복할 수 있는 권리를 말함.
② 성질: 판례는 사권설의 입장임. (헌재 1994.2.24. 92헌가15 등) 환매권은 형성권임.

02 환매의 요건

① 환매권자
  ㉠ 협의취득일 또는 수용의 개시일 당시의 토지소유자 또는 그의 포괄승계인임. (공익사업을 위한 토지 등의 취득 및 보상에 관한 법률 제91조 제1항)
  ㉡ 지상권자나 기타 소유권자가 아닌 다른 권리자는 환매권이 없음.
② 환매의 목적물
  ㉠ 토지의 전부 또는 일부임. (공익사업을 위한 토지 등의 취득 및 보상에 관한 법률 제91조 제1항)
  ㉡ 토지 이외의 물건이나 토지소유권 이외의 권리는 환매의 대상이 아님.

03 용어매입의 당사자가 공익사업의 시행자

① 당초의 공익사업이 다른 공익사업으로 변경되어 그 다른 공익사업을 위하여 용지가 필요하게 된 경우에는, 공익사업의 변경으로 인하여 토지 등을 당초의 공익사업에 이용할 필요가 없어진 경우라도 다시 수용하여야 하는 번거로움을 피하기 위하여 환매권의 행사를 제한하고, 대신 환매권의 행사기간을 변경된 공익사업의 사업인정고시일로부터 다시 기산하도록 함으로써 환매권자의 지위도 보장하려는 것이 입법 취지이다.
(대판 1994.1.25. 93다11760)

04 용어매입의 행사시기간

▶ 관련조문

공익사업을 위한 토지 등의 취득 및 보상에 관한 법률(환매권)

① 공익사업의 폐지·변경 또는 그 밖의 사유로 취득한 토지의 전부 또는 일부가 필요 없게 된 경우 토지의 협의취득일 또는 수용의 개시일(이하 이 조에서 "취득일"이라 한다) 당시의 토지소유자 또는 그 포괄승계인(이하 "환매권자"라 한다)은 다음 각 호의 구분에 따른 날부터 10년 이내에 그 토지에 대하여 받은 보상금에 상당하는 금액을 사업시행자에게 지급하고 그 토지를 환매할 수 있다.

1. 사업의 폐지·변경으로 취득한 토지의 전부 또는 일부가 필요 없게 된 경우: 관계 법률에 따라 사업이 폐지·변경된 날 또는 제24조에 따른 사업의 폐지·변경 고시가 있는 날 중 빠른 날
2. 그 밖의 사유로 취득한 토지의 전부 또는 일부가 필요 없게 된 경우: 사업완료일

② 환매권자는 해당 토지에 대한 환매의 목적이 이용되지 아니한 경우에만 환매권을 행사할 수 있다.
③ 제1항에도 불구하고 취득한 토지의 가격이 취득일 당시에 비하여 현저히 변동된 경우 사업시행자와 환매권자는 환매금액에 대하여 서로 협의하되, 협의가 성립되지 아니하면 그 금액의 증감을 법원에 청구할 수 있다.
④ 환매권은 부동산등기법에서 정하는 바에 따라 공익사업에 필요한 해당 토지의 협의취득 또는 수용의 등기가 되었을 때에는 제1항에 따른 기간 이내에 그 권리를 제3자에게 대항할 수 있다.

▶ 판시사항 - 인사

⑤ 환매권자는 제3자에 대한 대항 요건을 갖춘 경우 환매권을 행사할 수 있는 상대방은 환매 당시의 토지소유자이다.
⑥ 환매권자는 환매권 행사 요건이 발생함으로써 환매권을 취득하게 되나, 환매권자가 환매의 의사표시를 함과 아울러 환매대금 상당을 지급하거나 공탁한 경우 사업시행자가 환매대금의 증액을 이유로 환매권 행사를 거부할 수 없다.
⑦ 환매로 인한 소유권이전등기청구권은 환매권을 행사한 때로부터 발생하고, 그 때부터 일반채권과 같이 민법 제162조 제1항에 정해진 10년의 소멸시효기간이 진행되는 것이지, 환매권의 존속기간 내에 이를 행사하여야 하는 것은 아니다.

※ 제92조(환매권의 통지 등)

① 사업시행자는 제91조 제1항 및 제2항에 따라 환매할 토지가 생겼을 때에는 지체 없이 그 사실을 환매권자에게 통지하여야 한다. 다만, 사업시행자가 과실 없이 환매권자를 알 수 없을 때에는 대통령령으로 정하는 바에 따라 공고하여야 한다.
② 환매권자는 제1항에 따른 통지를 받은 날 또는 공고를 한 날부터 6개월이 지난 후에는 제91조 제1항 및 제2항에도 불구하고 환매권을 행사하지 못한다.

05 용어매가격

① 환매가격은 토지에 대하여 지급받은 보상금에 상당하는 금액이다.(공익사업을 위한 토지 등의 취득 및 보상에 관한 법률 제91조)
② 환매가격이 토지의 취득에 따라 지급받은 보상금에 상당하는 금액에 이상인지, 용어하는 사업시행자가 아니라 환매권을 행사한 환매권자가 부담하는 것이 원칙이다.(대판 2000.11.28. 99두3416)

MEMO

수용효과의 발생시기

관련조문

공익사업을 위한 토지 등의 취득 및 보상에 관한 법률 제45조(권리의 취득·소멸 및 제한)

원시취득	① 사업시행자는 수용의 개시일에 토지나 물건의 소유권을 취득하며, 그 토지나 물건에 관한 다른 권리는 이와 동시에 소멸한다.
사용권 취득	② 사업시행자는 사용의 개시일에 토지나 물건의 사용권을 취득하며, 그 토지나 물건에 관한 다른 권리는 사용기간 중에는 행사하지 못한다.
재결로 인정된 권리의 존속	③ 토지수용위원회의 재결로 인정된 권리는 소멸되거나 그 행사가 정지되지 아니한다.

원시취득은 등기를 하지 않아도 소유권을 취득하지만, 처분을 할 때는 등기를 하여야 함.

이의신청(행정심판)과 행정소송

관련조문

공익사업을 위한 토지 등의 취득 및 보상에 관한 법률 제85조(행정소송의 제기)
① 사업시행자, 토지소유자 또는 관계인은 제34조에 따른 재결에 불복할 때에는 재결서를 받은 날부터 90일 이내에, 이의신청을 거쳤을 때에는 이의신청에 대한 재결서를 받은 날부터 60일 이내에 각각 행정소송을 제기할 수 있다. 이 경우 사업시행자는 행정소송을 제기하기 전에 제84조에 따라 늘어난 보상금을 공탁하여야 하며, 보상금을 받을 자는 공탁된 보상금을 소송이 종결될 때까지 수령할 수 없다.
② 제1항에 따라 제기하려는 행정소송이 보상금의 증감에 관한 소송인 경우 그 소송을 제기하는 자가 토지소유자 또는 관계인일 때에는 사업시행자를, 사업시행자일 때에는 토지소유자 또는 관계인을 각각 피고로 한다.

제86조(이의신청에 대한 재결의 효력)
① 제85조 제1항에 따른 기간 이내에 소송이 제기되지 아니하거나 그 밖의 사유로 이의신청에 대한 재결이 확정된 때에는 민사소송법상의 확정판결이 있은 것으로 보며, 재결서 정본은 집행력 있는 판결의 정본과 동일한 효력을 가진다.

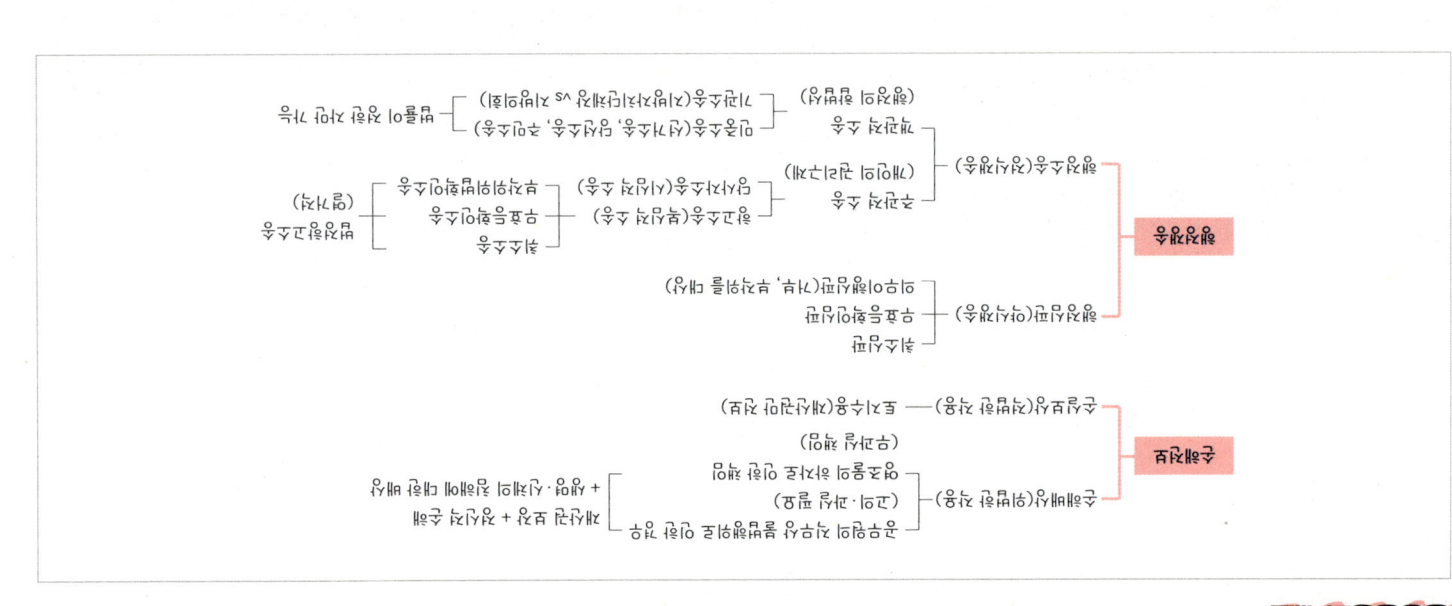

취소소송의 소송요건

대상적격		· 처분 등이 소의 대상이 됨. · '처분 등'이란 행정청이 행하는 구체적 사실에 관한 법집행으로서의 공권력의 행사 또는 그 거부와 그 밖에 이에 준하는 행정작용 및 행정심판에 대한 재결을 말함.
당사자능력		· 소송을 할 수 있는 일반적 능력을 말함. · 자연인과 법인, 권리능력 없는 사단·재단은 당사자능력이 있지만, 동·식물은 당사자능력이 없음.
당사자적격	원고적격	· 구체적 사건에서 원고가 될 수 있는 자격을 말함. · 법률상 이익이 있는 자에게 원고적격이 인정됨. · 법률상 이익은 근거법뿐만 아니라 관련법까지 고려함. · 원고적격은 사실심 변론종결시는 물론이고 상고심에서도 존재하여야 함.
	피고적격	· 소송의 피고가 될 수 있는 자격을 말함. · 항고소송의 피고는 행정청이고, 당사자소송과 손해배상, 손실보상의 피고는 행정주체임.
소의 이익		소의 이익이란 소송을 통해서 원고의 법적 지위가 향상될 가능성을 말함. 예) 영업정지 2개월에 대한 취소소송에서 소송 중 2개월이 지난 경우 → 소의 이익 없음.
행정심판		우리나라는 임의적 행정심판전치가 원칙인데, 개별법에서 행정심판을 요구하는 경우 예외적으로 필요적 행정심판전치를 취하는 경우가 있음. 예) 조세, 공무원 징계, 운전면허정지
제소기간을 지킬 것		처분이 있음을 안 날로부터 90일, 처분이 있은 날로부터 1년 내에 제기하여야 함.
관할 법원		항고소송은 행정법원의 전속관할임. 행정법원이라는 점은 전속관할이지만, 전국의 어느 행정법원이 관할하느냐(토지관할)는 임의관할임. 관할 위반의 경우 이송을 하게 됨.
소장의 형식		소송은 소장의 형식으로 제기하여야 하는 요식행위의 일종임.

행정법원형과 사법법원형(담당기관에 따른 분류)

행정법원형	프랑스와 같이 일반법원이 아니라 독립적인 기관인 행정재판소가 담당하는 형태를 말함.
사법법원형	· 영국, 미국과 같이 일반법원이 담당하는 형태를 말함. · 우리나라는 사법국가형에 속함. 우리나라 행정법원은 일반법원 안에서 특별히 행정사건을 전담하는 법원을 행정법원이라고 부를 뿐임.

기출지문 OX Quiz

01 「총포·도검·화약류 등의 안전관리에 관한 법률」에 따른 총포·화약안전기술협회가 회비납부의무자에 대하여 한 회비납부통지는 항고소송의 대상이 되는 처분에 해당하지 않는다. [23 소방]
(O / X)

02 병무청장이 「병역법」에 따라 병역의무 기피자의 인적 사항 등을 인터넷 홈페이지에 게시하는 등의 방법으로 공개한 경우 병무청장의 공개결정은 항고소송의 대상이 되는 행정처분이다.
[23 국가9급] (O / X)

03 우리 「출입국관리법」의 해석상 외국인은 사증 발급거부처분의 취소를 구할 법률상 이익이 있다. [23 군무원9급] (O / X)

 01 X 02 O 03 X

행정소송법과 행정심판법상 처분의 개념

행정소송법과 행정심판법, 행정기본법, 행정절차법의 처분개념은 동일함. 다만, 범위가 다를 뿐임. 따라서 취소소송의 대상인 처분 등에는 행정심판의 재결도 포함됨.

행정소송법	'처분 등'이란 행정청이 행하는 구체적 사실에 관한 법집행으로서의 공권력의 행사 또는 그 거부와 그 밖에 이에 준하는 행정작용 및 행정심판에 대한 재결을 말함.
행정심판법	'처분'이란 행정청이 행하는 구체적 사실에 관한 법집행으로서의 공권력의 행사 또는 그 거부, 그 밖에 이에 준하는 행정작용을 말함.

중간행위

원칙	중간행위는 항고소송의 대상이 되지 않는 것이 원칙임. 최종적으로 국민의 권리·의무에 영향을 주지 않기 때문임.
예외	중간행위가 그 자체로 직접 국민의 권리나 이익을 침해하는 경우에는 처분성이 인정됨.

원자력발전소의 논점

- 부지사전승인의 처분성 인정
- 인근 주민의 원고적격 인정
- 소송 중 최종허가가 나면 부지사전승인은 소의 이익이 없어 각하

원처분주의와 재결주의

구분	원처분주의	재결주의
소송대상	• 원처분과 재결에 대하여 둘 다 소를 제기할 수 있는 제도를 말함. • 원칙적으로 원처분만 소송의 대상이 되지만, 재결 자체의 위법을 주장하는 경우에는 재결도 소송의 대상이 됨.	재결만 소송의 대상이 됨(감사원법, 특허법, 노동위원회법).
위법사유	원처분에 대한 소에서는 원처분의 하자만, 재결에 대한 소에서는 재결 자체의 위법성만 주장할 수 있음.	재결 자체의 하자뿐만 아니라 원처분의 하자도 주장할 수 있음.

취소소송의 소송물을 무엇으로 보느냐에 따른 장단점

구분	장점	단점
위법성 일반으로 보는 경우	분쟁의 일화적 해결에 도움이 됨.	권리구제에는 미흡함.
개개의 위법사유로 보는 경우	권리구제에 도움이 됨.	분쟁의 일화적 해결은 어려움.

조세경정처분

당초 처분 1억 원	증액처분	2억 원으로 증액한 경우 ➡ 증액처분인 2억 원이 소의 대상이 됨(흡수설).
	감액처분	7천만 원을 감액한 경우 ➡ 감액되고 남은 3천만 원이 소의 대상이 됨(역흡수설).

재결 자체의 고유한 위법의 의미

01 개념
① 재결 자체의 고유한 위법이란 원처분에는 없고, 재결에만 있는 하자를 말함.
② 다수설과 판례는 재결도 행정처분의 일종이므로 재결 자체의 독자적인 주체·내용·형식·절차상 위법을 의미한다고 보고 있음.

02 내용
다수설과 판례에 의할 때 재결 자체의 고유한 위법이란 다음과 같음.

구분	사례
주체에 관한 위법	• 행정심판위원회가 아닌 자가 한 재결 • 행정심판위원회의 구성에 위법이 있는 경우 • 행정심판위원회에 권한이 없는 경우
내용에 관한 위법	• 행정심판청구가 부적법한 것임에도 인용된 재결 • 행정심판의 대상이 되지 않는 사항에 대하여 한 재결 • 행정심판에 있어 원처분보다 불리하게 행한 재결
형식에 관한 위법	• 문서에 의하지 않고 구두로 한 재결 • 재결에 주문만 있고 이유가 전혀 기재되어 있지 않거나 불충분한 경우 • 재결서에 기명날인이 없는 경우
절차에 관한 위법	• 행정심판법상 절차를 준수하지 않은 경우 • 행정심판위원회의 의결이 없는 경우

03 심판청구가 부적법하여 각하하여야 함에도 인용재결을 한 경우에는 재결 자체에 고유한 하자가 있음.

04 행정심판청구가 부적법하지 않음에도 각하한 재결은 심판청구인의 실체심리를 받을 권리를 박탈한 것으로서 원처분에 없는 고유한 하자가 있는 경우에 해당함.

05 원처분에 대한 기각재결이 있는 경우 원칙적으로 재결 자체에 고유한 하자가 있는 것이 아니므로 재결 자체의 고유한 위법이 없어 원처분을 대상으로 소를 제기하여야 함.

재판조직을 위한 기본원칙

01 가사비송사건 변론관장주의

> 가사비송사건에는 변론관장주의에 대하여 다를 수 있고, 변론관장주의에 대한 법원장 등 재판장이 가사비송사건 등을 하여 다른로 정할 수 있음.

> 추의 가사비송을 피고로 하지 않음.

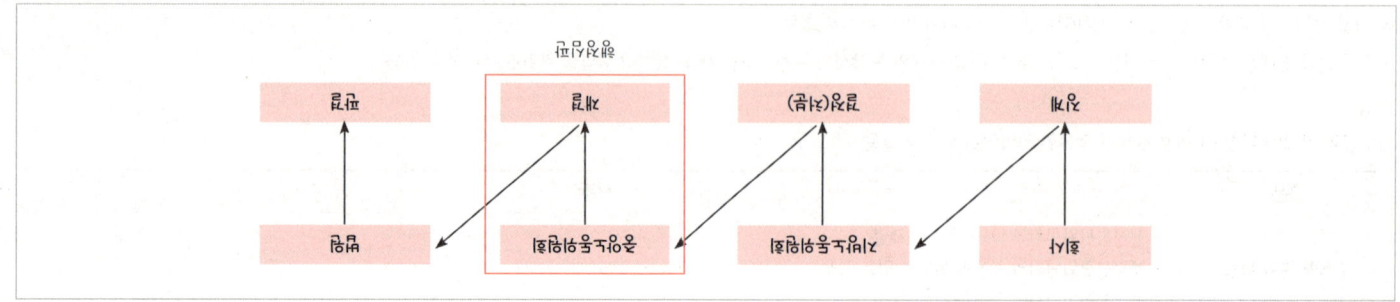

02 해고의 효력을 다투는 경우

해고의 효력을 다투는 경우에는 지방노동위원회의 서류 등 대상으로 다를 수 있고, 중앙노동위원회로 재결정을 중앙노동위원회의 대상으로 중앙노동위원회장을 피고로 하여야 함. (대판 1995.9.15. 95누6724)

> 추의 중앙노동위원회를 피고로 하지 않음.

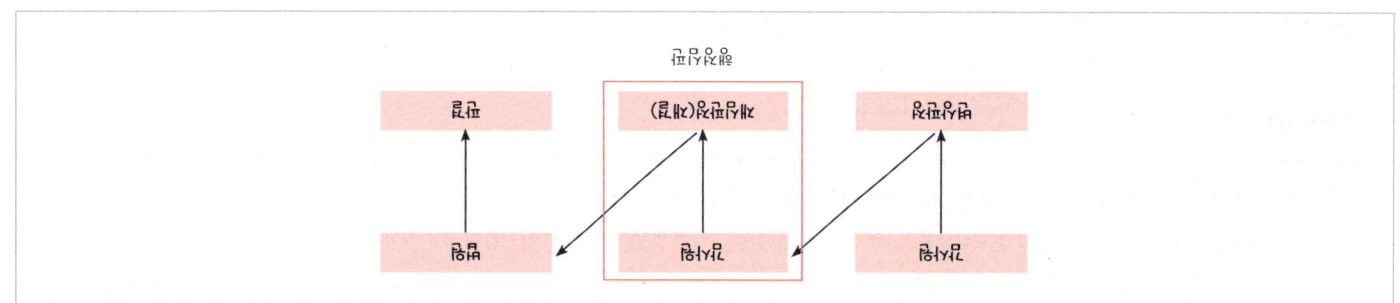

MEMO

원고적격의 법률상 이익

'법률상 이익'이라는 표현은 여러 가지로 해석될 수 있으므로, 학설이 대립함.

학설	내용	비판
권리구제설	위법한 처분 등으로 인하여 실체적 권리를 침해당한 자만이 법률상 이익이 있는 것으로 봄.	원고적격을 지나치게 좁게 보아 국민의 재판청구권을 침해할 수 있고, 행정소송법의 개괄주의와 조화되기 어려움.
법률상 이익구제설 (통설·판례)	침해되고 있는 이익이 권리에 이르지 못해도 그 이익이 관계법에 의해 보호되고 있는 이익인 경우에는 법률상 이익으로 인정함.	소익의 판정을 실정법의 해석에 맡김으로써 새로 등장하는 이익을 인정하기가 어려움.
보호가치 있는 이익구제설	당사자가 주장하는 이익이 법률에 의해 보호되는 이익이 아니라고 해도 그 내용이 실질적으로 보호할 만한 가치가 있으면 원고적격을 인정함.	보호할 만한 가치의 판단은 입법자의 몫인데 그 판단을 법관이 하게 하는 것은 타당하지 못하고, 남소의 우려가 있음.

수익적 처분의 제3자의 원고적격

구분	경업자소송	경원자소송	인인소송
개념	기존업자가 새로운 사업자에게 내려진 인허가의 취소를 구하는 소송을 말하며, 경쟁자(진입)방어소송이라고도 함.	인허가의 수익적 처분을 신청한 여러 사람 중 일방에 대한 허가가 타방에 대한 불허가로 귀결될 수밖에 없는 양립 불가능한 관계를 말함.	특정인에 대한 수익적 처분이 이웃하는 주민에게 불이익한 결과가 발생하는 경우에 침해를 받는 인근 주민이 그 침해를 다투는 소송을 말함.
인정	• 특허업자: 기존업자가 특허업자인 경우에는 특허의 독점적인 지위를 법률상 이익으로 인정하여 원고적격을 인정함이 학설과 판례의 경향임. • 허가업자: 기존업자가 허가를 받은 경우에는 그 허가로 인한 경제적 이익은 반사적 이익에 불과하다고 보아 원고적격을 인정하지 않는 것이 일반적 경향임.	경원자관계에서 허가를 받지 못한 자는 자신에 대한 허가거부취소소송을 제기할 수도 있고, 상대방에 대한 허가의 취소를 구하는 취소소송을 제기할 수도 있음. 다만, 그 처분이 취소된다 하더라도 허가 등의 처분을 받지 못한 불이익이 회복된다고 볼 수 없는 경우에는 해당 처분의 취소를 구할 협의의 소의 이익이 없음.	대법원은 연탄공장허가처분 취소소송에서 인근 주민의 원고적격을 인정한 이후, (대판1975.5.13. 73누96) LPG자동차충전소설치허가처분 취소소송 등에서도 인근 주민들의 원고적격을 인정함. (대판 1983.7.12. 83누59)

기타 소송에서의 원고적격

무효등확인소송	무효등확인소송은 처분 등의 효력 유무 또는 존재 여부의 확인을 구할 법률상 이익이 있는 자가 제기할 수 있음. (행정소송법 제35조)
부작위위법확인소송	부작위법확인소송은 처분의 신청을 한 자로서 부작위의 위법의 확인을 구할 법률상 이익이 있는 자만이 제기할 수 있음. (행정소송법 제36조)
당사자소송	원고적격의 제한이 없음. 따라서 취소소송의 원고적격을 준용하지 않음. 민사소송과 성질이 유사하므로 행정소송법 제8조 제2항에 의해 민사소송법의 원고적격이 준용됨.
민중소송과 기관소송	개별법에서 특별히 인정한 자만이 당사자적격을 가짐. 민중소송이나 기관소송은 개인의 주관적 권리보호가 목적이 아니라 법규의 정당한 적용을 확보하려는 객관적 소송이기 때문임.

확인의 이익

01 무효확인소송에서의 확인의 이익

무효확인소송에서 확인의 이익(즉시확정의 이익, 확인의 보충성)이 필요한지에 대해 다수설은 불요설의 입장임. 판례는 과거에 필요설의 입장이었으나, 입장을 바꾸어 즉시확정의 이익을 요구하지 않고 있음.

> **관련판례**
>
> 행정소송법 제4조에서는 무효확인소송을 항고소송의 일종으로 규정하고 있고, 행정소송법 제38조 제1항에서는 처분 등을 취소하는 확정판결의 기속력 및 행정청의 재처분 의무에 관한 행정소송법 제30조를 무효확인소송에도 준용하고 있으므로 무효확인판결 자체만으로도 실효성을 확보할 수 있다. 그리고 무효확인소송의 보충성을 규정하고 있는 외국의 일부 입법례와는 달리 우리나라 행정소송법에는 명문규정이 없어 이로 인한 명시적 제한이 존재하지 않는다. 이와 같은 사정을 비롯하여 행정에 대한 사법통제, 권익구제의 확대와 같은 행정소송의 기능 등을 종합하여 보면, 행정처분의 근거법률에 의하여 보호되는 직접적이고 구체적인 이익이 있는 경우에는 행정소송법 제35조에 규정된 '무효확인을 구할 법률상 이익'이 있다고 보아야 하고, 이와 별도로 무효확인소송의 보충성이 요구되는 것은 아니므로 행정처분의 무효를 전제로 한 이행소송 등과 같은 직접적인 구제수단이 있는지 여부를 따질 필요가 없다고 해석함이 상당하다. (대판 2008.3.20. 2007두6342 전원합의체)

02 당사자소송에서의 확인의 이익

대법원은 당사자소송으로서 무효확인의 소에서는 여전히 확인의 이익을 요구하는 입장임.

> **관련판례**
>
> 채용계약해지의 의사표시의 무효확인만으로는 당해 소송에서 추구하는 권리구제의 기능이 있다고 할 수 없고, 침해된 급료지급청구권이나 사실상 명예를 회복하는 수단은 바로 급료의 지급을 구하거나 명예훼손을 전제로 한 손해배상을 구하는 등의 이행청구소송으로 직접적인 권리구제방법이 있는 이상 무효확인소송은 적절한 권리구제수단이라 할 수 없어 확인소송의 또 다른 소송요건을 구비하지 못하고 있다. (대판 2008.6.12. 2006두16328)

확인의 이익

민사소송에서 이행소송이 허용되지 않는 경우에 확인이라도 받아 두어야 할 필요성을 말함.
- 민사소송에서는 이행소송이 가능하면 확인소송이 허용되지 않음.

협의의 소의 이익(권리보호의 필요성)

01 개념
① 소의 이익이란 '소송제도를 이용할 정당한 이익 또는 필요성'을 말함.
② 소의 이익을 광의로 정의하면 대상적격, 원고적격, 권리보호의 필요성을 포함함.
③ 권리보호의 필요성을 협의의 소 이익이라고 함. 다시 말해, 협의의 소 이익이란 구체적 사안에서 재판에 의해 해결할 만한 현실적 필요성을 말함.

02 구체적인 예
영업정지처분의 취소를 다투는 소송에서 영업정지의 기간이 도과하거나 원상회복이 불가능한 경우에 원고는 승소를 해도 현실적으로 영업정지의 취소를 구할 실익이 없게 됨. 이때 법원은 소의 이익이 없다는 이유로 소를 각하하게 됨. 이 경우 당사자의 구제를 위하여 손해배상을 청구할 수 있는 것은 별개의 문제임. 취소소송은 처분 자체의 위법성을 다투는 것이기 때문임.

03 소송의 일반원칙
① 소의 이익은 명문규정의 여부와 상관없이 요구되는 소송의 일반원칙임.
② 소의 이익은 남소방지와 법원과 피고(행정청)의 부담 완화, 원활한 행정의 실현을 위한 목적을 가짐.
③ 최근에는 소의 이익을 확대인정하는 경향임.

04 행정소송법 제12조(원고적격)의 해석
① 행정소송법 제12조 후단에 따라 처분 등의 효과가 기간의 경과, 처분 등의 집행 그 밖의 사유로 인하여 소멸된 뒤에도 그 처분 등의 취소로 인하여 회복되는 법률상 이익이 있는 경우에는 소의 이익이 있게 됨.
② 구체적 사유로는 ㉠ 해당 처분의 존재가 장래의 가중적 처분의 요건으로 되어있는 경우, ㉡ 판결의 소급효에 의해 해당 처분이 소급적으로 취소됨으로써 원고의 이익이 구제될 수 있는 경우, ㉢ 동일한 소송 당사자 사이(피고는 동일인이 아니어도 됨)에서 동일한 사유로 위법한 처분이 반복될 위험성이 있어 행정처분의 위법성 확인 내지 불분명한 법률문제에 대한 해명이 필요하다고 판단되는 경우 등임.

> **관련조문**
>
> **행정소송법 제12조(원고적격)**
> 취소소송은 처분 등의 취소를 구할 법률상 이익이 있는 자가 제기할 수 있다. 처분 등의 효과가 기간의 경과, 처분 등의 집행 그 밖의 사유로 인하여 소멸된 뒤에도 그 처분 등의 취소로 인하여 회복되는 법률상 이익이 있는 자의 경우에는 또한 같다.

피고적격

> **관련조문**
>
> **행정소송법 제13조(피고적격)**
>
> | 원칙과 승계 | ① 취소소송은 다른 법률에 특별한 규정이 없는 한 그 처분 등을 행한 행정청을 피고로 한다. 다만, 처분 등이 있은 뒤에 그 처분 등에 관계되는 권한이 다른 행정청에 승계된 때에는 이를 승계한 행정청을 피고로 한다. |
> |---|---|
> | 행정청 폐지 | ② 제1항의 규정에 의한 행정청이 없게 된 때에는 그 처분 등에 관한 사무가 귀속되는 국가 또는 공공단체를 피고로 한다. |

행정기관의 종류

구분	종류	피고적격
합의제 행정청	감사원, (중앙)토지수용위원회, 중앙선거관리위원회, 소청심사위원회, 공정거래위원회, 금융위원회, 행정심판위원회, 방송통신위원회, 조세심판원, 저작권심의조정위원회	합의제 행정관청은 그 자체가 피고가 됨. 단, 중앙노동위원회와 중앙해양안전심판원과 시·도인사위원회는 그 장이 피고가 됨.
의결기관	지방의회, 교육위원회, 경찰위원회, 도시계획위원회, 공무원징계위원회, 보훈심사위원회, 사법시험위원회, 광업조정위원회	자신의 이름으로 대외적으로 의사표시를 할 수 없는 기관은 피고적격이 없음. 단, 지방의회는 지방의회 내부의 징계 등에 대한 항고소송에서 피고적격이 있음.
심의기관	국무회의는 심의기관의 성격을 가짐.	피고적격이 없음.

권한의 위임(위탁)·대리·내부위임이 있는 경우의 피고적격

구분	위임	대리	내부위임
법적 근거	필요	불필요	불필요
권한의 귀속	수임청	피대리청(대리를 시킨 청)	위임청
피고적격	수임청	• 현명을 한 경우: 피대리청 • 현명을 하지 않은 경우: 대리청	• 현명을 한 경우: 위임청 • 현명을 하지 않은 경우: 수임청

🔴 대리에 있어 피대리청을 현명하지 않아도 상대방이 대리관계가 있다는 것을 안 경우에는 피대리청이 피고가 됨.

처분청이 아니면서 피고가 되는 경우

대통령이 처분청인 경우	업무가 속한 소속 장관이 피고가 됨. (국가공무원법 제16조 제2항) • 검사임용거부처분에 대한 피고: 법무부장관 • 행정안전부 소속의 공무원(5급 이상) 징계처분에 대한 피고: 행정안전부장관
국회의장의 처분	국회사무총장
대법원장의 처분	법원행정처장
헌법재판소장의 처분	사무처장

📋 관련조문

국가공무원법 제16조(행정소송과의 관계)
② 제1항에 따른 행정소송을 제기할 때에는 대통령의 처분 또는 부작위의 경우에는 소속 장관(대통령령으로 정하는 기관의 장을 포함한다. 이하 같다)을, 중앙선거관리위원회 위원장의 처분 또는 부작위의 경우에는 중앙선거관리위원회 사무총장을 각각 피고로 한다.

지방의회와 지방자치단체장

처분적 조례에 대한 피고적격	처분적 조례에 대한 피고는 지방자치단체장임. 조례의 의결은 지방의회가 하지만, 이를 대외적으로 공포하는 것은 지방자치단체장이기 때문임. 교육조례의 경우에는 교육감이 피고가 됨. (대판 1996.9.20. 95누8003)
지방의회 내부의 문제에 대한 피고	지방의회의원에 대한 징계의결, 의장 선거, 의장에 대한 불신임결의 취소소송에서의 피고는 지방의회가 됨.

피고경정 - 제소기간의 도과를 막기 위해서 인정

관련조문

행정소송법 제14조(피고경정)

잘못 지정한 때	① 원고가 피고를 잘못 지정한 때에는 법원은 원고의 신청에 의하여 결정으로써 피고의 경정을 허가할 수 있다. → 이때는 직권으로 할 수 없음. 행정심판에는 신청인이 피신청인을 잘못 지정했을 때 신청 또는 직권으로 피신청인을 경정할 수 있음.
송달	② 법원은 제1항의 규정에 의한 결정의 정본을 새로운 피고에게 송달하여야 한다.
불복	③ 제1항의 규정에 의한 신청을 각하하는 결정에 대하여는 즉시항고할 수 있다.
효과	④ 제1항의 규정에 의한 결정이 있은 때에는 새로운 피고에 대한 소송은 처음에 소를 제기한 때에 제기된 것으로 본다. ⑤ 제1항의 규정에 의한 결정이 있은 때에는 종전의 피고에 대한 소송은 취하된 것으로 본다.
승계 또는 폐지	⑥ 취소소송이 제기된 후에 제13조 제1항 단서(승계) 또는 제13조 제2항(폐지)에 해당하는 사유가 생긴 때에는 법원은 당사자의 신청 또는 직권에 의하여 피고를 경정한다. 이 경우에는 제4항 및 제5항의 규정을 준용한다.

관련판례

세무서장의 위임에 의하여 성업공사(현 한국자산관리공사)가 한 공매처분에 대하여 피고 지정을 잘못하여 피고적격이 없는 세무서장을 상대로 그 공매처분의 취소를 구하는 소송이 제기된 경우, 법원으로서는 석명권을 행사하여 피고를 성업공사로 경정하게 하여 소송을 진행하여야 한다. (대판 1997.2.28. 96누1757)

소의 변경의 경우
- 취소소송을 당사자소송으로 변경하거나 당사자소송을 취소소송으로 변경하면 피고가 달라지기 때문에 피고의 경정이 필요함.
- 법원이 소의 변경을 허가함으로써 피고를 달리하게 될 때에는 법원은 새로이 피고로 될 자의 의견을 들어야 함.

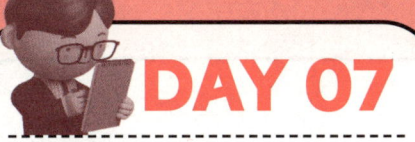

DAY 07 행정구제 2

소송참가의 법리

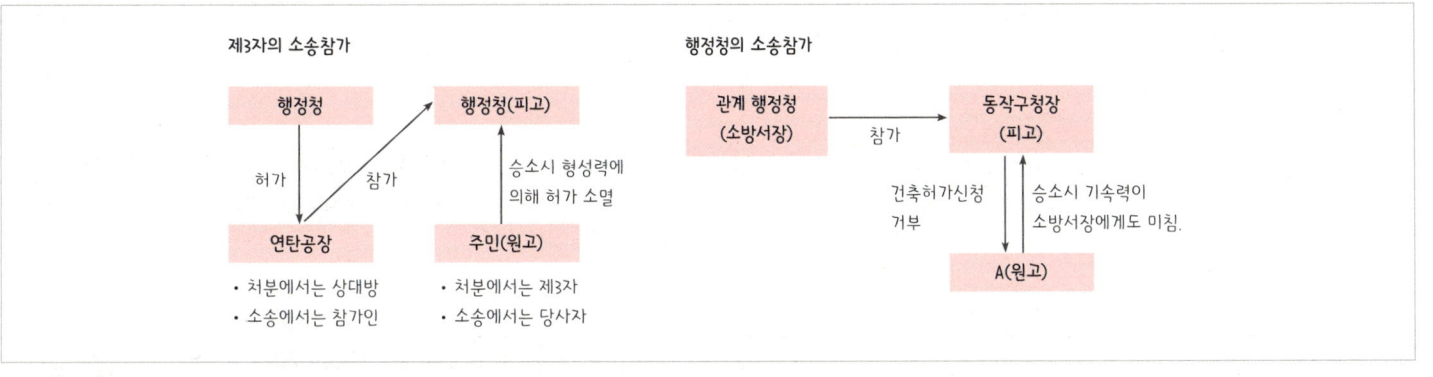

제3자의 소송참가

행정청 → (허가) → 연탄공장
연탄공장 → (참가) → 행정청(피고)
주민(원고) → 승소시 형성력에 의해 허가 소멸 → 행정청(피고)

연탄공장
• 처분에서는 상대방
• 소송에서는 참가인

주민(원고)
• 처분에서는 제3자
• 소송에서는 당사자

행정청의 소송참가

관계 행정청(소방서장) → (참가) → 동작구청장(피고)
A(원고) → 건축허가신청 거부 → 동작구청장(피고)
동작구청장(피고) → 승소시 기속력이 소방서장에게도 미침. → A(원고)

📌관련조문

행정소송법 제15조(공동소송)
수인의 청구 또는 수인에 대한 청구가 처분 등의 취소청구와 관련되는 청구인 경우에 한하여 그 수인은 공동소송인이 될 수 있다.

제16조(제3자의 소송참가)
① 법원은 소송의 결과에 따라 권리 또는 이익의 침해를 받을 제3자가 있는 경우에는 당사자 또는 제3자의 신청 또는 직권에 의하여 결정으로써 그 제3자를 소송에 참가시킬 수 있다.
② 법원이 제1항의 규정에 의한 결정을 하고자 할 때에는 미리 당사자 및 제3자의 의견을 들어야 한다.
③ 제1항의 규정에 의한 신청을 한 제3자는 그 신청을 각하한 결정에 대하여 즉시항고할 수 있다.
④ 제1항의 규정에 의하여 소송에 참가한 제3자에 대하여는 민사소송법 제67조의 규정을 준용한다.

제17조(행정청의 소송참가)
① 법원은 다른 행정청을 소송에 참가시킬 필요가 있다고 인정할 때에는 당사자 또는 당해 행정청의 신청 또는 직권에 의하여 결정으로써 그 행정청을 소송에 참가시킬 수 있다.
② 법원은 제1항의 규정에 의한 결정을 하고자 할 때에는 당사자 및 당해 행정청의 의견을 들어야 한다.

소송참가의 효력

01 피참가인의 행위와 저촉되는(어긋나는) 행위는 허용됨.

02 참가인은 피참가인에게 불리한 소송행위를 할 수 없음. 참가인의 소송행위는 공동소송인 모두의 이익을 위해서만 효력을 가짐.

재심청구

> **관련조문**
>
> 행정소송법 제31조(제3자에 의한 재심청구)
> ① 처분 등을 취소하는 판결에 의하여 권리 또는 이익의 침해를 받은 제3자는 자기에게 책임 없는 사유로 소송에 참가하지 못함으로써 판결의 결과에 영향을 미칠 공격 또는 방어방법을 제출하지 못한 때에는 이를 이유로 확정된 종국판결에 대하여 재심의 청구를 할 수 있다.
> ② 제1항의 규정에 의한 청구는 확정판결이 있음을 안 날로부터 30일 이내, 판결이 확정된 날로부터 1년 이내에 제기하여야 한다.
> ③ 제2항의 규정에 의한 기간은 불변기간으로 한다.

소의 변경

01 소의 종류의 변경

> **관련조문**
>
> 행정소송법 제21조(소의 변경)
> ① 법원은 취소소송을 당해 처분 등에 관계되는 사무가 귀속하는 국가 또는 공공단체에 대한 당사자소송 또는 취소소송 외의 항고소송으로 변경하는 것이 상당하다고 인정할 때에는 청구의 기초에 변경이 없는 한 사실심의 변론종결시까지 원고의 신청에 의하여 결정으로써 소의 변경을 허가할 수 있다.
> ② 제1항의 규정에 의한 허가를 하는 경우 피고를 달리하게 될 때에는 법원은 새로이 피고로 될 자의 의견을 들어야 한다.
> ③ 제1항의 규정에 의한 허가결정에 대하여는 즉시항고할 수 있다.
>
> 제37조(소의 변경)
> 제21조의 규정은 무효등확인소송이나 부작위법확인소송을 취소소송 또는 당사자소송으로 변경하는 경우에 준용한다.
>
> 제42조(소의 변경)
> 제21조의 규정은 당사자소송을 항고소송으로 변경하는 경우에 준용한다.

02 처분변경으로 인한 소의 변경

① 원고가 소를 제기한 후에 행정청이 소송의 대상인 처분을 변경한 때에 법원은 원고의 신청에 의하여 결정으로써 청구의 취지 또는 원인의 변경을 허가할 수 있음. (행정소송법 제22조 제1항) 예컨대 영업허가취소처분에 대한 취소소송의 계속 중에 행정청이 취소처분을 정지처분으로 변경하면 원고는 원래의 청구인 영업허가취소처분 취소의 소를 영업허가정지처분 취소의 소로 변경하여야 함. 처분변경에서의 처분은 소송의 대상인 당해 처분을 의미하며, 당해 처분이 아닌 관련된 처분이 변경된 경우에는 처분변경에 해당되지 않음.
② 부작위법확인소송 계속 중 처분이 있으면 적극적 처분(허가)이든 소극적 처분(거부)이든 법원은 각하함.

관할 법원

심급관할	사물관할	토지관할
• 원칙적 3심제 • 행정법원은 지방법원급 • 예외적 2심: 특허사건	• 합의부 재판인가, 단독판사가 할 것인가? • 행정사건은 원칙적으로 합의부 관할이지만 단독도 가능	전국의 어느 행정법원에 제기할 것인가? ➡ 피고 소재지 행정법원이 원칙

행정소송은 행정법원의 전속관할임. 다만, 전국의 어느 행정법원이 하느냐는 임의관할임. 따라서 합의관할과 변론관할이 가능함.

재판관할

📝 관련조문

행정소송법 제9조(재판관할)

토지관할	① 취소소송의 제1심 관할 법원은 피고의 소재지를 관할하는 행정법원으로 한다.
특별관할	② 제1항에도 불구하고 다음 각 호의 어느 하나에 해당하는 피고에 대하여 취소소송을 제기하는 경우에는 대법원 소재지를 관할하는 행정법원에 제기할 수 있다. 　1. 중앙행정기관, 중앙행정기관의 부속기관과 합의제 행정기관 또는 그 장 　2. 국가의 사무를 위임 또는 위탁 받은 공공단체 또는 그 장 ③ 토지의 수용 기타 부동산 또는 특정의 장소에 관계되는 처분 등에 대한 취소소송은 그 부동산 또는 장소의 소재지를 관할하는 행정법원에 이를 제기할 수 있다.

관련청구소송의 이송과 병합

01 개념과 취지

서로 관련되는 수 개의 청구를 병합하여 하나의 소송절차에서 통일적으로 심판하는 것을 관련청구의 이송·병합이라고 함. 이는 심리의 중복과 저촉을 피하고, 법원의 부담을 경감시켜 소송경제를 달성하고 재판의 통일성을 확보하는 데 기여함.

02 준용

관련청구소송의 이송·병합은 취소소송뿐만 아니라 무효등확인소송과 부작위위법확인소송, 당사자소송에도 준용됨. (행정소송법 제38조, 제44조 제2항)

03 관련청구소송의 범위

① 당해 처분이나 재결과 관련되는 손해배상, 부당이득반환, 원상회복 등 청구소송 (행정소송법 제10조 제1항 제1호)

② 손실보상청구는 관련청구로 규정되어 있지 않은데, 위법이 아니라 적법한 행정행위를 대상으로 하고 있고 쟁점이 달라 병합하기에 적합하지 않기 때문으로 보임.

③ 당해 처분 등과 관련되는 무효확인소송, 손실보상청구소송은 관련청구소송이 아님.

04 관련청구소송의 이송

① 의의: 취소소송과 위의 관련청구소송이 각각 다른 법원에 계속되고 있는 경우에 관련청구소송이 계속된 법원이 상당하다고 인정하는 때에는 당사자의 신청 또는 직권에 의하여 이를 취소소송이 계속된 법원으로 이송할 수 있음. (행정소송법 제10조 제1항) 관련청구의 이송규정은 무효등확인소송, 부작위법확인소송, 당사자소송, 민중소송, 기관소송에도 준용됨. (행정소송법 제38조, 제44조, 제46조)

② 이송의 방향
  ㉠ 민사법원에서 행정법원으로 이송은 가능
  ㉡ 행정법원에서 민사법원으로 이송은 불가

관련판례

1. **행정처분에 대한 무효확인과 취소청구의 선택적 병합 또는 단순 병합은 허용되지 않고 예비적 병합은 허용된다.**
   행정처분에 대한 무효확인과 취소청구는 서로 양립할 수 없는 청구로서 주위적·예비적 청구로서만 병합이 가능하고 선택적 청구로서의 병합이나 단순 병합은 허용되지 아니한다. (대판 1999.8.20. 97누6889)

2. **당사자소송을 취소소송에 병합하는 것도 가능하다.**
   취소소송을 제기한 당사자가 국가 또는 공공단체에 대한 당사자소송을 행정소송법 제10조 제2항에 의하여 관련청구로서 병합하였으나 위 취소소송이 부적법한 경우 법원은 소변경 청구로 보아 청구의 기초에 변경이 없는 한 이를 허가하여야 한다. (대판 1992.12.24. 92누3335)

3. 행정처분의 취소를 구하는 취소소송에 당해 처분의 취소를 선결문제로 하는 부당이득반환청구가 병합된 경우, 그 청구가 인용되려면 소송절차에서 당해 처분의 취소가 확정되어야 하는 것은 아니다. (대판 2009.4.9. 2008두23153)

4. **무효확인소송과 취소소송의 병합**
   동일한 행정처분에 대하여 무효확인의 소를 제기하였다가 그 후 그 처분의 취소를 구하는 소를 추가적으로 병합한 경우, 주된 청구인 무효확인의 소가 적법한 제소기간 내(취소소송의 기간)에 제기되었다면 추가로 병합된 취소청구의 소도 적법하게 제기된 것으로 볼 수 있다. (대판 2005.12.23. 2005두3554)

5. **당사자소송이 부적법 각하되면 관련청구소송도 부적법 각하된다.** (대판 2011.9.29. 2009두10963)

행정심판전치주의

01 원칙 – 임의적 행정심판전치주의

① 당사자의 선택: 행정소송법 제18조 제1항 본문은 "취소소송은 법령의 규정에 의하여 당해 처분에 대한 행정심판을 제기할 수 있는 경우에도 이를 거치지 아니하고 제기할 수 있다."라고 규정하여 임의적 전치주의를 규정하고 있음. 즉, 소송제기 전의 행정심판전치는 당사자의 선택에 맡겨져 있는 것임.

② 행정심판의 범위: 이때의 행정심판은 행정심판법상 행정심판만을 의미하는 것이 아니라 행정기관이 재결을 행하는 행정쟁송을 총칭하는 개념임.

02 예외 – 필요적 행정심판전치주의

① 개별법의 규정 필요: 행정소송법 제18조 제1항 단서는 "다른 법률에 당해 처분에 대한 행정심판의 재결을 거치지 아니하면 취소소송을 제기할 수 없다는 규정이 있는 때에는 그러하지 아니하다."라고 규정하여 예외적으로 필요적 행정심판전치주의를 채택하고 있음. 따라서 필요적 행정심판전치주의는 행정소송법이 아닌 개별법에서 규정하고 있음.

② 개별법에서 필요적 행정심판전치주의를 채택하는 경우

전문적인 분야	엄정한 심사가 필요한 분야	대량 반복적인 경우
• 조세소송: 국세기본법, 관세법상 조세심판 • 선박안전법상 선박검사 • 특허법상 특허사건	• 공무원에 대한 징계처분: 국가공무원법, 지방공무원법상 소청심사위원회의 심사·결정 • 교육공무원법상 교원소청심사위원회의 결정 • 감사원법상 변상판정처분에 대한 재심	• 도로교통법상 운전면허정지·취소처분에 대한 심판(중앙행정심판위원회의 4명으로 구성된 소위원회의 심리·의결) • 노동조합 및 노동관계조정법상 부당노동행위에 대한 중앙노동위원회의 재심판정

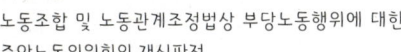 국세기본법상 행정심판절차

구분	심판청구기관	절차
이의신청	세무서장 또는 지방국세청장	신청인이 세무서장이나 지방국세청장에게 하는 이의신청은 임의절차이므로 반드시 거치지는 않아도 됨.
심사청구	국세청장	• 신청인은 심사청구(국세청장에게)나 심판청구(조세심판원장에게) 둘 중 하나를 반드시 거쳐야 함. • 동일한 처분에 대하여 심사청구와 심판청구를 중복하여 제기할 수는 없음.
심판청구	국세심판원장	

필요적 행정심판전치주의의 예외

행정소송법 제18조 제2항·제3항은 일정한 경우에 필요적 전치주의가 요구되는 경우에도 예외적으로 행정심판을 거치지 않고 행정소송을 제기할 수 있는 경우를 규정하고 있음. 이는 국민의 재판을 받을 권리를 실효적으로 보장하여 국민의 권리구제에 도움이 되려는 것임. 여기에는 다시 행정심판을 제기하지 않고 제소할 수 있는 경우와 행정심판을 제기하였으나 재결을 받을 필요가 없는 경우로 나눌 수 있음.

행정심판을 제기한 후 재결을 거치지 아니하고 취소소송을 제기할 수 있는 경우 (행정소송법 제18조 제2항)	행정심판을 제기함이 없이 취소소송을 제기할 수 있는 경우 (행정소송법 제18조 제3항)
• 행정심판청구가 있은 날로부터 60일이 지나도 재결이 없는 때 • 처분의 집행 또는 절차의 속행으로 생길 중대한 손해를 예방하여야 할 긴급한 필요가 있는 때 • 법령의 규정에 의한 행정심판기관이 의결 또는 재결을 하지 못할 사유가 있는 때 • 그 밖의 정당한 사유가 있는 때	• 동종 사건에 관하여 이미 행정심판의 기각재결이 있는 때 • 서로 내용상 관련되는 처분 또는 같은 목적을 위하여 단계적으로 진행되는 처분 중 어느 하나가 이미 행정심판의 재결을 거친 때 • 행정청이 사실심의 변론종결 후 소송의 대상인 처분을 변경하여 당해 변경된 처분에 관하여 소를 제기하는 때 • 처분을 행한 행정청이 행정심판을 거칠 필요가 없다고 잘못 알린 때

취소소송의 제소기간

행정심판을 거치지 않은 경우	행정심판을 거친 경우
① 취소소송은 처분 등이 있음을 안 날부터 90일 이내에 제기하여야 함. ② 취소소송은 처분 등이 있은 날부터 1년을 경과하면 이를 제기하지 못함. 다만, 정당한 사유가 있는 때에는 그러하지 아니함. ③ 위 ①의 규정에 의한 기간은 불변기간으로 함.	① 행정심판을 거친 후 취소소송을 제기하는 경우에는 재결서의 정본을 송달받은 날부터 90일 이내에 제기하여야 함. ② 재결서의 정본을 송달받지 못한 경우에는 재결이 있은 날로부터 1년이 경과하면 취소소송을 제기하지 못함. 다만, 정당한 사유가 있는 때에는 그러하지 아니함.

행정심판전치주의의 적용범위

01 준용(암기: 취부기심간)
    취소소송과 **부**작위법확인소송에는 제소**기**간, 행정**심**판, **간**접강제가 적용됨. 다만 부작위법확인소송의 경우 행정심판을 거친 때에는 제소기간이 적용되지만, 행정심판을 거치지 않은 때에는 적용되지 않음.

02 무효선언을 구하는 의미의 취소소송은 취소소송임. 따라서 행정심판전치, 제소기간 등 적법요건에 관해서는 취소소송과 동일하게 생각하면 됨.

고시·공고 등에 의하여 효력이 발생하는 처분의 기산점

01 처분이 고시 또는 공고된 경우 처분의 상대방이 고시 또는 공고를 본 경우에는 본 날이 처분이 있음을 안 날임.

02 판례는 상대방이 고시 또는 공고를 보지 못한 경우에 특정인은 현실적으로 안 날, 불특정 다수인은 고시 또는 공고의 효력발생일이 처분이 있음을 안 날이라고 함.

처분사유의 추가·변경

01 처분사유의 추가·변경을 전혀 인정하지 않는 경우
    원고의 소송에 유리 ➡ 승소판결 ➡ 행정청이 다른 사유로 다시 거부(또는 취소)처분 ➡ 별도의 소제기
    ➡ 결국 분쟁의 일회적 해결이 어려움.

02 처분사유의 추가·변경을 무제한 인정하는 경우
    원고의 공격·방어에 불리 ➡ 그래도 승소판결이 있으면 행정청이 다른 사유로 다시 거부처분할 수 없음.
    ➡ 결국 분쟁의 일회적 해결에 도움이 됨.

03 통설과 판례
    기본적 사실관계가 동일한 범위에서 처분사유의 추가·변경을 인정함.

04 근거법조의 추가·변경

처분청이 처분 당시에 적시한 구체적 사실을 변경하지 아니하는 범위 내에서 단지 그 처분의 근거법령만을 추가·변경하거나 당초의 처분사유를 구체적으로 표시하는 것에 불과한 경우에는 새로운 처분사유의 추가·변경에 해당하지 않음. (대판 2007.2.8. 2006두4899)

05 기본적 사실관계의 개념

기본적 사실관계의 동일성 유무는 처분사유를 법률적으로 평가하기 이전의 구체적인 사실에 착안하여 그 기초가 되는 사회적 사실관계가 기본적인 점에서 동일한지 여부에 따라 결정됨. (대판 2004.11.26. 2004두4482)

06 시기

추가 또는 변경된 사유가 당초의 처분시 그 사유를 명기하지 않았을 뿐 처분시에 이미 존재하고 있었고 당사자도 그 사실을 알고 있었다 하여 당초의 처분사유와 동일성이 있는 것이라 할 수 없음. (대판 2003.12.11. 2003두8395)

07 처분사유의 추가·변경은 사실심 변론종결시까지 하여야 함.

처분사유의 추가변경으로 소송물이 변경된다면 청구가 변경되는 것이므로 처분사유의 추가·변경은 취소소송의 소송물의 범위 내에서만 가능함.

가구제

01 원칙 – 집행부정지

행정소송법은 "취소소송의 제기는 처분 등의 효력이나 그 집행 또는 절차의 속행에 영향을 주지 아니한다."라고 규정하여 집행부정지의 원칙을 규정하고 있음. (행정소송법 제23조 제1항)

02 예외 – 집행정지

① 예외적 집행정지: 취소소송이 제기된 경우에 처분 등이나 그 집행 또는 절차의 속행으로 인하여 생길 회복하기 어려운 손해를 예방하기 위하여 긴급한 필요가 있다고 인정할 때에는 본안이 계속되고 있는 법원은 당사자의 신청 또는 직권에 의하여 처분 등의 효력이나 그 집행 또는 절차의 속행의 전부 또는 일부의 정지를 결정할 수 있음. (행정소송법 제23조 제2항)

② 준용: 집행정지규정은 무효등확인소송에도 준용됨. (행정소송법 제38조 제1항) 단, 부작위위법확인소송에는 준용되지 않음. 부작위에 대해 집행정지를 하면 사법부가 행정청에 일정한 처분을 명하는 결과가 되기 때문에 권력분립의 원칙상 허용될 수 없는 것임.

03 가구제는 본안판결의 실효성을 확보하기 위하여 분쟁 있는 행정작용이나 공익상 권리관계에 관하여 판결의 확정시까지 잠정적인 효력관계나 지위를 정함으로써 원고의 권리를 보전하려는 것임. 우리나라에서는 침익적 행정처분에 대한 쟁송에 대응하는 가구제제도로서 행정소송법은 집행정지제도를, 행정심판법은 집행정지와 임시처분을 규정하고 있음.

사례 | 입대처분 취소소송 제기 ➡ 집행부정지원칙 때문에 일단 입대 ➡ 제대 후 입대처분 취소소송 승소

① • 이런 문제의 해결을 위해 예외적으로 집행정지를 할 필요가 있음.
  • 입대처분 취소소송제기와 동시에 또는 소제기 이후 입대의 집행정지신청
    ➡ 본안판결 이전에 입대가 정지되면 본안판결까지 입대를 늦출 수 있는 장점이 있음.

부당하면 집행하지 않음.
- **부**: 부작위위법확인소송
- **당**: 당사자소송

부작위위법확인소송과 당사자소송에는 집행정지와 집행정지의 취소 등 집행정지에 관한 규정이 준용되지 않는다는 의미임.

② 집행정지는 아무 때나 되는 것은 아니고, 회복하기 어려운 손해를 예방할 긴급한 필요가 있을 때만 가능함. 회복하기 어려운 손해란 입대처럼 금전으로 회복이 어려운 것을 말함.
③ 항고소송에는 민사집행법상 가처분은 준용되지 않음. ➡ 당사자소송은 가처분이 가능함.

집행정지결정의 요건

적극적 요건(신청인이 주장·소명)	소극적 요건(행정청이 주장·소명)
• 집행정지대상인 처분 등이 존재할 것 • 본안소송이 적법하게 계속되어 있을 것 • 회복하기 어려운 손해 발생의 우려가 있을 것 • 집행정지신청의 이익이 있을 것 • 본안판결까지 기다릴 수 없는 긴급한 필요가 있을 것	• 공공복리에 중대한 영향을 미칠 우려가 없을 것 • 본안청구가 이유 없음이 명백하지 아니할 것

01 거부처분에 대한 집행정지는 행정청에게 처분을 명하는 결과가 되므로 부인하는 것이 통설과 판례의 입장임.

02 제3자효 행정행위를 통해 법률상 이익을 침해받는다고 생각하는 자가 집행정지제도를 통하여 가구제를 받을 수 있는가가 문제되는데, 긍정하는 것이 다수설임.

03 무효인 행정처분도 외형상 처분은 존재하므로 집행정지의 대상이 됨.

04 사실행위도 사인의 법률상 이익에 직접 영향을 미치는 한 집행정지의 대상이 됨.

05 적법한 본안소송이 계속되어 있어야 함. 즉, 본안소송 이전에 집행정지신청을 할 수 없음. 본안소송의 제기와 동시에 집행정지신청을 하는 것도 가능함(실무상으로는 동시에 제기하는 것이 일반적임). 민사상 가처분은 본안소송제기 전에도 가능한데, 이점에서 양자가 다름.

> **관련판례**
> 1. 행정처분의 효력정지나 집행정지를 구하는 사건에서 집행정지사건 자체에 의하여도 신청인의 본안청구가 적법한 것이어야(각하되어서는 안 된다는 의미) 한다는 것을 집행정지의 요건에 포함시켜야 한다. (대결 2010.11.26. 2010무137)
> 2. 집행정지결정을 한 후에라도 본안소송이 취하되어 소송이 계속하지 아니한 것으로 되면 집행정지결정은 당연히 그 효력이 소멸되는 것이고 별도의 취소조치를 필요로 하는 것이 아니다. (대판 1975.11.11. 75누97)

06 대법원은 "회복하기 어려운 손해라 함은 특별한 사정이 없는 한 금전으로 보상할 수 없는 손해를 말하는바, 이는 금전보상이 불능인 경우뿐만 아니라, 금전보상으로는 사회통념상 행정처분을 받은 당사자가 참고 견딜 수 없거나 또는 참고 견디기가 현저히 곤란한 경우의 유형·무형의 손해를 일컫는다."라고 함. 판례는 효과적인 소송수행의 어려움(상고심에 계속 중인 형사피고인의 진주교도소로의 이송) 등은 회복하기 어려운 손해로 보고 있음.

집행정지의 절차

관할	집행정지는 본안이 계속되고 있는 법원에서 관할함.
절차	집행정지는 당사자의 신청 또는 직권에 의하여 결정으로써 함. (행정소송법 제23조 제2항)

집행정지결정의 내용

01 효력의 존속기간

집행정지결정은 본안소송이 종결될 때까지 처분 등의 효력이나 그 집행 또는 절차의 속행의 전부 또는 일부를 정지함을 그 내용으로 함.

02 종류

집행정지에는 '효력'의 전부 또는 일부 정지, '집행'의 전부 또는 일부 정지, '속행'의 전부 또는 일부 정지가 있음.

03 효력정지의 보충성

처분의 '효력정지'는 처분 등의 집행 또는 절차의 속행을 정지함으로써 목적을 달성할 수 있는 경우에는 허용되지 않음. (행정소송법 제23조 제2항) 예컨대, 강제징수절차와 같은 일련의 계속적인 절차(⑩ 독촉·압류·매각·청산)에서 그 절차의 속행을 정지함으로써 목적을 달성할 수 있는 경우에는 과세처분 자체의 효력을 정지할 필요성이 없음.

집행정지결정의 효력

형성력	집행정지결정에는 형성력이 인정되므로 집행정지결정에 위반된 행정행위는 그 하자가 중대하고 명백하여 무효로 됨. 복효적 행정행위의 경우 집행정지의 결정은 제3자에게도 효력을 미침.
기속력	집행정지결정은 그 당사자인 신청인 및 피신청인 외에도 관계 행정청에게도 효력을 미침.
기판력	기판력은 전소와 후소의 관계이므로 집행정지결정에는 기판력이 인정되지 않음.
시간적 효력	집행정지결정의 효력은 결정의 주문에 정하여진 시기까지 존속하는 것이지만, 특별한 정함이 없는 때에는 본안판결이 확정될 때까지 존속함. 한편, 집행정지결정은 장래에 향하여 효력을 발생하며 소급효가 없음이 원칙임. 다만, 처분의 효력정지의 경우에는 예외적으로 소급효가 있음.

집행정지결정의 취소

집행정지의 결정이 확정된 후 집행정지가 공공복리에 중대한 영향을 미치거나 그 정지사유가 없어진 때에는 당사자의 신청 또는 직권에 의하여 결정으로써 집행정지의 결정을 취소할 수 있음. (행정소송법 제24조 제1항) 당사자가 집행정지결정의 취소를 신청한 때는 그 이유에 대한 소명이 있어야 함. (행정소송법 제23조 제4항, 제24조 제2항)

집행정지결정에 대한 불복

집행정지결정이나 집행정지신청 기각결정, 또는 집행정지결정의 취소결정에 대하여는 즉시항고할 수 있음. 이 경우 즉시항고에는 즉시항고의 대상인 결정의 집행을 정지하는 효력이 없음. (행정소송법 제23조 제5항, 제24조 제2항)

취소소송의 심리

01 불고불리의 원칙

불고불리의 원칙이란 당사자가 소를 제기하지 않은 사항에 대해 법원이 재판할 수 없다는 원칙으로서 사법작용의 소극적 측면임. 취소소송에는 이에 대한 명문규정이 없지만, 불고불리의 원칙이 적용됨(행정심판법에는 명문규정이 있음).

02 처분권주의와 직권주의

처분권주의	• 소송의 개시, 소송의 대상, 소송의 종료 등 소송의 주도권을 당사자의 의사(처분)에 맡기는 원칙을 말함. • 불고불리의 원칙도 처분권주의의 한 내용으로 볼 수 있음. • 소송의 종료에 있어서 민사소송에서 인정되는 청구의 포기·인낙이나 화해는 인정되지 않는다는 것이 통설임.
직권주의	직권주의는 소송의 주도권을 당사자가 아닌 법원이 가지고 있는 원칙을 말함.

03 변론주의와 직권탐지주의(직권심리주의)

변론주의	• 재판의 기초가 되는 사실이나 증거의 수집제출을 당사자에게 맡기고 당사자가 제출한 소송자료만을 재판의 기초로 삼는 원칙을 말함. • 광의로는 처분권주의를 포함하지만, 협의로는 소송자료에 관한 문제를 말함. • 행정소송은 변론주의가 원칙이고 직권주의가 가미되어 있음.
직권탐지주의	• 법원이 당사자의 주장에 구속되지 않고 직권으로 필요한 사실과 증거를 조사하는 원칙을 말함. • 판례는 직권조사사항은 당사자 간에 다툼이 없더라도 그 존부에 의심이 있는 경우에는 법원이 직권으로 밝혀야 한다는 입장임.

04 공개심리주의와 비공개주의

공개심리주의	재판의 심리와 판결의 선고를 누구나 방청할 수 있는 것을 말함.
비공개주의	심리는 국가안전보장 또는 안녕질서를 방해하거나 선량한 풍속을 해할 염려가 있을 때에는 법원의 결정으로 공개하지 아니할 수 있음. 단, 선고는 반드시 공개하여야 함.

05 구술심리주의와 서면심리주의

행정소송은 구술심리주의가 원칙임. 구술심리주의는 심리과정에서 변론 등의 소송절차를 구술로 하는 것으로 서면심리주의에 대응하는 개념임.

06 직권증거조사주의와 직권심리주의

① 법원은 필요하다고 인정할 때에는 직권으로 증거조사를 할 수 있고, 당사자가 주장하지 아니한 사실에 대하여도 판단할 수 있음. (행정소송법 제26조)

② 다수설과 판례에 따르면 법원이 직권으로 심리할 수 있는 범위는 당사자의 주장사실 중 기록상 현출되어 있는 사항에 한정됨.

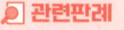 **관련판례**

1. 석명하여야 하는 경우

행정소송에서 기록상 자료가 나타나 있다면 당사자가 주장하지 않았더라도 판단할 수 있고, 당사자가 제출한 소송자료에 의하여 법원이 처분의 적법 여부에 관한 합리적인 의심을 품을 수 있음에도 단지 구체적 사실에 관한 주장을 하지 아니하였다는 이유만으로 당사자에게 석명을 하거나 직권으로 심리 판단하지 아니함으로써 구체적 타당성이 없는 판결을 하는 것은 행정소송법 제26조의 규정과 행정소송의 특수성에 반하므로 허용될 수 없다. (대판 2006.9.22. 2006두7430 ; 대판 2011.2.10. 2010두20980)

2. 석명권 행사의 한계

법원의 석명권은 당사자의 진술에 모순, 흠결이 있거나 애매하여 그 진술의 취지를 알 수 없을 때 이를 보완하여 명료하게 하거나 입증책임 있는 당사자에게 입증을 촉구하기 위하여 행사하는 것이지 그 정도를 넘어 당사자에게 새로운 청구를 할 것을 권유하는 것은 석명권의 한계를 넘어서는 것이다. (대판 1992.3.10. 91누6030)

3. 심결취소소송에서 법원이 당사자가 주장하지도 않은 법률요건에 관하여 판단하는 것은 변론주의 원칙에 위배된다.

행정소송의 일종인 심결취소소송에 직권주의가 가미되어 있다고 하더라도 여전히 변론주의를 기본 구조로 하는 이상, 심결의 위법을 들어 그 취소를 청구할 때에는 직권조사사항을 제외하고는 그 취소를 구하는 자가 위법사유에 해당하는 구체적 사실을 먼저 주장하여야 하고, 따라서 법원이 당사자가 주장하지도 않은 법률요건에 관하여 판단하는 것은 변론주의원칙에 위배되는 것이다. (대판 2011.3.24. 2010후3509)

07 일반민사소송에서는 제3의 기관이 보유하고 있는 기록을 법원에 제출하는 절차는 당사자가 이를 직접 복사하여 제출하는 것이 원칙임. 그러나 행정소송법은 "법원은 당사자의 신청이 있는 때에는 결정으로써 재결을 행한 행정청에 대하여 행정심판에 관한 기록의 제출을 명할 수 있다."(행정소송법 제25조 제1항), "법원의 제출명령을 받은 행정청은 지체없이 당해 행정심판에 관한 기록을 법원에 제출하여야 한다."(같은 법 제25조 제2항)라고 함.

입증책임

01 입증책임을 원고 또는 피고 일방에게 지우지 않고 각 당사자는 자기에게 유리한 요건사실을 입증하여야 한다고 봄. 행정행위의 공정력은 법치행정과 무관하며, 소송에 있어서 당사자의 지위는 대등하다는 것을 전제함.

02 처분의 존재, 제소기간 등의 소송요건은 원고가 입증하여야 함. 직권조사사항은 당사자 간에 다툼이 없다고 하더라도 그 존부에 관하여 의심이 있는 경우에는 법원이 직권으로 밝혀야 함. 소송요건은 자백의 대상이 아님.

03 행정소송에서 처분청의 처분권한 유무는 직권조사사항이 아님. (대판 1997.6.19. 95누8669 전원합의체)

위법판단의 기준시점

01 행정처분의 위법 여부의 기준시점에 관하여 처분시설, 판결시설, 절충설의 대립이 있으나, 처분시를 기준시점으로 보는 것이 통설과 판례의 입장임.

02 판례에 따르면 부작위위법확인소송은 판결시를 기준으로 함. 부작위의 경우에는 처분이 없기 때문임.

일부인용판결

01 일부인용판결을 하기 위해서는 ① 계쟁처분이 분리 가능하고, ② 일부에 대해서만 위법성이 인정되어야 함. 또한 ③ 일부취소 후 잔존하는 처분만으로도 의미가 있어야 하고, ④ 처분청의 의사에 명백히 반하지 않아야 함. (대판 2003.3.11. 2001두6425)

02 불가분처분이나 재량처분의 경우에는 원칙적으로 일부취소를 할 수 없고 전부 취소판결을 하여야 함. 과징금은 원칙적으로 전부취소를 하여야 하지만, 일부의 위법을 인정할 수 있는 자료가 있는 경우에는 일부취소가 가능함. 영업정지는 전부취소를 하여야 함.

사정판결

01 원고의 청구가 이유 있다고 인정하는 경우에도 처분 등을 취소하는 것이 현저히 공공복리에 적합하지 않다고 인정하는 때에는 법원이 원고의 청구를 기각할 수 있는바, 이를 사정판결이라고 함. (행정소송법 제28조 제1항) 사정판결은 기각판결의 일종임.

02 사정판결은 취소소송에만 인정되고 무효등확인소송에는 적용되지 않음. 사정재결은 취소심판과 의무이행심판에 인정됨.

03 신청 또는 직권으로 사정판결을 할 수 있음.

04 행정소송법 제28조 제2항은 "(사정)판결을 함에 있어서는 미리 원고가 그로 인하여 입게 될 손해의 정도와 배상방법 그 밖의 사정을 조사하여야 한다."라고 규정하고 있음. 사정판결에서 배상을 명할 수는 없지만, 사정재결에서는 배상명령이 가능함.

05 처분의 위법성 판단은 처분시를 기준으로 하고, 사정판결의 필요성 판단은 판결시를 기준으로 함.

06 사정판결의 필요성에 대한 주장·입증의 책임은 사정판결의 예외성에 비추어 피고인 행정청이 부담하여야 함.

07 판결주문에 위법성 선언

사정판결을 함에 있어서는 그 판결의 주문에서 그 처분 등이 위법함을 명시하여야 함. (행정소송법 제28조 제1항 후단) 이유가 아닌 주문에 명시함으로써 처분의 위법성에 대하여 기판력이 발생함. 이는 해당 처분으로 인하여 원고에게 발생한 손해의 배상을 청구하든가 또는 해당 처분이 적법·유효한 것임을 전제로 하는 후속처분 등을 저지하기 위하여는 해당 처분이 위법한 것임을 법적으로 확정할 필요가 있기 때문임. 사정판결은 위법성을 치유하는 것이 아니라 공익적 이유로 위법성을 지닌 채로 그 효력을 지속하는 것임.

08 청구기각판결

기각의 효과는 일반기각판결과 같으므로, 그에 불복하는 원고는 항소 및 상고할 수 있음.

09 원고의 권리구제

원고는 피고인 행정청이 속하는 국가 또는 공공단체를 상대로 손해배상, 재해시설의 설치 그 밖에 적당한 구제방법의 청구를 당해 취소소송 등이 계속된 법원에 병합하여 제기할 수 있음. (행정소송법 제28조 제3항)

10 소송비용은 피고의 부담

취소청구가 사정판결에 의하여 기각되거나 행정청이 처분 등을 취소 또는 변경함으로 인하여 청구가 각하 또는 기각된 경우에는 소송비용은 피고의 부담으로 함. (행정소송법 제32조)

불가쟁력과 불가변력

구분	불가쟁력	불가변력
행정행위	• 제소기간이 경과하면 불가쟁력이 발생함. 다만, 처분청은 직권취소가 가능함. • 무효가 아닌 모든 행위에 발생함.	• 처분과 동시에 발생함. 불가변력이 발생하면 직권취소를 할 수 없음. • 모든 행정행위에 발생하는 것은 아니고 확인과 같은 준사법적 행위에만 발생함.
판결	• 판결의 불가쟁력은 판결선고 후 항소기간이 도과하면 발생함. • 당사자에게 발생하는 효력임.	• 판결선고 후 법원도 선고 내용을 변경할 수 없는 것을 말함. • 선고법원에 대한 효력으로 자박력이라고도 함.

기판력(인용·기각판결 모두에 인정, 당사자와 후소법원에 미침)과 소송물

판결 확정   동일 사유로 다시 소송제기 불가

원칙	기판력은 원칙적으로 동일한 소송물에만 미치고 소송물이 다른 경우에는 미치지 않음. 따라서 주된 납세의무자가 제기한 전소와 제2차 납세의무자가 제기한 후소가 각기 다른 처분에 관한 것이어서 그 소송물을 달리하는 경우에는 전소 확정판결의 기판력이 후소에 미치지 않음. (대판 2009.1.15. 2006두14926)
예외	후소가 전소와 소송물이 동일하지 않아도 전소의 기판력 있는 법률관계가 후소의 선결적 법률관계로 되는 때에는 전소판결의 기판력이 후소에 미쳐 후소법원은 전에 한 판단과 모순되는 판단을 할 수 없음. (대판 2000.2.25. 99다55472)

01 취소소송의 판결이 확정되면, 확정된 판단 내용은 당사자 및 법원(후소법원)을 구속하여, 후소에서 당사자 및 법원은 동일 사항에 대하여 확정판결의 내용과 모순되는 주장·판단을 할 수 없는바, 이러한 확정판결의 내용적 효력을 기판력(실질적 확정력)이라고 함.

02 기판력은 분쟁의 반복과 모순된 재판의 방지라는 법적 안정성의 요청에 따라 행정소송법에 명문규정이 없어도 일반적으로 인정되고 있음.

03 기판력은 승소판결과 패소판결 모두에 발생함. 소송판결은 소가 부적법하다는 이유로 각하한 것이므로 부적법하다는 사실에 기판력이 생기고 본안의 내용, 즉 소송물에는 기판력이 생기지 않음. 한편, 흠결된 소송요건을 갖추어 다시 적법한 소를 제기하면 여기에 대해서는 판단하여야 함. 종국판결이 확정되면 원칙적으로 기판력이 생김. 다만, 종국판결이라도 무효인 판결에는 기판력이 생기지 않음.

04 민사소송의 기판력은 당사자 및 당사자와 동일시할 수 있는 자(당사자의 포괄승계인)에게만 미치고, 제3자에게는 미치지 않음.

05 행정소송의 피고인 행정청에 대하여 기판력이 미치는 것은 당연하고, 행정청이 소속하는 국가 또는 공공단체도 객관적 당사자로서 기판력이 미친다는 것이 통설과 판례임.

06 기판력은 주문에 표시된 소송물에 관한 판단에만 미치고, 판결이유에 적시된 개개의 위법사유에 관한 판단에는 미치지 않음. 즉 판결이유에 설시된 그 전제가 되는 법률관계의 존부에까지 미치는 것은 아님. (대판 1987.6.9. 86다카2756)

MEMO

DAY 07 행정구제 2

07 공격방어방법에는 기판력이 미치지 않음.

08 전소인 취소소송에서 기각판결이 선고되어 확정되었다면 취소소송의 대상인 처분이 위법하지 않다는 사실에 기판력이 생기므로 후소인 무효등확인소송에도 전소의 기판력이 미쳐서 다시 무효등확인소송을 제기할 수 없음.

09 기판력은 사실심 변론종결시를 기준으로 하여 발생함.

형성력(인용판결에만 인정, 제3자에게도 미침) - 제3자의 소송참가

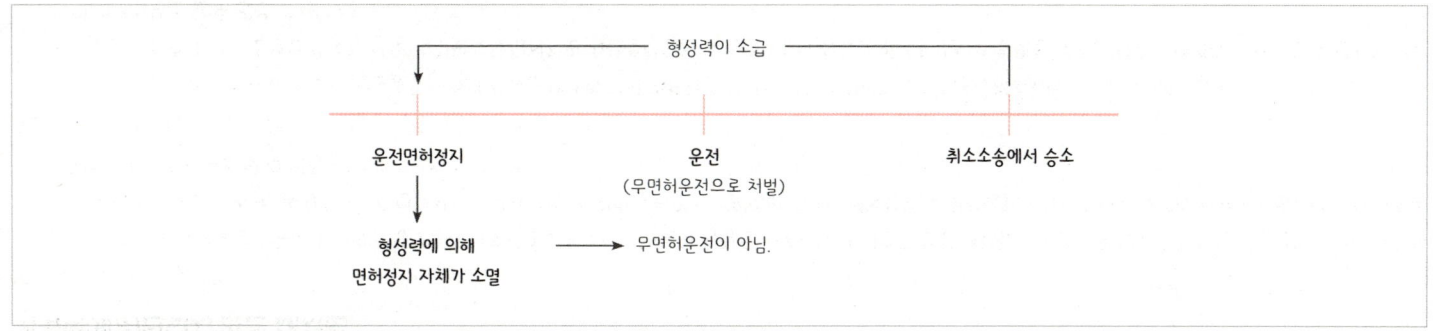

기속력(인용판결에만 인정, 행정청과 관계 행정청에 미침) - 행정청의 소송참가

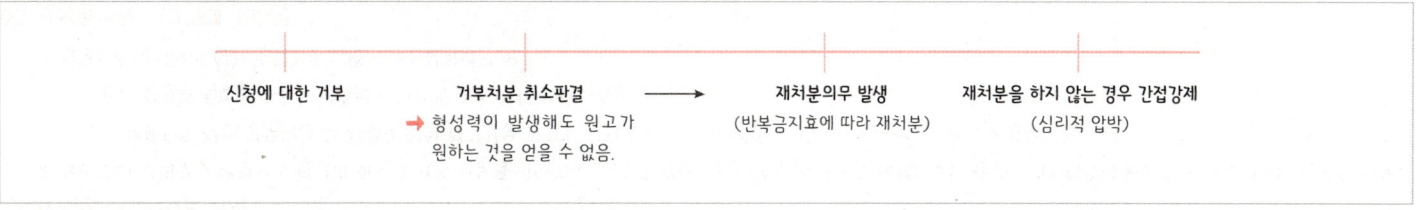

01 기속력이란 처분 등을 취소하는 확정판결이 그 내용에 따라 당사자인 행정청과 관계 행정청을 구속하여 행정청이 판결의 취지에 따라 행동하여야 하는 실체법상 의무를 발생시키는 효력을 말함. (행정소송법 제30조 제1항)

02 기판력보다 널리 직접적으로 행정청을 구속하는 것으로서, 판결의 실효성을 확보하기 위해 실정법에 의하여 부여된 특수한 효력으로 보는 견해임. 다만, 판례는 기속력을 기판력이라는 표현으로 사용하는 경우가 있음.

기속력의 내용

01 반복금지효(소극적 효력)

취소판결이 확정되면, 행정청은 판결에 의하여 동일한 처분의 반복이 금지되고 동일한 사정하에서 동일 이유에 기하여 동일인에 대하여 동일한 내용의 처분을 하여서는 안 됨. 기각판결이 있어도 행정청은 직권취소할 수 있음.

> **🔎 관련판례**
>
> 반복금지효에 위반하여 동일한 처분을 하는 경우, 그것은 당해 행위의 당연무효사유가 된다. (대판 1990.12.11. 90누3560)

02 재처분의무(적극적 효력)

① 개념: 재처분의무란 행정청이 판결의 취지에 따른 처분을 하여야 하는 것을 말함. 행정소송법은 제30조 제2항에서 "판결에 의하여 취소되는 처분이 당사자의 신청을 거부하는 것을 내용으로 하는 경우에는 그 처분을 행한 행정청은 판결의 취지에 따라 다시 이전의 신청에 대한 처분을 하여야 한다."라고 규정하고, 같은 조 제2항에서 "신청에 따른 처분이 절차의 위법을 이유로 취소되는 경우에 준용한다."라고 규정함.

② 행정청은 당사자의 신청이 없어도 당연히 재처분하여야 함.

03 원상회복의무(결과제거의무)

행정행위에 의하여 사실관계 또는 법률관계가 변동된 경우, 해당 행위가 취소되면 이러한 현상은 위법상태가 되므로, 행정청은 그 원상회복의무를 짐.

기속력에 위반되지 않는 재처분

01 위법사유의 시정 보완

행정소송법 제30조 제2항의 규정에 의하면 행정청의 거부처분을 취소하는 판결이 확정된 경우에는 그 처분을 행한 행정청이 판결의 취지에 따라 이전의 신청에 대하여 재처분할 의무가 있다고 할 것이나, 그 취소사유가 행정처분의 절차, 방법의 위법으로 인한 것이라면 그 처분행정청은 그 확정판결의 취지에 따라 그 위법사유를 보완하여 다시 종전의 신청에 대한 거부처분을 할 수 있음. (대판 2005.1.14. 2003두13045)

02 처분사유가 다른 경우

① 사실심 변론종결 전의 사유: 사실심 변론종결 이전의 사유를 내세워 다시 거부처분을 하는 것은 확정판결의 기속력에 저촉되어 허용되지 않음. (대판 2001.3.23. 99두5238)

② 사실심 변론종결 이후 발생한 새로운 사유: 확정판결의 당사자인 처분행정청은 그 행정소송의 사실심 변론종결 이후 발생한 새로운 사유를 내세워 다시 이전의 신청에 대하여 거부처분을 할 수 있음. (대판 1999.12.28. 98두1895)

기속력의 범위

주관적 범위	당사자인 행정청과 그 밖의 관계 행정청을 기속함. (행정소송법 제30조 제1항) 원고에게는 기속력이 미치지 않음.
객관적 범위	기속력은 판결주문 및 그 전제가 되는 요건사실의 인정과 판단에만 미치고, 판결의 결론과 직접 관계없는 방론이나 간접사실의 판단에는 미치지 않음.
시간적 범위	기속력은 처분 당시까지의 위법사유에 대해서만 미침. 따라서 처분 이후에 발생한 새로운 법령 및 사실상태의 변동을 이유로 한 동일한 내용의 처분을 다시 하는 것은 기속력에 반하지 않음.

기속력 위반의 효과

확정판결의 당사자인 처분행정청이 그 행정소송의 사실심 변론종결 이전의 사유를 내세워 다시 확정판결과 저촉되는 행정처분을 하는 것은 허용되지 않는 것으로서 이러한 행정처분은 그 하자가 중대하고도 명백한 것이어서 당연무효라 할 것임. (대판 1990.12.11. 90누3560)

집행력(간접강제) – 재처분의 실효성을 담보하기 위한 수단

01 행정청이 취소판결의 취지에 따른 처분을 하지 아니하는 경우, 제1심 수소법원은 당사자의 신청에 의하여 결정으로써 처분을 하여야 할 상당한 기간을 정하고 행정청이 그 기간 내에 처분을 하지 아니하는 때에는, 그 지연기간에 따라 일정한 배상을 할 것을 명하거나 즉시 손해배상을 할 것을 명할 수 있음. (행정소송법 제34조 제1항)

02 행정청이 간접강제의 결정을 고지받고도 판결의 취지에 따른 처분을 하지 않는 경우에는 간접강제결정을 집행권원으로 하여 민사집행법상 금전집행방법에 따라 배상금을 추심할 수 있음. (행정소송법 제34조 제2항, 민사집행법 제262조)

> **관련판례**
>
> **1. 확정판결의 취지에 따른 재처분의 이행이 있으면 더 이상 배상금을 추심하는 것은 허용되지 않는다.**
>
> 간접강제는 확정판결의 취지에 따른 재처분의 지연에 대한 제재나 손해배상이 아니고 재처분의 이행에 관한 심리적 강제수단에 불과한 것으로 보아야 하므로, 특별한 사정이 없는 한 간접강제결정에서 정한 의무 이행기한이 경과한 후에라도 확정판결의 취지에 따른 재처분의 이행이 있으면 배상금을 추심함으로써 심리적 강제를 꾀할 목적이 상실되어 처분상대방이 더 이상 배상금을 추심하는 것은 허용되지 않는다. (대판 2004.1.15. 2002두2444 ; 대판 2010.12.23. 2009다37725)
>
> **2. 간접 강제신청의 요건**
>
> 거부처분에 대한 취소의 확정판결이 있음에도 행정청이 아무런 재처분을 하지 아니하거나, 재처분을 하였다 하더라도 그것이 종전 거부처분에 대한 취소의 확정판결의 기속력에 반하는 등으로 당연무효라면 이는 아무런 재처분을 하지 아니한 때와 마찬가지라 할 것이므로 이러한 경우에는 행정소송법에 의한 간접강제신청에 필요한 요건을 갖춘 것으로 보아야 한다. (대결 2002.12.11. 2002무22)

거부처분이 취소된 경우(행정소송법 제30조 제2항)

거부처분이 절차상 위법을 이유로 취소된 경우	절차를 보완하여 다시 거부 가능
거부처분이 실체법상 위법을 이유로 취소된 경우	• 기속행위인 경우: 상대방의 신청을 인용하는 처분을 하여야 함. • 재량행위인 경우: 다른 이유로 거부 가능하지만, 재량이 '영(0)'으로 수축되면 신청대로 처분을 하여야 함.

당사자의 행위에 의한 종료

01 소의 취하

소의 취하란 원고가 법원에 대하여 하는 소의 전부 또는 일부를 철회하는 일방적 의사표시를 말함. 행정소송에도 소의 취하는 인정됨. 소의 취하에 대하여 민사소송법이 적용되는 결과, 피고가 본안에 대하여 준비서면을 제출하거나 준비절차에서 진술하거나 변론을 한 후에는 피고의 동의가 없으면 소의 취하는 효력이 없음. (민사소송법 제266조 제2항)

02 당사자의 사망

소송물이 승계 가능한 경우	상속인이 소송을 수계하여 계속 소송을 진행함.
소송물이 승계 불가능한 경우	소송이 종료됨. 공무원으로서의 지위는 일신전속권으로서 상속의 대상이 되지 않으므로, 의원면직처분에 대한 무효확인을 구하는 소송은 당해 공무원이 사망함으로써 중단됨이 없이 종료됨. (대판 2007.7.26. 2005두15748)

무효등확인소송

01 무효등확인소송이란 행정청의 처분 등의 효력 유무 또는 존재 여부를 확인하는 소송을 말함. (행정소송법 제4조 제2호)

02 무효등확인소송에는 처분이나 재결의 ① 무효확인소송, ② 유효확인소송, ③ 부존재확인소송, ④ 존재확인소송 및 ⑤ 실효확인소송이 포함됨.

03 무효등확인소송에서 중대·명백성은 원고에게 그 행정처분이 무효인 사유를 주장·입증할 책임이 있음.

취소소송과 무효등확인소송의 관계

01 무효사유인 행정처분에 대하여 취소소송을 제기한 경우(무효선언적 의미의 취소소송)

① 문제점: 무효사유인 행정처분에 대하여 취소소송을 제기한 경우에 법원의 심리 결과, 중대·명백한 하자가 있는 때에 법원이 어떤 판결을 하여야 하는지가 문제됨.

② 통설·판례: 무효선언적 의미의 취소판결을 할 수 있다는 입장임. 이때 형식적으로 취소소송이므로 취소소송의 요건을 모두 갖추어야 함.

02 취소사유인 행정처분에 무효등확인소송을 제기한 경우

취소소송의 요건을 갖춘 경우	무효가 아니라면 취소라도 구하는 취지인지를 석명하여 취소소송으로 변경하도록 한 후 취소판결을 하여야 함.
취소소송의 요건을 갖추지 못한 경우	기각판결을 하여야 함. 중대명백성이 인정되지 않기 때문임.

03 취소소송과 무효등확인소송의 병합

행정처분의 무효확인청구와 취소청구는 그 소송의 요건을 달리하므로 예비적으로 병합할 수 있음. 이때 무효확인소송을 주위적으로 하고 취소소송을 예비적으로 병합하여 제기할 수 있음. (대판 1970.12.22. 70누123)

중요 소송요건

01 부작위의 개념

① 행정소송법은 부작위를 '행정청이 당사자의 신청에 대하여 상당한 기간 내에 일정한 처분을 하여야 할 법률상 의무가 있음에도 불구하고 이를 하지 아니하는 것'이라고 정의하고 있음. (행정소송법 제2조 제1항 제1호)
② 부작위위법확인소송에서 부작위 개념, 특히 신청권의 문제는 원고적격의 문제임과 동시에 대상적격의 문제임.

02 당사자에게 신청권이 있을 것

① 신청의 내용: 신청은 자신에 대한 수익적 처분으로서의 인가, 허가, 특허 등에 대한 것일 수도 있고, 행정개입청구권의 형태로서 위험물 등에 대한 행정청의 규제권 발동에 대한 것일 수도 있음.
② 신청의 근거: 판례는 일관되게 "행정청이 국민으로부터 어떤 신청을 받고서도 그 신청에 따르는 내용의 행위를 하지 아니한 것이 항고소송의 대상이 되는 위법한 부작위가 된다고 하기 위하여는 국민이 행정청에 대하여 그 신청에 따른 행정행위를 해줄 것을 요구할 수 있는 법규상 또는 조리상 권리가 있어야 한다."라고 함.

03 처분을 하여야 할 법률상 의무

상대방의 적법한 신청이 있는 경우 행정청에게는 그 신청의 내용에 상응하는 일정한 처분을 하여야 할 법률상 의무가 발생하는바, 이러한 법률상 처분의무에도 불구하고 행정청이 어떠한 처분도 하지 아니하는 것이 부작위가 됨. 법률상 의무는 명문으로 인정되는 것뿐만 아니라 법령해석상 인정되는 경우도 포함됨. (대판 1991.2.12. 90누5825)

04 심리의 범위

실체적 심리설 (적극설)	법원이 부작위가 위법하다고 판단하면 행정청이 이에 구속되어 당사자가 원하는 허가를 하여야 한다고 보는 학설임. 즉, 법원이 당사자의 신청에 대한 실체적 내용까지 심리할 수 있다고 봄.
절차적 심리설 (소극설·다수설)	법원은 부작위의 위법까지만 판단할 수 있기 때문에 인용판결 후 행정청은 거부처분이 가능하다고 봄.

당사자소송(시심적 소송)과 항고소송(복심적 소송)의 차이점

구분	대상적격	원고적격	피고적격
항고소송	처분 등	법률상 이익 필요	행정청
당사자소송	처분 등을 원인으로 하는 법률관계 또는 공법상 법률관계	법률상 이익 불요	행정주체

행정심판

01 의의

행정심판이란 행정청의 위법·부당한 처분으로 인하여 권익이 침해된 자가 행정기관에 대해 시정을 구하는 일련의 쟁송절차를 말함. 실정법상으로는 이의신청, 심사청구, 심판청구, 행정심판 등의 다양한 명칭으로 불리고 있음.

02 성질

행정심판은 분쟁에 대한 심판작용이면서 동시에 그 자체가 행정행위(확인)라는 이중적 성격을 갖고 있음.

특별행정심판

01 의의

특별행정심판이란 사안의 전문성과 특수성을 살리기 위해 행정심판법이 아닌 개별법에서 정한 다른 기관에서 심리·재결하는 행정심판을 말함. 특별행정심판도 행정기관이 심판기관이 된다는 점에서는 동일하지만, 행정심판법의 적용이 제한되는 점에서 구별됨.

02 특별행정심판 신설을 위한 협의 의무화

관계 행정기관의 장이 특별행정심판 또는 행정심판법에 따른 행정심판절차에 대한 특례를 신설하거나 변경하는 법령을 제정·개정할 때에는 미리 중앙행정심판위원회와 협의하여야 함. (행정심판법 제4조 제3항)

03 특별행정심판절차의 종류(괄호 안은 심판기관)

전문적인 분야	엄정한 심사가 필요한 분야	대량 반복적인 경우
• 세무서장의 과세처분에 대한 심사청구 및 심판청구(국세청장 및 조세심판원) • 특허처분에 대한 특허심판 및 재심(특허심판원) • 토지수용재결에 대한 이의신청(중앙토지수용위원회) • 공정거래 관련 처분에 대한 이의신청(공정거래위원회) • 지방해양안전심판원의 재결에 대한 제2심청구(중앙해양안전심판원)	• 국가·지방공무원의 징계처분에 대한 소청심사(소청심사위원회) • 교육공무원법상 교원징계에 대한 소청심사(소청심사위원회) • 감사원에 대한 심사청구(감사원)	• 부당해고에 관한 구제명령에 대한 재심(중앙노동위원회) • 국민건강보험급여결정에 대한 심판(건강보험분쟁조정위원회) • 고용보험급여결정에 대한 재심사(고용보험심사위원회) • 산재보험급여결정에 대한 재심사(산업재해보상보험재심사위원회)

🔴 도로교통법상 운전면허정지·취소처분에 대한 심판은 중앙행정심판위원회의 4명으로 구성된 소위원회에서 심리·의결함.

📑 관련조문

헌법 제107조

③ 재판의 전심절차로서 행정심판을 할 수 있다. 행정심판의 절차는 법률로 정하되, 사법절차가 준용되어야 한다.

사법절차

• 사법절차란 공정성, 독립성, 대심구조 등을 말함.
• 필요적 행정심판에는 사법절차가 준용되어야 하고, 임의적 행정심판에는 준용되지 않아도 됨.

관련조문

행정기본법 제36조(처분에 대한 이의신청)
① 행정청의 처분(행정심판법 제3조에 따라 같은 법에 따른 행정심판의 대상이 되는 처분을 말한다. 이하 이 조에서 같다)에 이의가 있는 당사자는 처분을 받은 날부터 30일 이내에 해당 행정청에 이의신청을 할 수 있다.
② 행정청은 제1항에 따른 이의신청을 받으면 그 신청을 받은 날부터 14일 이내에 그 이의신청에 대한 결과를 신청인에게 통지하여야 한다. 다만, 부득이한 사유로 14일 이내에 통지할 수 없는 경우에는 그 기간을 만료일 다음 날부터 기산하여 10일의 범위에서 한 차례 연장할 수 있으며, 연장사유를 신청인에게 통지하여야 한다.
③ 제1항에 따라 이의신청을 한 경우에도 그 이의신청과 관계없이 행정심판법에 따른 행정심판 또는 행정소송법에 따른 행정소송을 제기할 수 있다.
④ 이의신청에 대한 결과를 통지받은 후 행정심판 또는 행정소송을 제기하려는 자는 그 결과를 통지받은 날(제2항에 따른 통지기간 내에 결과를 통지받지 못한 경우에는 같은 항에 따른 통지기간이 만료되는 날의 다음 날을 말한다)부터 90일 이내에 행정심판 또는 행정소송을 제기할 수 있다.
⑤ 다른 법률에서 이의신청과 이에 준하는 절차에 대하여 정하고 있는 경우에도 그 법률에서 규정하지 아니한 사항에 관하여는 이 조에서 정하는 바에 따른다.
⑥ 제1항부터 제5항까지에서 규정한 사항 외에 이의신청의 방법 및 절차 등에 관한 사항은 대통령령으로 정한다.
⑦ 다음 각 호의 어느 하나에 해당하는 사항에 관하여는 이 조를 적용하지 아니한다.
  1. 공무원 인사 관계 법령에 따른 징계 등 처분에 관한 사항
  2. 국가인권위원회법 제30조에 따른 진정에 대한 국가인권위원회의 결정
  3. 노동위원회법 제2조의2에 따라 노동위원회의 의결을 거쳐 행하는 사항
  4. 형사, 행형 및 보안처분 관계 법령에 따라 행하는 사항
  5. 외국인의 출입국·난민인정·귀화·국적회복에 관한 사항
  6. 과태료 부과 및 징수에 관한 사항

제37조(처분의 재심사)
① 당사자는 처분(제재처분 및 행정상 강제는 제외한다. 이하 이 조에서 같다)이 행정심판, 행정소송 및 그 밖의 쟁송을 통하여 다툴 수 없게 된 경우(법원의 확정판결이 있는 경우는 제외한다)라도 다음 각 호의 어느 하나에 해당하는 경우에는 해당 처분을 한 행정청에 처분을 취소·철회하거나 변경하여 줄 것을 신청할 수 있다.
  1. 처분의 근거가 된 사실관계 또는 법률관계가 추후에 당사자에게 유리하게 바뀐 경우
  2. 당사자에게 유리한 결정을 가져다주었을 새로운 증거가 있는 경우
  3. 민사소송법 제451조에 따른 재심사유에 준하는 사유가 발생한 경우 등 대통령령으로 정하는 경우
② 제1항에 따른 신청은 해당 처분의 절차, 행정심판, 행정소송 및 그 밖의 쟁송에서 당사자가 중대한 과실 없이 제1항 각 호의 사유를 주장하지 못한 경우에만 할 수 있다.
③ 제1항에 따른 신청은 당사자가 제1항 각 호의 사유를 안 날부터 60일 이내에 하여야 한다. 다만, 처분이 있은 날부터 5년이 지나면 신청할 수 없다.
④ 제1항에 따른 신청을 받은 행정청은 특별한 사정이 없으면 신청을 받은 날부터 90일(합의제 행정기관은 180일) 이내에 처분의 재심사 결과(재심사 여부와 처분의 유지·취소·철회·변경 등에 대한 결정을 포함한다)를 신청인에게 통지하여야 한다. 다만, 부득이한 사유로 90일(합의제 행정기관은 180일) 이내에 통지할 수 없는 경우에는 그 기간을 만료일 다음 날부터 기산하여 90일(합의제 행정기관은 180일)의 범위에서 한 차례 연장할 수 있으며, 연장사유를 신청인에게 통지하여야 한다.
⑤ 제4항에 따른 처분의 재심사 결과 중 처분을 유지하는 결과에 대해서는 행정심판, 행정소송 및 그 밖의 쟁송수단을 통하여 불복할 수 없다.
⑥ 행정청의 제18조에 따른 취소와 제19조에 따른 철회는 처분의 재심사에 의하여 영향을 받지 아니한다.
⑦ 제1항부터 제6항까지에서 규정한 사항 외에 처분의 재심사의 방법 및 절차 등에 관한 사항은 대통령령으로 정한다.
⑧ 다음 각 호의 어느 하나에 해당하는 사항에 관하여는 이 조를 적용하지 아니한다.
  1. 공무원 인사 관계 법령에 따른 징계 등 처분에 관한 사항
  2. 노동위원회법 제2조의2에 따라 노동위원회의 의결을 거쳐 행하는 사항
  3. 형사, 행형 및 보안처분 관계 법령에 따라 행하는 사항

4. 외국인의 출입국·난민인정·귀화·국적회복에 관한 사항
5. 과태료 부과 및 징수에 관한 사항
6. 개별 법률에서 그 적용을 배제하고 있는 경우

행정심판과 행정소송

구분	행정심판	행정소송
성질	형식적 의미의 행정이지만, 실질적 의미의 사법작용임.	형식적 의미의 사법인 동시에 실질적 의미의 사법작용임.
심판기관	행정심판위원회(행정부 소속)	법원(사법부)
절차	약식쟁송	정식쟁송
특징	자율적 통제, 전문성 확보	타율적 통제, 독립성 확보
종류	• 취소심판, 무효등확인심판, 의무이행심판 • 부작위위법확인심판은 인정되지 않음.	• 취소소송, 무효등확인소송, 부작위위법확인소송 • 의무이행소송 등의 무명항고소송은 인정되지 않음.
심판대상	위법한 처분과 부작위뿐만 아니라 부당한 처분도 대상이 되지만, 대통령의 처분이나 부작위는 제외됨.	위법한 처분과 부작위는 대상이 되지만, 부당한 처분은 안 됨. 위법한 재결은 대상이 되며, 대통령의 처분이나 부작위도 포함됨.
적극적 변경 여부	가능(취소처분을 정지처분으로 변경하는 것)	• 적극적 변경은 불가능 • 소극적 변경으로서 일부 취소는 가능
제기기간	• 취소심판과 거부처분에 대한 의무이행심판: 처분을 안 날로부터 90일, 처분이 있은 날로부터 180일 • 무효등확인심판: 기간 제한 ✕ • 부작위의무이행심판: 기간 제한 ✕	• 취소소송: 처분을 안 날로부터 90일, 처분이 있은 날로부터 1년 • 무효등확인소송: 기간 제한 ✕ • 부작위위법확인소송┬ 기간 제한 ✕(행정심판을 거치지 않은 경우) └ 행정심판을 거친 경우는 기간 제한 ○
심리방식	행정심판법은 구술심리 또는 서면심리를 규정하고 있음.	구술심리주의, 공개원칙(평의는 비공개)
재결·판결	• 위법과 부당을 모두 판단함. • 취소재결과 변경재결, 변경명령재결 • 사정재결: 취소심판과 의무이행심판에 사정재결을 인정함. 재결주문에 위법 또는 부당함을 명시함.	• 위법사유만 판단함(부당은 기각사유). • 취소판결만 가능하고, 취소명령판결은 불가 • 사정판결: 취소판결에만 인정됨. 판결주문에 위법함을 명시함.
의무 이행 확보수단	시정명령과 직접처분권, 임시처분, 간접강제	간접강제(권력분립원칙상 시정명령 등은 할 수 없고 배상을 명함)
참가 통지	제3자의 참가 여부에 대한 통지규정이 있음.	제3자의 참가 여부에 대한 통지규정이 없음.
적용 법률	행정심판법	행정소송법

거부처분과 부작위
• 거부처분: 취소심판 또는 의무이행심판 가능
• 부작위: 의무이행심판 가능

행정심판위원회의 종류

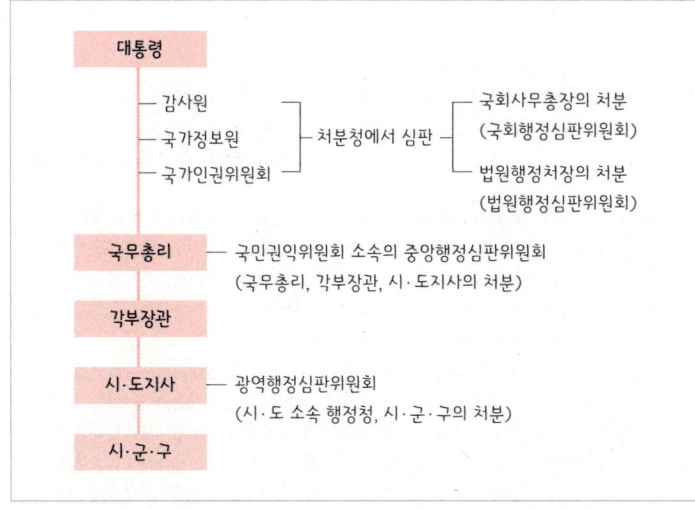

심판청구의 절차

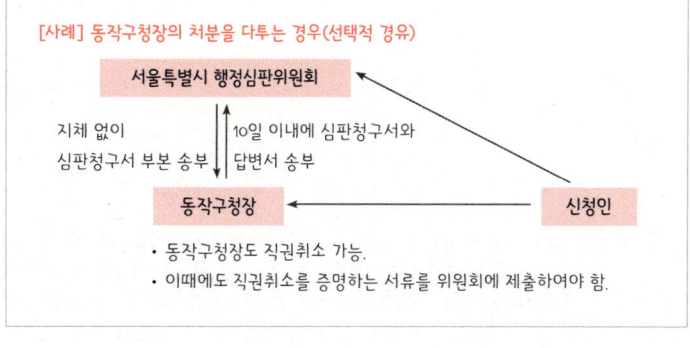

청구기간

관련조문

행정심판법 제27조(심판청구의 기간)

알게 된 때	① 행정심판은 처분이 있음을 알게 된 날부터 90일 이내에 청구하여야 한다.
천재지변	② 청구인이 천재지변, 전쟁, 사변, 그 밖의 불가항력으로 인하여 제1항에서 정한 기간에 심판청구를 할 수 없었을 때에는 그 사유가 소멸한 날부터 14일 이내에 행정심판을 청구할 수 있다. 다만, 국외에서 행정심판을 청구하는 경우에는 그 기간을 30일로 한다.
있었던 날	③ 행정심판은 처분이 있었던 날부터 180일이 지나면 청구하지 못한다. 다만, 정당한 사유가 있는 경우에는 그러하지 아니한다.
불변기간	④ 제1항과 제2항의 기간은 불변기간으로 한다.
오고지	⑤ 행정청이 심판청구기간을 제1항에 규정된 기간보다 긴 기간으로 잘못 알린 경우 그 잘못 알린 기간에 심판청구가 있으면 그 행정심판은 제1항에 규정된 기간에 청구된 것으로 본다.
불고지	⑥ 행정청이 심판청구기간을 알리지 아니한 경우에는 제3항에 규정된 기간(180일)에 심판청구를 할 수 있다.
범위	⑦ 제1항부터 제6항까지의 규정은 무효등확인심판청구와 부작위에 대한 의무이행심판청구에는 적용하지 아니한다.

공통조론

행정심판법 제5조(행정심판의 종류 등)

① 사인의 잘못으로 인한 행정심판 등의 결정 및 이에 대한 행정심판의 특별한 규정이 있는 경우 외에는 행정심판의 대상이 되는 처분 또는 부작위(이하 "처분등"이라 한다)나 이 법에 따른 행정심판의 청구에 대하여는 다른 법률에 특별한 규정이 있는 경우 외에는 이 법에서 정하는 바에 따른다.

② 다른 법률에서 행정심판에 대한 특별한 절차를 정한 경우라도 그 법률에서 행정심판법에 따른다는 뜻의 명문의 규정이 없는 한 이 법이 정한 바에 따른다.

③ 국가 행정기관의 장이 그 소관사무에 관하여 국민의 권리 또는 이익을 침해하는 대통령령·총리령 또는 부령 등을 제정·개정 또는 폐지하는 경우에는 행정심판위원회의 의견을 들어야 한다.

제3조(행정심판의 대상)

① 행정청의 처분 또는 부작위(이하 "처분등"이라 한다)에 대하여 다른 법률에 특별한 규정이 있는 경우 외에는 이 법에 따라 행정심판을 청구할 수 있다.

② 대통령의 처분 또는 부작위에 대하여는 다른 법률에서 행정심판을 청구할 수 있도록 정한 경우 외에는 행정심판을 청구할 수 없다.

1. 행정청의 위법 또는 부당한 처분 그 밖에 공권력의 행사·불행사 등으로 인하여 권리 또는 이익의 침해를 받은 자
2. 행정청이 법률상 의무가 있는 처분을 하지 아니하거나 재결·이행 등을 하지 아니하는 경우

3. 행정심판 3종류 취소심판, 무효등확인심판, 의무이행심판
가. 취소심판은 행정청의 위법 또는 부당한 처분을 취소하거나 변경하는 심판
나. 무효등확인심판은 행정청의 처분의 효력 유무 또는 존재 여부를 확인하는 심판
다. 의무이행심판은 행정청의 위법 또는 부당한 거부처분이나 부작위에 대하여 일정한 처분을 하도록 하는 심판

제8조(중앙행정심판위원회의 구성)

① 중앙행정심판위원회는 위원장 1명을 포함하여 70명 이내의 위원으로 구성하되, 위원 중 상임위원은 4명 이내로 한다.

② 중앙행정심판위원회의 위원장은 국민권익위원회의 부위원장 중 1명이 되며, 위원장이 없거나 위원장이 사고가 있는 경우에는 상임위원(상임위원장이 2명 이상인 경우에는 재직기간이 긴 상임위원 순으로, 재직기간이 같은 경우에는 연장자 순으로 한다)이 위원장의 직무를 대행한다.

③ 중앙행정심판위원회의 상임위원은 별정직 국가공무원으로 보하되, 3급 이상 공무원 또는 고위공무원단에 속하는 일반직공무원으로 3년 이상 근무한 사람이나 그 밖에 행정심판에 관한 지식과 경험이 풍부한 사람 중에서 중앙행정심판위원회 위원장의 제청으로 국무총리를 거쳐 대통령이 임명한다.

④ 중앙행정심판위원회의 비상임위원은 제7조제4항 각 호의 어느 하나에 해당하는 자격을 가진 사람 중에서 중앙행정심판위원회 위원장의 제청으로 국무총리가 성별을 고려하여 위촉한다.

⑤ 중앙행정심판위원회의 회의(제6항에 따른 소위원회 회의는 제외한다)는 위원장, 상임위원 및 위원장이 회의마다 지정하는 비상임위원을 포함하여 총 9명으로 구성한다.

제9조(위원의 임기 및 신분보장 등)

① 제7조에 따라 지명된 위원은 그 직에 재직하는 동안 재임한다.

② 제8조에 따라 위촉된 위원의 임기는 2년으로 하며, 2차에 한하여 연임할 수 있다.

 MEMO

제10조(위원의 제척 · 기피 · 회피)
① 위원회의 위원은 다음 각 호의 어느 하나에 해당하는 경우에는 그 사건의 심리·의결에서 제척된다. 이 경우 제척결정은 위원회의 위원장(이하 '위원장'이라 한다)이 직권으로 또는 당사자의 신청에 의하여 한다.
   1. 위원 또는 그 배우자나 배우자이었던 사람이 사건의 당사자이거나 사건에 관하여 공동 권리자 또는 의무자인 경우
   2. 위원이 사건의 당사자와 친족이거나 친족이었던 경우
   3. 위원이 사건에 관하여 증언이나 감정을 한 경우
   4. 위원이 당사자의 대리인으로서 사건에 관여하거나 관여하였던 경우
   5. 위원이 사건의 대상이 된 처분 또는 부작위에 관여한 경우
② 당사자는 위원에게 공정한 심리·의결을 기대하기 어려운 사정이 있으면 위원장에게 기피신청을 할 수 있다.
③ 위원에 대한 제척신청이나 기피신청은 그 사유를 소명한 문서로 하여야 한다. 다만, 불가피한 경우에는 신청한 날부터 3일 이내에 신청사유를 소명할 수 있는 자료를 제출하여야 한다.
⑥ 위원장은 제척신청이나 기피신청을 받으면 제척 또는 기피 여부에 대한 결정을 하고, 지체 없이 신청인에게 결정서 정본을 송달하여야 한다.
⑦ 위원회의 회의에 참석하는 위원이 제척사유 또는 기피사유에 해당되는 것을 알게 되었을 때에는 스스로 그 사건의 심리·의결에서 회피할 수 있다. 이 경우 회피하고자 하는 위원은 위원장에게 그 사유를 소명하여야 한다.
⑧ 사건의 심리·의결에 관한 사무에 관여하는 위원 아닌 직원에게도 제1항부터 제7항까지의 규정을 준용한다.

제11조(벌칙 적용시의 공무원 의제)
위원 중 공무원이 아닌 위원은 형법과 그 밖의 법률에 따른 벌칙을 적용할 때에는 공무원으로 본다.

제14조(법인이 아닌 사단 또는 재단의 청구인능력)
법인이 아닌 사단 또는 재단으로서 대표자나 관리인이 정하여져 있는 경우에는 그 사단이나 재단의 이름으로 심판청구를 할 수 있다.

제15조(선정대표자)
① 여러 명의 청구인이 공동으로 심판청구를 할 때에는 청구인들 중에서 3명 이하의 선정대표자를 선정할 수 있다.
② 청구인들이 제1항에 따라 선정대표자를 선정하지 아니한 경우에 위원회는 필요하다고 인정하면 청구인들에게 선정대표자를 선정할 것을 권고할 수 있다.
③ 선정대표자는 다른 청구인들을 위하여 그 사건에 관한 모든 행위를 할 수 있다. 다만, 심판청구를 취하하려면 다른 청구인들의 동의를 받아야 하며, 이 경우 동의받은 사실을 서면으로 소명하여야 한다.
④ 선정대표자가 선정되면 다른 청구인들은 그 선정대표자를 통해서만 그 사건에 관한 행위를 할 수 있다.

제16조(청구인의 지위승계)
① 청구인이 사망한 경우에는 상속인이나 그 밖에 법령에 따라 심판청구의 대상에 관계되는 권리나 이익을 승계한 자가 청구인의 지위를 승계한다.
② 법인인 청구인이 합병에 따라 소멸하였을 때에는 합병 후 존속하는 법인이나 합병에 따라 설립된 법인이 청구인의 지위를 승계한다.
⑤ 심판청구의 대상과 관계되는 권리나 이익을 양수한 자는 위원회의 허가를 받아 청구인의 지위를 승계할 수 있다.

제18조(대리인의 선임)
① 청구인은 법정대리인 외에 다음 각 호의 어느 하나에 해당하는 자를 대리인으로 선임할 수 있다.
   1. 청구인의 배우자, 청구인 또는 배우자의 사촌 이내의 혈족
   2. 청구인이 법인이거나 제14조에 따른 청구인능력이 있는 법인이 아닌 사단 또는 재단인 경우 그 소속 임직원

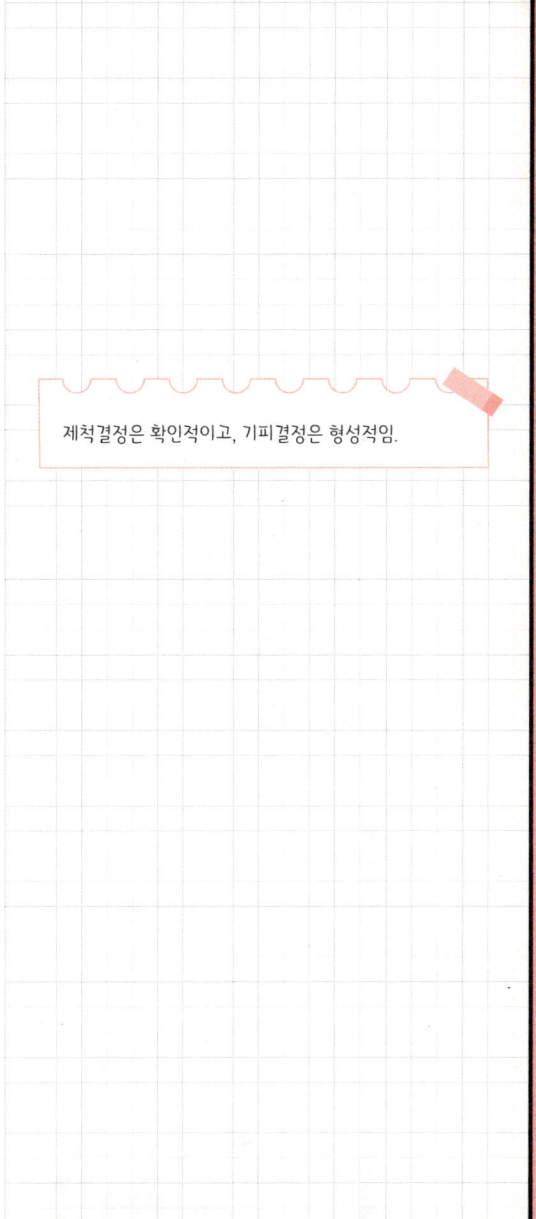

제척결정은 확인적이고, 기피결정은 형성적임.

3. 변호사

4. 다른 법률에 따라 신청인을 대리할 수 있는 자

5. 그 밖에 신청인의 배우자, 직계 친족 또는 형제자매

② 피청구인은 행정심판위원회의 허가를 받아 그 사건에 대하여 청구인의 배우자, 직계존비속, 형제자매 및 피청구인의 직원을 대리인으로 선임할 수 있다.

③ 청구인과 피청구인은 각자 행정심판위원회의 허가를 받아 변호사 및 공인노무사를 대리인으로 선임할 수 있다.

제18조의2(국선대리인)

① 청구인이 경제적 능력으로 인해 대리인을 선임할 수 없는 경우에는 행정심판위원회에 국선대리인을 선임하여 줄 것을 신청할 수 있다.

② 위원회는 제1항의 신청에 따른 국선대리인 선정 여부에 대한 결정을 하여 신청인에게 그 결과를 통지하여야 한다. 이 경우 위원회는 심판청구가 명백히 부적법하거나 이유 없는 경우 또는 권리의 남용이라고 인정되는 경우에는 국선대리인을 선정하지 아니할 수 있다.

제20조(심판참가)

① 행정심판의 결과에 이해관계가 있는 제3자나 행정청은 해당 심판청구에 대한 제7조 또는 제8조에 따른 위원회나 소위원회의 의결이 있기 전까지 그 사건에 대하여 심판참가를 할 수 있다.

제21조(심판참가의 요구)

① 위원회는 필요하다고 인정하면 그 심판결과에 이해관계가 있는 제3자나 행정청에 그 사건 심판에 참가할 것을 요구할 수 있다.

② 제1항에 따라 심판참가 요구를 받은 제3자나 행정청은 지체 없이 그 사건 심판에 참가할 것인지 여부를 위원회에 통지하여야 한다.

제22조(참가인의 지위)

① 참가인은 행정심판 절차에서 당사자가 할 수 있는 심판수행을 위한 행위를 할 수 있다.

제23조(심판청구서의 제출)

① 행정심판을 청구하려는 자는 제28조에 따라 심판청구서를 작성하여 피청구인이나 위원회에 제출하여야 한다. 이 경우 피청구인의 수만큼 심판청구서 부본을 함께 제출하여야 한다.

② 행정청이 제58조에 따른 고지를 하지 아니하거나 잘못 알려서 청구인이 심판청구서를 다른 행정기관에 제출한 경우 그 행정기관은 그 심판청구서를 지체 없이 정당한 권한이 있는 피청구인에게 보내야 한다.

제25조(피청구인의 직권취소 등)

① 제23조 제1항·제2항 또는 제26조 제1항에 따라 심판청구서를 받은 피청구인은 그 심판청구가 이유 있다고 인정하면 심판청구의 취지에 따라 직권으로 처분을 취소·변경하거나 확인을 하거나 신청에 따른 처분을 할 수 있다. 이 경우 서면으로 청구인에게 알려야 한다.

② 피청구인은 제1항에 따라 직권취소등을 하였을 때에는 청구인이 심판청구를 취하한 경우가 아니면 제24조 제1항 본문에 따라 심판청구서·답변서를 보낼 때 직권취소등의 사실을 증명하는 서류를 위원회에 함께 제출하여야 한다.

제26조(위원회의 심판청구서 등의 접수·처리)

① 위원회는 제23조 제1항에 따라 심판청구서를 받으면 지체 없이 피청구인에게 심판청구서 부본을 보내야 한다.

② 위원회는 제24조에 따라 피청구인으로부터 답변서가 제출된 경우 답변서 부본을 청구인에게 송달하여야 한다.

MEMO

제28조(심판청구의 방식)
① 심판청구는 서면으로 하여야 한다.

제30조(집행정지)
① 심판청구는 처분의 효력이나 그 집행 또는 절차의 속행에 영향을 주지 아니한다.
② 위원회는 처분, 처분의 집행 또는 절차의 속행 때문에 중대한 손해가 생기는 것을 예방할 필요성이 긴급하다고 인정할 때에는 직권으로 또는 당사자의 신청에 의하여 처분의 효력, 처분의 집행 또는 절차의 속행의 전부 또는 일부의 정지(이하 '집행정지'라 한다)를 결정할 수 있다. 다만, 처분의 효력정지는 처분의 집행 또는 절차의 속행을 정지함으로써 그 목적을 달성할 수 있을 때에는 허용되지 아니한다.

제31조(임시처분)
① 위원회는 처분 또는 부작위가 위법·부당하다고 상당히 의심되는 경우로서 처분 또는 부작위 때문에 당사자가 받을 우려가 있는 중대한 불이익이나 당사자에게 생길 급박한 위험을 막기 위하여 임시지위를 정하여야 할 필요가 있는 경우에는 직권으로 또는 당사자의 신청에 의하여 임시처분을 결정할 수 있다.
② 제1항에 따른 임시처분에 관하여는 제30조 제3항부터 제7항까지를 준용한다. 이 경우 같은 조 제6항 전단 중 '중대한 손해가 생길 우려'는 '중대한 불이익이나 급박한 위험이 생길 우려'로 본다.
③ 제1항에 따른 임시처분은 제30조 제2항에 따른 집행정지로 목적을 달성할 수 있는 경우에는 허용되지 아니한다.

제35조(자료의 제출요구 등)
① 위원회는 사건 심리에 필요하면 관계 행정기관이 보관 중인 관련 문서, 장부, 그 밖에 필요한 자료를 제출할 것을 요구할 수 있다.

제39조(직권심리)
위원회는 필요하면 당사자가 주장하지 아니한 사실에 대하여도 심리할 수 있다.

제40조(심리의 방식)
① 행정심판의 심리는 구술심리나 서면심리로 한다. 다만, 당사자가 구술심리를 신청한 경우에는 서면심리만으로 결정할 수 있다고 인정되는 경우 외에는 구술심리를 하여야 한다.

제43조의2(조정)
① 위원회는 당사자의 권리 및 권한의 범위에서 당사자의 동의를 받아 심판청구의 신속하고 공정한 해결을 위하여 조정을 할 수 있다. 다만, 그 조정이 공공복리에 적합하지 아니하거나 해당 처분의 성질에 반하는 경우에는 그러하지 아니한다.
② 위원회는 제1항의 조정을 함에 있어서 심판청구된 사건의 법적·사실적 상태와 당사자 및 이해관계자의 이익 등 모든 사정을 참작하고, 조정의 이유와 취지를 설명하여야 한다.
③ 조정은 당사자가 합의한 사항을 조정서에 기재한 후 당사자가 서명 또는 날인하고 위원회가 이를 확인함으로써 성립한다.

제44조(사정재결)
① 위원회는 심판청구가 이유가 있다고 인정하는 경우에도 이를 인용하는 것이 공공복리에 크게 위배된다고 인정하면 그 심판청구를 기각하는 재결을 할 수 있다. 이 경우 위원회는 재결의 주문에서 그 처분 또는 부작위가 위법하거나 부당하다는 것을 구체적으로 밝혀야 한다.
② 위원회는 제1항에 따른 재결을 할 때에는 청구인에 대하여 상당한 구제방법을 취하거나 상당한 구제방법을 취할 것을 피청구인에게 명할 수 있다.
③ 제1항과 제2항은 무효등확인심판에는 적용하지 아니한다.

제5조(개필기간)
① 개필은 제23조에 따라 피징집자나 입영자들을 받은 날부터 60일 이내에 하여야 한다. 다만, 부득이한 사정이 있는 경우에는 징집이 입영장관이 인정하는 경우에는 그 기간을 연장할 수 있다.
② 입영한 제병은 개필이 끝나기 전까지 징집이 입영장관에게 당자가 입장할 수 있다.

제6조(개필의 방법)
① 개필은 사실로 한다.
③ 개필자의 주된 내용이 되는 징집이 입영장관의 징집 등을 인정할 수 있는 방법으로 표시하여야 한다.

제7조(개필의 명의)
① 보는 징집이 입영장관은 문서의 성질이나 사정의 특별한 대상자들을 게재하지 않는다.
② 보는 징집이 입영장관은 문서에 기재할 수 있게 대리인을 준다.

제8조(개필과 추가문서 구분확인)
① 입영자는 개필을 구분확인하여야 한다. 이 경우 중앙인영장관이 징집이 입영자에게 요청하여 공동으로 확인할 수 있다.
② 개필자는 입영자에게 따라 중앙인영장관이 그 공정이 실시되도록 하여야 한다.
③ 입영자는 개필에 개필자의 등을 기재하여야 한다.
④ 입영자는 피징집자나 징집이 입영장관의 가장 가까운 지장의 불권을 구분화하여 그 대상에게 제공하여야 한다.

제9조(개필의 기속성 등)
① 인영장은 징집집회 공문 그 이후로 개필 등에 기속된다.
② 개필의 이행이 완료되거나 또는 제기되는 가장지의 등에 인영자의 징집에 따라 다시 이행되는 대상이 된다. 이 경우 그 위로 이행할 수 없는 사정이 있으면 이행 아니 된다.
③ 당사자의 이행이 가장지의 유가정을 이행 등은 징집집의 이행에 따라 그 징집을 이행하여야 한다.

제10조(인영장의 지장 처분)
① 인영장은 공동(이영이영이영) 등은 처분 이영이 아니라 이행하지 아니하고 사상으로 처분할 수 있는 그 기간에 이행되지 아니한 것으로 본다.
② 인영장은 개필에 따라 징집 인영장의 등을 정부 받으며, 그 사상에 해당 인영장이 징집기한 이 공동으로 이행되어야 한 공의 경우 그 사사의 공 부분만 해당 개필자에 대한 징집지의 지장을 할 수 있다.

제20조(인영장의 가장지)
① 인영장은 개필(이영3조 개필3조의 공동이사가 공동하여야 한다. 다만 피징집자나 입영자들은 그 시기가이 이르기나 이를 대에 아니하기 때문에 가장이 이행되지 못할 수 있다.
② 개필 사상이 인영장의 의장으로 판단에 따라 대상자들이 인영자의 내용이 따라 개필자의 가장이 반영될 수 있다.
③ 인영되지 아니한 개필이 있지 아니하고 개필의 인영자가 이장되지 아니한다.
④ 장문인은 가장이 인영장을 한 경우에 그 감정의 대상이 되지 않음으로써 개필이 공동할 수 있다.

> 징집자의 이의이영의의 징집를 이행하기 아니한 때 둘.

제52조(전자정보처리조직을 통한 심판청구 등)
① 이 법에 따른 행정심판절차를 밟는 자는 심판청구서와 그 밖의 서류를 전자문서화하고 이를 정보통신망을 이용하여 위원회에서 지정·운영하는 전자정보처리조직(행정심판절차에 필요한 전자문서를 작성·제출·송달할 수 있도록 하는 하드웨어, 소프트웨어, 데이터베이스, 네트워크, 보안요소 등을 결합하여 구축한 정보처리능력을 갖춘 전자적 장치를 말한다. 이하 같다)을 통하여 제출할 수 있다.
② 제1항에 따라 제출된 전자문서는 이 법에 따라 제출된 것으로 보며, 부본을 제출할 의무는 면제된다.
③ 제1항에 따라 제출된 전자문서는 그 문서를 제출한 사람이 정보통신망을 통하여 전자정보처리조직에서 제공하는 접수번호를 확인하였을 때에 전자정보처리조직에 기록된 내용으로 접수된 것으로 본다.
④ 전자정보처리조직을 통하여 접수된 심판청구의 경우 제27조에 따른 심판청구기간을 계산할 때에는 제3항에 따른 접수가 되었을 때 행정심판이 청구된 것으로 본다.

제54조(전자정보처리조직을 이용한 송달 등)
① 피청구인 또는 위원회는 제52조 제1항에 따라 행정심판을 청구하거나 심판참가를 한 자에게 전자정보처리조직과 그와 연계된 정보통신망을 이용하여 재결서나 이 법에 따른 각종 서류를 송달할 수 있다. 다만, 청구인이나 참가인이 동의하지 아니하는 경우에는 그러하지 아니한다.
② 제1항 본문의 경우 위원회는 송달하여야 하는 재결서 등 서류를 전자정보처리조직에 입력하여 등재한 다음 그 등재사실을 국회규칙, 대법원규칙, 헌법재판소규칙, 중앙선거관리위원회규칙 또는 대통령령으로 정하는 방법에 따라 전자우편 등으로 알려야 한다.
③ 제1항에 따른 전자정보처리조직을 이용한 서류 송달은 서면으로 한 것과 같은 효력을 가진다.
④ 제1항에 따른 서류의 송달은 청구인이 제2항에 따라 등재된 전자문서를 확인한 때에 전자정보처리조직에 기록된 내용으로 도달한 것으로 본다. 다만, 제2항에 따라 그 등재사실을 통지한 날부터 2주 이내(재결서 외의 서류는 7일 이내)에 확인하지 아니하였을 때에는 등재사실을 통지한 날부터 2주가 지난 날(재결서 외의 서류는 7일이 지난 날)에 도달한 것으로 본다.

제58조(행정심판의 고지)
① 행정청이 처분을 할 때에는 처분의 상대방에게 다음 각 호의 사항을 알려야 한다.
  1. 해당 처분에 대하여 행정심판을 청구할 수 있는지
  2. 행정심판을 청구하는 경우의 심판청구절차 및 심판청구기간
② 행정청은 이해관계인이 요구하면 다음 각 호의 사항을 지체 없이 알려 주어야 한다. 이 경우 서면으로 알려 줄 것을 요구받으면 서면으로 알려 주어야 한다.
  1. 해당 처분이 행정심판의 대상이 되는 처분인지
  2. 행정심판의 대상이 되는 경우 소관 위원회 및 심판청구기간

제59조(불합리한 법령 등의 개선)
① 중앙행정심판위원회는 심판청구를 심리·재결할 때에 처분 또는 부작위의 근거가 되는 명령 등(대통령령·총리령·부령·훈령·예규·고시·조례·규칙 등을 말한다. 이하 같다)이 법령에 근거가 없거나 상위 법령에 위배되거나 국민에게 과도한 부담을 주는 등 크게 불합리하면 관계 행정기관에 그 명령 등의 개정·폐지 등 적절한 시정조치를 요청할 수 있다. 이 경우 중앙행정심판위원회는 시정조치를 요청한 사실을 법제처장에게 통보하여야 한다.
② 제1항에 따른 요청을 받은 관계 행정기관은 정당한 사유가 없으면 이에 따라야 한다.